글로벌 펀드의
성공 스토리

글로벌 펀드의
성공 스토리

2017년 2월 23일 초판 1쇄 발행

지은이 ㅣ 엄인수 CFA
편집 · 디자인 ㅣ 유진강
인쇄 · 제본 ㅣ 신도인쇄

펴낸이 ㅣ 김용석
펴낸곳 ㅣ (주) 이러닝코리아
출판등록 ㅣ 제 2016-000021(2016년 3월 31일)
주 소 ㅣ 서울시 금천구 가산동 60-5번지 갑을그레이트밸리 A동 503호
전 화 ㅣ 02)2106-8992
팩 스 ㅣ 02)2106-8990

ISBN 979-11-957885-6-9 03320

글로벌 펀드의
성공 스토리

THE SUCCESS STORY OF THE GLOBAL FUND

엄 인 수 CFA 지음

저자 서문

감사의 말

먼저 이 책의 주제를 선정해 강의를 기획한 후 책으로 출간을 해 보자고 제안하셨던 이러닝코리아의 김용석 대표님께 감사드립니다. 2006년에 CFA 3차 시험에 합격한 후 2007년 제게 CFA 커리큘럼 강의를 제안하셨던 것이 동기가 되어 지금까지 꾸준히 강의 활동을 하게 되었습니다. 그리고 이번엔 강의에서만 머무르는 것이 아니라 책으로 출간해 보자는 제안을 주셔서 개인적으로 이렇게 책을 집필할 수 있는 기회를 얻었습니다. 다시 한 번 감사 말씀을 드리며, 그때부터 지금까지 꾸준히 옆에서 도와주신 이러닝코리아의 문재선 팀장님께도 감사 말씀을 드립니다.

이 책을 집필하기 위해 전문적인 데이터 정보가 많이 필요했는데, 적절할 때에 좋은 데이터와 자료를 제공해 주신 톰슨로이터의 이창헌 부장님(changheon.lee@thomsonreuters.com)께도 깊이 감사드립니다.

그리고 저와 함께 벤처캐피탈에서 벤처캐피탈리스트로 활동하셨고, 제가 제이씨이너스㈜를 설립했을 때 감사까지 흔쾌히 맡아 주시며 필요할 때마다 적절한 회계 자문을 해 주신 대주회계법인의 윤용수 회계사님께 감사드립니다.

이 책을 쓴다고 했을 때 옆에서 응원해 주시고, 제가 부동산에 대해서 궁금할 때마다 풍부한 경험과 지식으로 많은 자문을 주셨던 부동산전문가이자 한국·미국의 감정평가사이신 컬리어스인터내셔널의 강재성 이사님께도 감사드린다는 말씀을 전해 드립니다.

또한 제가 지금까지 강의를 할 수 있게, 그리고 그 강의를 준비하기 위해 직장에 다니면서도 밤마다, 주말마다 공부를 더 할 수밖에 없도록 만들어 주셨던 한국증권연구소KOSFI(이패스코리아)의 안희태 이사님, 생산성본부의 문성원 위원님, 한경아카데미의 이승호 연구원님께도 감사드립니다.

정확히 어떤 책을 쓰는지 모르겠지만 잘되기를 바란다며 응원해 주시고, 함께 기도해 주신 온누리교회 저희 지역의 순장님이시자 우리은행 전략기획팀 팀장님이신 류운종 순장님께도 감사드립니다.

사랑하는 아내와 두 아이들에게도 감사를 전합니다. 그리고 부족한 내게 이 모든 것을 가능하게 하신 하나님께 감사드리며 영광 돌리기를 원합니다.

2017년 2월
엄인수

저자 서문 · 4   **들어가기 전** · 10

1부 | 자산운용사 편

I 세계 최대 자산운용사 블랙록

1 / **블랙록의 창시자 래리핑크** ········· 19

2 / **블랙록의 성장** ········· 23
1) 블랙록의 Market Data와 주주 정보 | 2) 블랙록의 재무 정보
3) 블랙록의 M&A

3 / **블랙록의 펀드 분석** ········· 34

4 / **블랙록의 성공 요인** ········· 39
1) 실패를 기회로 삼다 | 2) 실패 속에서 얻은 교훈 '리스크 관리'
3) M&A를 통한 '규모의 경제'

II 인덱스펀드의 창시자 뱅가드

1 / **뱅가드의 창업자 존 보글** ········· 49
1) 존 보글 | 2) 존 보글의 투자 철학

2 / **뱅가드그룹** ········· 54
1) 뱅가드그룹의 개요 | 2) 운용자산 규모와 펀드수수료의 추이
3) 철학적 주주 구성 | 4) 주요 경영진

3 / **뱅가드의 펀드 분석** ········· 61
1) 뱅가드의 펀드 분석 | 2) 최초의 인덱스펀드 뱅가드 500

4 / **뱅가드의 성공 요인** ········· 68
1) 존 보글의 존재와 뱅가드의 탄생 | 2) 존 보글의 혁신과 투자 철학
3) 뱅가드의 철학적 운영

III 혁신의 피델리티

1 / **피델리티인베스트먼트** ……………………………………………… **79**
  1) 피델리티인베스트먼트의 개요 | 2) 피델리티의 연혁
  3) 주요 경영진 | 4) 피델리티의 자산운용 부문
  5) 피델리티인터내셔널 | 6) 기타 사업

2 / **전설의 피터 린치** ……………………………………………………… **89**
  1) 피터 린치 | 2) 피터 린치의 투자 철학

3 / **피델리티의 펀드 분석** ……………………………………………… **97**
  1) 피델리티의 펀드 분석 | 2) 마젤란펀드

4 / **피델리티의 성공 요인** ……………………………………………… **104**
  1) 발 빠른 혁신 | 2) 마젤란펀드

IV 채권운용사 핌코

1 / **채권왕 빌 그로스** …………………………………………………… **111**

2 / **핌코** …………………………………………………………………… **113**
  1) 핌코의 개요 | 2) 핌코의 투자의사 결정
  3) 핌코의 주요경영진

3 / **핌코의 펀드 분석** …………………………………………………… **119**
  1) 운용펀드 통계 | 2) 토탈리턴펀드

4 / **핌코의 성공 요인** …………………………………………………… **124**
  1) 채권왕 빌 그로스 | 2) 경제포럼을 비롯한 투자전략 수립 체계

2부 | 사모펀드운용사 편

V 사모펀드 개척자 KKR

1 / LBO 개척자 제롬 콜버그 ································· 132
2 / KKR의 탄생과 비즈니스 ····························· 136
　1) 크래비스와 로버츠 ｜ 2) KKR의 연혁
　3) KKR의 Market Data와 재무 정보 ｜ 4) KKR의 비즈니스
3 / KKR의 펀드 분석 ··································· 157
4 / KKR 투자 사례 – 20세기 최대의 바이아웃 딜, 알제이알 나비스코 ······ 162
5 / KKR의 성공 요인 ·································· 166
　1) LBO와 사모펀드의 선구자 ｜ 2) 기업가치 제고
　3) 끊임없는 영역의 확장

VI 전략적 사모펀드사 칼라일그룹

1 / 칼라일그룹의 이해 ································· 175
　1) 칼라일그룹 ｜ 2) 칼라일그룹의 연혁
　3) 칼라일그룹의 Market Data와 재무 정보 ｜ 4) 칼라일그룹 설립자
2 / 칼라일그룹의 포트폴리오 분배와 역량 ··············· 189
　1) 네트워크 ｜ 2) 전문성 ｜ 3) 데이터 ｜ 4) 경영관리 그룹
3 / 칼라일그룹의 펀드 분석 ···························· 196
4 / 칼라일그룹의 투자 사례 ···························· 200
　1) 던킨 브랜드 인수 2) 하이얼전자 CB 인수
5 / 칼라일그룹의 성공 요인 ···························· 206
　1) 전략적 경영 ｜ 2) 포트폴리오 분산

VII 확장의 블랙스톤

1 / 블랙스톤의 이해 ································· 214
　1) 블랙스톤 ｜ 2) 블랙스톤의 Market Data와 재무 정보
　3) 블랙스톤 비즈니스 ｜ 4) 블랙스톤의 설립자

2 / 블랙스톤의 확장 ···················· 225

3 / 블랙스톤의 주요 투자자 ···················· 229

4 / 블랙스톤의 펀드 분석 ···················· 232

5 / 블랙스톤의 투자 사례 ···················· 236

　　1) 45조 원 빅딜, 초대형 리츠회사 인수 | 2) 힐튼호텔 인수

6 / 블랙스톤의 성공 요인 ···················· 242

　　1) 발 빠른 사업 진출 | 2) 펀드 인수를 통한 외형 확장 | 3) 폭넓은 투자자

VIII IB 최강자 골드만삭스의 사모펀드

1 / 골드만삭스 ···················· 251

　　1) 골드만삭스의 개요 | 2) 골드만삭스의 사업 부문

　　3) 골드만삭스의 Market Data와 재무 정보 | 4) 골드만삭스의 주요 경영진

2 / 골드만삭스캐피탈의 이해 ···················· 259

　　1) 골드만삭스캐피탈 | 2) 골드만삭스캐피탈의 사업

3 / 골드만삭스캐피탈의 펀드 분석 ···················· 263

4 / 골드만삭스캐피탈의 투자 사례 ···················· 267

　　1) 버거킹 인수 | 2) 썬가드 인수

5 / 골드만삭스캐피탈의 성공 요인 ···················· 273

　　1) 세계 최강 IB 골드만삭스 | 2) 확보된 투자자

3부 | 성공적인 운용을 위한 요건

IX 그들에게서 배워야 할 것들

1 / 운용사 간 비교 ···················· 282

　　1) 자산운용사 편 | 2) 사모펀드운용사 편

2 / 그들에게서 배워야 할 성공적 요소 ···················· 286

　　1) 위기의 관리 | 2) 일관된 투자 철학 | 3) 발 빠른 혁신과 기회의 포착

들어가기 전

여덟 개의 글로벌 운용사가 각각 설립되어 현시대에 기라성과 같은 금융회사가 되기까지 그 이면에 숨겨진 성공 요인은 과연 무엇일까? 이 책에서 각 운용사의 성공 요인을 모두 찾아내기는 어려울 것이다. 그러나 객관적인 데이터를 기반으로 한 펀드의 실적과 운용 스타일, 회사의 연혁과 사업, 그리고 창업자와 경영진을 분석하면서 최대한 보편적인 요인을 추론해 내려고 했다. 이 책을 읽는 독자에게는 좋은 정보가 되리라 믿고, 또한 반드시 그러기를 바란다.

그를 위해 네 개의 자산운용사와 네 개의 사모펀드운용사를 선정했다. 금융업계에 몸담고 있지 않은 독자들을 위해 자산운용사와 사모펀드운용사의 차이점을 간단하게 설명하고자 한다. 두 운용사는 투자자로부터 자금을 모집해 펀드를 만들고, 펀드매니저가 고객의 이익을 위해 운용한다는 점에서 같다. 다만 자금의 모집 방법에 있어 자산운용사는 불특정 다수의 기관 투자자나 개인 투자자들에게 공개적으로 자금을 모집할 수가 있지만, 사모펀드운용사는 특정한 소수로부터 자금을 모집하게 된다. 투자자산의 종류도 많이 다르다. 자산운용사는 대부분 상장주식이나 채권과 같은 전통적 자산에 주로 투자한다. 사모펀드운용사는 주로 비상장주식에 투자하는데, 크게 세 가지로 분류하면 벤처기업에 투자하는 벤처캐피탈, 기업을 인수하는 사모펀드buyout fund, 기업성장을 위해 브리지bridge 형태로 자금을 지원하는 메자닌으로 나눌 수 있다. 그러나 시간이 갈수록 투자의 기법과 투자자산이 다양화되면서 더욱 복잡한 구조로 가는 것이 현실이다. 마지막으로 자산운용사는 공개적으로 펀드의 운용실적을 보고하는 반면에 사모펀드운용사는 공개적으로 보고하는 의무는 없으며, 펀드의 투자자에게만 보고하면 된다.

　자산운용사 부문에서는 블랙록, 뱅가드, 피델리티, 그리고 핌코를 선정했다. 이 순서는 위키피디아에서 2015년 운용자산 규모를 기준으로 선정한 자산운용사의 랭킹이다. 블랙록과 뱅가드는 각각 5,000조 원과 3,500조 원이 넘는 자금을 운용하고 있어 전 세계 랭킹 1, 2위다. 또한 두 운용사의 성장 배경은 전혀 달라 비교하기에 좋은 케이스다. 피델리티는 운용자산 규모에서 5위를 차지하고 있지만, 개인의 퇴직연금까지 고려하면 5,500조 원의 자산을 관리하고 있으며, 세계 최고의 온라인 주식중개서비스 사업까지 보유하고 있어 벤치마킹하기에 좋은 회사다. 마지막으로 채권왕 '빌 그로스'로 유명한 핌코는 채권을 전문으로 운용하는 회사이기에 선정해 보았다.

Rank	Firm	Country	AUM(USD bn)
1	BlackRock	US	4,890
2	The Vanguard Group	US	3,149
3	UBS	Switzerland	2,716
4	State Street Global Advisors	US	2,460
5	Fidelity Investments	US	2,025
6	Allianz	Germany	1,949
7	J.P. Morgan Asset Management	US	1,760
8	BNY Mellon Investment Management	US	1,740
9	PIMCO	US	1,590
10	Crédit Agricole Group	France	1,527

　사모펀드운용사 부문에서는 KKR, 블랙스톤그룹, 칼라일그룹, 그리고 골드만삭스캐피탈을 선정했다. 아래는 사모펀드 전문 매거진인 프라이빗에쿼티인터내셔널Private Equity International에서 2016년의 전 세계 사모펀드 순위를 정한 것이다. 선정 기준은 과거 5년간 펀드를 결성하기 위해 조성한 금액을 기준으로 했다. KKR은 LBO와 사모펀드의 선구적인 역할이기에 반드시 분석할 필요가 있어 선정했다. 블랙스톤그룹은 2016년 기준 랭킹 1위이기에 선정했으며, 칼라일그룹은 최근까지 랭킹 1위를 달리고 있었으며, 운용자산 규모로는 여전히 세계 최대의 사모펀드운용사 중 하나이기에 선정했다. 골드만삭스캐피탈은 2016년 랭킹에 포함되지는 않았지만 세계 최대의 사모펀드운용사를 조사하게 되면 항상 등장하는 운용사 중 하나이며, 무엇보다도 다른 운용사와 달리 세계 최고의 투자은행을 기반으로 성장한 사모펀드운용사이기에 조사하고 싶은 호기심이 생겨 선정했다.

2016 Rank	Firm	PEI 300 Five-Year Fundraising Total($m)
1	The Blackstone Group	$ 59,986.92
2	KKR	$ 35,249.40
3	Warburg Pincus	$ 28,630.00
4	Advent International	$ 27,010.37
5	The Carlyle Group	$ 25,677.59
6	Apollo Global Management	$ 24,131.00
7	CVC Capital Partners	$ 23,464.04
8	EnCap Investments	$ 21,128.33
9	TPG	$ 20,709.00
10	EQT Partners	$ 18,523.93

이 책을 쓰기 전에 본 주제를 대상으로 온라인 강의를 먼저 제작했었다. 그리고 콘텐츠를 준비하기 위해 먼저 회사의 연혁을 살펴보았고, 회사의 사업과 경영진, 경영방법론, 설립자와 설립자의 운용철학, 그리고 비하인드스토리 등을 조사했다. 그리고 톰슨로이터의 정보서비스를 이용해 각 회사가 운용하고 있는 펀드들을 모두 추출했고, 추출한 개별펀드들로 집계해 통계를 내고 분석했다. 예를 들면 다음 장의 뱅가드의 운용수익률을 분석하기 위해 뱅가드가 운용하고 있는, 그리고 데이터로 불러오는 338개의 펀드를 활용했다.

투자자산	가중평균 수익률(%)						Sharpe Ratio		
	2016.05	2015	2014	2013	2012	2011	1년	3년	5년
전체	2.20	−0.61	6.57	16.60	10.98	0.18	0.05	0.14	0.11
주식	2.16	−0.83	9.05	27.94	15.99	−1.55	−0.04	0.20	0.18
채권	3.73	−0.11	5.93	−2.11	4.71	6.54	0.32	0.18	0.30
혼합자산	2.41	−0.74	5.49	13.96	10.43	−0.13	−0.04	0.17	0.16
머니마켓	0.17	−0.07	−0.06	−0.12	0.11	0.23	0.10	−0.20	−0.42
대체투자	1.88	3.20	2.54	5.01	−0.80	4.60	0.18	0.17	0.15

　자산운용사의 펀드는 수익률을 분석할 수 있는 반면, 사모펀드는 수익률을 공개하지 않는다. 따라서 사모펀드는 펀드의 결성년도vintage year를 중심으로 조성된 펀드의 개수와 규모로 통계를 냈다. 추가적으로 자산운용사는 그 회사를 대표할 만한 펀드를 조사했고, 사모펀드운용사는 기업 인수나 메자닌투자deal transaction를 조사하고, 분석했다.

　마지막으로 언급하고 싶은 것은 환율이다. 모든 데이터는 미국 달러로 표현이 되는데, 이 책에서는 이해를 돕고자 원화로 표시하려고 노력했다. 이 책을 쓰는 동안 도널드 트럼프가 미국 대통령이 되면서 원화 값이 달러당 1,200원까지 접근했다. 하지만 환율은 일괄적으로 달러당 1,100원 수준으로 적용했다.

　아무쪼록 이 책을 읽는 모든 독자에게 가치 있는 정보를 제공해 줄 수 있는 유익한 책이 되기를 바란다.

자산운용사 편

세계 최대
자산운용사
블랙록

THE SUCCESS STORY OF THE GLOBAL FUND

I

세계 최대
자산운용사 블랙록

블랙록BlackRock은 세계 최대의 자산운용사이다. 30개국에 70개의 오피스를 두고, 1만 2,000명의 직원이 135개의 운용팀을 이루어 7,700개의 포트폴리오를 구성하고 있으며, 운용자산 규모(AUM: Asset Under Management)는 약 5,000조 원$4.6trillion이라는 경이로운 금액을 운용하고 있다.

그런데 이러한 막대한 규모의 자금을 운용하는 데 반해 블랙록의 역사는 30년이 채 안 된다. 세계 최고 수준의 다른 자산운용사들은 대부분긴 역사를 바탕으로 성장한 반면, 30년이라는 짧은 기간 동안 현재 세계최대의 자산운용사로 군림하는 데에는 특별한 이유가 있다. 그 이유의중심에는 블랙록의 창업자 래리 핑크[1]가 있기 때문에 래리 핑크의 이야

---

1) 본명은 Laurence Douglas Fink이며 줄여서 Larry Fink라고 부른다.

기로 시작해 블랙록이 어떻게 성공했는지를 유도하고자 한다.

1 / 블랙록의 창시자 래리 핑크

래리 핑크(Larry Fink)

래리 핑크는 블랙록의 공동창업자이자 회장이다. 블랙록을 창업한 지 30년이 다 되어 가지만 5,000조 원을 운용하는 세계 최대 자산운용사의 최고경영자로서 그의 어깨가 가볍지 않기에 여전히 젊은 사람들이 따라가기 힘든 생활패턴을 유지하고 있다.

래리는 1952년생으로 미국 캘리포니아에서 태어났다. 래리 핑크의 아버지는 구두 가게를 운영했고, 어머니는 영어교사로 유대인 가정에서 성장했다. 래리는 UCLA에서 정치학을 전공했으며, 1974년 학부를 졸업한 후 동 대학교의 앤더스경영대학원에 입학해 1976년 MBA 학위를 취득했다.

1970년에 그는 로리라는 여자와 결혼해 뉴욕 맨해튼에 정착하면서 슬하에 세 자녀를 두었다. 그중 장남인 조슈아Joshua는 현재 래리가 소유한 헤지펀드사인 엔소캐피탈Enso Capital의 CEO를 맡고 있다.

래리의 첫 직장은 뉴욕의 대형 투자은행인 퍼스트보스턴First Boston 2) 이었다. 1976년에 입사해 채권 부문에서 두각을 나타내면서 퍼스트보

---

2) 퍼스트보스턴은 1932년 설립되어 뉴욕에 소재한 글로벌 투자은행으로 1990년 크레딧스위스에 인수되어 크레딧스위스 퍼스트보스톤(CSFB, Credit Suisse First Boston)으로 불리다 2006년부터 퍼스트보스턴이라는 이름은 사라졌다.

스턴의 채권 부문을 총괄했다. 특히 미국의 MBS^{Mortgage-Backed Security} 시장의 형성과 발전에도 매우 중요한 역할을 했다.

래리는 퍼스트보스턴의 경영이사이자 채권 부문장으로 경영위원회 위원이 되었으며, 선물옵션부를 만들었고, 모기지와 부동산상품 부문 까지 이끌면서 회사에 1.1조 원^{$1 billion}의 이익을 안겼다.

퍼스트보스턴에서 뛰어난 역량을 발휘하던 래리는 승승장구하는 듯 했으나 1986년에 이자율 방향을 잘못 예측하면서 부서에 1,100억 원^{$100 million}의 손실이 나게 했다. 오랜 기간에 걸쳐 회사에 큰 이익을 안겨 주 었지만, 한순간의 잘못된 예측으로 발생한 손실은 큰 중압감으로 다가 왔다. 래리는 결국 퍼스트보스턴을 떠나기로 결정했으며, 그것이 곧 새 로운 것을 준비하는 계기가 되었다.

1988년 래리는 친한 지인 7명인 로버츠^{Robert S. Kapito}, 바바라^{Barbara Novick}, 벤^{Ben Golub}, 수잔^{Susan Wagner}, 휴^{Hugh Frater}, 랄프^{Ralph Schlosstein}, 케이스^{Keith Anderson}와 함께 현재 세계 최대의 사모펀드회사인 블랙스톤 에서 Corporate Umbrella[3]의 형태로 자산운용 부문을 공동 창업하게 된 다. 이 가운데 로버츠, 벤, 바바라는 퍼스트보스턴에서 함께 근무한 동 료로서 미국 MBS시장의 개척 멤버들이다. 이들이 퍼스트보스턴에서 얻은 1,100억 원의 손실은 새로 창업하게 되는 블랙록의 투자마인드를 정립하는 데 매우 귀한 초석이 되었다. 이 경험을 통해 고객의 자산을 운용할 때 철저한 리스크 관리와 충실한 책임^{fiduciary duty}이 고려되어야

---

3) Corporate Umbrella란 자회사나 계열사 등이 출시하는 새로운 제품이나 서비스에 기존에 익숙한 마스터브랜드를 사용하게 함으로 고객이나 소비자들에게 신뢰를 형성시키는 것을 일컫는다. 여기서는 래리 핑크가 운용하는 펀드에 투자자로부터 자금 모집이 용이하도록 기존에 형성된 사모펀드그룹 블랙스톤의 브랜드를 사용하게 한 것을 말한다.

한다는 것을 깊이 깨달았기 때문이다.

블랙스톤의 공동창업자이자 전 리만브라더스의 회장인 피터^{Pete Pe-}terson는 래리가 MBS시장 형성에 크게 이바지한 것과 퍼스트보스턴에서 행한 그의 평판을 들었을 것이다. 더욱이 최근의 손실로 철저한 위험관리를 더욱 보강한 래리의 자산운용 비전에 공감했을 것이다. 피터는 래리에게 블랙스톤에서 MBS채권을 운용하도록 최초의 운영자금을 투자했고, 그가 운용하는 자산운용 부문에 블랙스톤의 이름을 쓰게 했다. 래리가 이끄는 팀의 첫 이름은 블랙스톤금융관리Blackstone Financial Management라 불렸다. 그러나 4년 후 1992년 래리는 블랙스톤과 내부적으로 갈등을 겪게 되면서 블랙스톤금융관리라는 팀의 이름을 지금의 블랙록이란 이름으로 바꾸게 되었다. 그리고 1995년 래리는 피터와 함께 블랙스톤의 공동창업자이자 현재 블랙스톤그룹의 회장인 스테판Stephen A. Schwarzman과 스톡옵션 배분에 관한 마찰을 빚게 되면서 블랙스톤에서 독립하기로 결정했다.

블랙록은 블랙스톤으로부터 독립하기 위해 미국의 다른 금융그룹인 피앤씨PNC Financial Group와 새로운 협상을 시도했다. 협상은 성공적이었다. 이것은 마치 번데기 안에서 오랫동안 기다리다 날개를 펴기 시작하는 나비와 같았다. 피앤씨와 새로운 파트너십을 맺은 블랙록은 블랙스톤으로부터 독립한 이후 지속적인 성장을 거듭했다. 그리고 1998년에는 피앤씨그룹의 주식, 머니마켓liquidity, 그리고 뮤추얼펀드 부문과 합병을 하며 사업 영역을 더욱 넓히게 됐다. 그리고 1999년에 뉴욕증권거래소에 주당 14달러로 상장하게 됐다.

래리는 퍼스트보스턴에서 퇴사를 하고, 블랙스톤에서 자산운용 부문을 개업하며, 다시 블랙스톤에서 독립하기 위해 피앤씨와의 협상을 이끌어 내는 이 일련의 모든 과정 속에서 기업의 인수합병에 대해 상당히 진보적인 생각을 가졌을 것이다. 또한, 사모펀드운용사인 블랙스톤의 지붕 아래 있는 동안 블랙스톤의 기업 인수 업무에 대해 많이 보고 들었을 것이다.

2006년 래리는 메릴린치의 자산운용Merrill Lynch Investment Managers 부문과 합병을 이끌어 내면서 블랙록의 운용자산 규모를 두 배로 키웠다. 때론 섣부른 과욕으로 화를 일으키기도 했다. 메릴린치 자산운용을 인수한 같은 해 블랙록은 맨해튼 동부에 위치한 주거지역인 스타인브슨Stuyvesant Town – Peter Cooper Village을 약 6조 원에 인수하면서 미국 역사상 가장 큰 부동산 딜 중의 하나를 만들었다. 그러나 이 프로젝트는 채무불이행으로 마무리되면서 캘리포니아 퇴직연금관리공단CalPERS을 비롯한 블랙록의 고객들은 5,500억 원$500 million의 손실을 입었다. 그럼에도 불구하고 래리와 오랜 세월 동안 유대관계를 맺어 온 정부 관료들에 힘입어 미국 정부는 블랙록이 이 문제에서 벗어날 수 있도록 도와주게 되었고, 블랙록은 다시 성장가도의 발판을 마련하게 되었다.

2009년 블랙록은 바클레이스의 자산운용Barclays Global Investors 부문을 인수하는 초대형 딜을 성공시키면서 운용자산 규모가 무려 약 3,700조 원$3.3 trillion에 육박하면서 명실상부 세계 최대의 자산운용사로 거듭나게 된다.

래리는 대외활동도 적극적이다. 현재 뉴욕대학교의 이사회로 활동하면서 금융위원 회장을 담당하고 있으며, 로빈후드재단Robin Hood Foundation의 이사로도 활동하고 있다. 2009년에는 그의 아내 로리와 함께 그의 모교인 UCLA 경영대학원Anderson School에 '로리 & 래리 핑크센터Lori and Laurence Fink Center'를 건립하여 학생들과 졸업생들이 사회의 여러 분야에서 영향력을 끼칠 수 있도록 지원해 주는 역할을 수행하고 있다.

2 / 블랙록의 성장

1988년 래리가 블랙스톤Blackstone에서 Corporate Umbrella 형태로 자산운용을 시작한 지 30년이 채 안 된 블랙록은 현재 5,000조 원을 운용하는 세계 최대의 자산운용사가 되었다. 각종 금융기관인 연기금, 보험사, 은행 자금부터 시작해 정부, 국부펀드 등의 공적자금, 그리고 수백만 개인에 이르는 고객의 자금을 관리하고 있다. 투자 대상은 주식, 채권, 단기자금, 대체투자 및 ETF 상품 등이다. 또한, 기관을 대상으로 한 리스크 관리 및 전략 자문 서비스를 제공하고 있다.

블랙록은 미국, 유럽, 아시아, 호주, 중동, 아프리카 등 30개국에 걸쳐 70개가 넘는 사무소에 12,900명의 직원을 보유하고 있으며, 이들은 135개가 넘는 운용팀을 이루어 1,000개가 넘는 펀드를 운용하고 있다. 직원의 48%가 미국 외의 29개국에 분포되어 있으며, 총운용자산AUM의 43%가 미국 외의 국가에 분포되어 있다.

블랙록은 특히 치밀한 분석을 기반으로 집중적 리스크 관리를 통해 모든 시장 환경에서 성과를 내겠다는 투자방식을 세웠고, 수백만의 고객을 관리하면서 금융시장에서의 투명성과 블랙록 내부의 내부통제시스템Compliance 이 두 가지를 강조해 왔다. 또한, 전 세계를 무대로 활동

하지만 위험이 통제된 프로세스 내에서 일관성 있게 고객을 위한 부가
가치를 창출한다는 것을 기업의 목표로 해 왔다.

01 / 블랙록의 Market Data와 주주 정보

블랙록의 Market Data

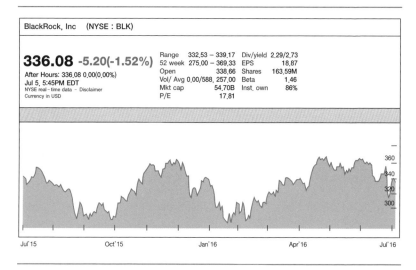

2016년 7월 기준으로 블랙록의 주가는 340달러 부근에서 형성되고 있으
며, 시가총액은 60조 원$55 billion이 넘는다. PER는 17배 정도로 미국의
은행 및 투자서비스에 속한 1,451개의 기업평균 PER가 20배인 것을 고
려하면 주가가 너무 높지 않게 정상적인 수준에 머무르는 것으로 판단
된다. 최근 52주의 최저주가와 최고주가는 각각 275달러, 369달러이며,
베타β가 거의 1.5에 가까워 주가의 변동성은 다소 높은 것 같다.
　블랙록의 자본금은 22억 원 $2 million에 불과하지만 총자기자본은 30조

원$28.5 billion이 넘는다. 주체별 주주 구성도를 보면 다음과 같다.

블랙록의 유형별 주주 구성도 (2016년 6월 말 기준)

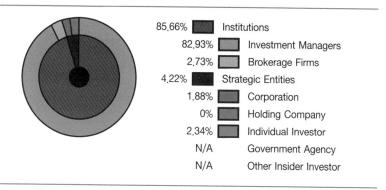

85.66%	Institutions
82.93%	Investment Managers
2.73%	Brokerage Firms
4.22%	Strategic Entities
1.88%	Corporation
0%	Holding Company
2.34%	Individual Investor
N/A	Government Agency
N/A	Other Insider Investor

출처: 톰슨로이터 아이콘

블랙록은 기관 투자자들이 86%의 지분을 소유하고 있는데, 상위 10개의 기관 투자자가 50%가 넘는 지분을 보유하고 있다.

블랙록의 10대 주주 (2016년 6월 말 기준)

Investor Name	% ▼ Outstanding	Investor Sub–Type	Investment Style	City	Country
1. PNC Wealth Management	21.18%	Investment Advisor	Core Growth	Philadelphia	United States
2. Norges Bank Investment Management	5.72%	Sovereign Wealth Fund	Core Value	Oslo	Norway
3. Wellington Management Company, LLP	5.58%	Investment Advisor	Core Value	Boston	United States
4. The Vanguard Group, Inc	4.39%	Investment Advisor	Index	Malvern	United States
5. State Street Global Advisors(US)	3.08%	Investment Advisor	Index	Boston	United States
6. BlackRock Institutional Trust Company	2.89%	Investment Advisor	Index	San Francisco	United States
7. Fidelity Management & Research Company	2.46%	Investment Advisor	GARP	Boston	United States
8. Capital World Investors	1.99%	Investment Advisor	Core Value	Los Angeles	United States
9. Mizuho Financial Group Inc	1.88%	Corporation	N/A	Chiyoda-ku (Tokyo)	Japan
10. JP Morgan Asset Management	1.64%	Investment Advisor	GARP	New York	United States

출처: 톰슨로이터 아이콘

최대 주주는 미국 필라델피아에 소재한 피앤씨금융그룹의 자회사인 피앤씨자산운용사PNC Wealth Management이며, 2대 기관 투자자는 노르웨이의 국부펀드다. 한편 블랙록의 창업자인 래리는 블랙록의 0.68%의 지분을 보유하고 있다.

02 / 블랙록의 재무 정보

아래의 재무제표에는 나오지 않았지만 2016년 2분기에는 브렉시트Brexit 여파로 세계 금융시장이 흔들리면서 많은 투자자들이 주식에서 현금과 채권 등의 안전자산으로 이동했다. 이로 인해 자산운용사의 가장 큰 매출 비중인 펀드수수료에 타격을 주면서 블랙록의 실적도 다소 떨어졌다. 그러나 2015년까지의 연도별 실적을 보면 블랙록은 매우 안정적 성장을 이루어 왔다.

블랙록 손익계산서

In Millions of USD	2015 – 12 – 31	2014 – 12 – 31	2013 – 12 – 31	2012 – 12 – 31
Revenue	11,401	11,081	10,180	9,337
Cost of Revenue, Total	1,224	1,168	1,062	1,006
Total Operating Expense	6,737	6,607	6,323	5,813
Operating Income	4,664	4,474	3,857	3,524
Income After Tax	3,352	3,264	2,951	2,440
Minority Interest	-7	30	-19	18
Net Income	3,345	3,294	2,932	2,458
Profit Margin	29.3%	29.7%	28.8%	26.3%

블랙록의 운용수익은 2012년 10조 원$9.3 billion에서 2015년 12.5조 원 $11.4 billion까지 성장했다. 2013년과 2014년의 성장률은 9%, 2015년 성장률은 3%로 3년간 연평균 7%의 성장률을 기록했다. 운용수익 성장에 따른 영업이익 성장률은 더욱 좋다. 2012년 3.8조 원$3.5 billion에서 2015년 5.2조 원$4.7 billon으로 증가하면서 3년간 연평균 10% 성장률을 보였다. 당기순이익은 2012년 2.7조 원$2.5 billion에서 2015년 3.7조 원$3.3 billion을 기록해 연평균 약 11%의 안정된 성장률을 보였다.

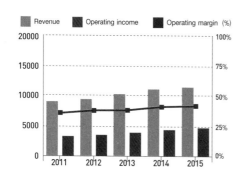

옆의 그래프는 구글파이낸스에서 찾은 블랙록의 주요 손익의 추이다. 블랙록의 매출과 영업이익이 성장함과 함께 영업이익률도 매년 조금씩 성장하고 있음을 보여 준다. 블랙록의 영업이익률은 2012년 38%에서 2015년 41%까지 성장했고, 순이익률은 26%에서 29%까지 성장했다.

In Millions of USD	2015 – 12 – 31	2014 – 12 – 31	2013 – 12 – 31	2012 – 12 – 31
Cash and Short Term Investments	6,231	6,001	4,551	4,903
Property / Plant / Equipment, Total – Net	581	467	525	557
Goodwill, Net	13,123	12,961	12,980	12,910
Long Term Investments	2,608	5,241	2,300	1,750
Other Assets	183,109	195,658	177,593	158,314
Total Assets	**225,261**	**239,792**	**219,873**	**200,451**
Accrued Expenses	1,971	1,865	1,747	1,547
Long Term Debt	4,930	8,311	7,308	8,089
Deferred Income Tax	4,851	4,989	5,085	5,293
Minority Interest	541	154	210	214
Other Liabilities, Total	183,397	196,072	177,979	158,736
Total Liabilities	**196,758**	**212,426**	**193,413**	**175,048**
Common Stock, Total	2	2	2	2
Additional Paid-In Capital	19,405	19,386	19,473	19,419
Retained Earnings (Accumulated Deficit)	12,033	10,145	8,230	6,473
Total Equity	**28,503**	**27,366**	**26,460**	**25,403**

2015년을 기준으로 블랙록의 총자산은 220조 원$225 billion이 넘는데, 이 중 93%를 기타자산Other Assets이 차지하고 있다. 기타자산은 대부분 별도계정자산Separate Account Assets으로 개인이 위탁한 자산이나 기관의 퇴직연금 계약 등을 블랙록의 고유자산이나 펀드와 별도로 구별하여 운용하고 관리하는 자산을 말한다. 이는 동시에 언젠가 고객에게 다시 돌려줘야 할 자산이므로 자산의 반대계정인 부채에서 별도계정부채Sepa–

rate Account Liabilities로 계상되며, 재무제표에서 기타부채Other Liabilities에 포함되어 있다.

블랙록의 연도별 별도계정(Separate Account) 추이 (단위: million $)

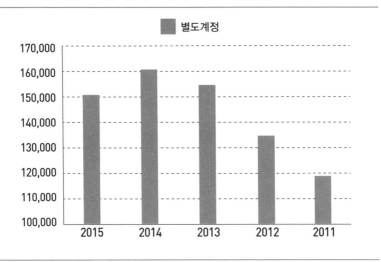

블랙록의 별도계정자산은 2011년 130조 원$119 billion에서 2014년 177조 원$161 billion까지 크게 늘어나 4년간 총 36%, 연평균 9%씩 성장했다. 그러나 2015년 블랙록의 전체 운용수익률이 마이너스를 기록하면서 별도계정자산에서 자금이 빠져나가 블랙록의 자산과 부채가 크게 줄어드는 요인이 되었다. 2015년은 중국의 증권시장이 폭락하면서 전 세계의 금융시장으로 불안감이 번졌고, 보유자산의 평가손실 및 운용손실을 기록하면서 블랙록의 자산과 부채가 모두 감소했다. 그러나 블랙록의 자기자본은 2012년 28조 원$25.4 billon에서 2015년 포함 매년 3~4%씩 성장해 2015년 총자기자본은 31조 원$28.5 billion으로 증가했다. 이로 인해 부채비율총부채/총자기자본은 2014년 776%에서 2015년 690%로 줄게 되었다.

03 / 블랙록의 M&A

1988년 래리는 퍼스트보스턴에서 나와 7명의 지인과 함께 블랙스톤에서 Corporate Umbrella의 형태로 기관 투자자의 자산을 운용하기 시작했다. 7명의 지인 중 로버트, 벤, 바바라는 퍼스트보스턴에서 함께 근무한 동료였으며 이들은 래리 핑크와 함께 미국 MBS시장의 개척자였다.

앞서 언급한바 퍼스트보스턴에서 잘못된 이자율 예측으로 1,000억 원이 넘는 손실을 본 경험은 래리와 그 팀들이 자산을 운용할 때 매우 철저한 리스크 관리Risk Management를 수행하도록 만들었다. 블랙스톤그룹의 공동창업자인 피터로부터의 펀딩을 시작으로 래리팀은 곧 1조 원이 넘는 자금을 운용하게 되었다.

철저한 리스크 관리를 중점으로 한 새로운 투자 철학으로 래리팀은 블랙스톤에서 약진하기 시작했고, 꾸준한 성장으로 안정적인 궤도에 들어서게 되었다. 그와 함께 알라딘Aladdin®이라는, 리스크 관리까지 수행할 수 있는 통합 트래이딩 플랫폼까지 구축하게 되었다.

1992년부터 래리는 팀의 이름을 블랙록BlackRock으로 바꾸고 새롭게 시작했다. 그 해의 운용자산 규모는 19조 원$17 billion에 달했다. 2년 후 1994년에 운용자산 규모는 58조 원$53 billion까지 늘어났다. 회사가 성장하면서 래리는 그의 팀원들에게 스톡옵션을 부여하고 싶었다. 하지만 블랙스톤의 공동창업자이자 현 회장인 스테판은 이에 이견을 달았다. 결국 래리와 스테판 사이에 스톡옵션에 대한 의견 차이로 인해 래리팀인 블랙록은 블랙스톤에서 독립하게 되었다. 래리팀이 미국의 금융그룹 중 하나인 피앤씨에 연락했을 때 피앤씨는 블랙록의 과거 운용실적과 잠재된 가능성을 크게 샀을 것이다. 1995년 래리팀은 블랙스톤에서 분리되었고, 블랙록의 이름으로 피앤씨금융지주PNC Financial의 자회사이자 독립법인으로 출범하게 되었다. 독립법인의 형태는 직원들에게 동기부여가 됐고, 이로 인해 블랙록은 더욱 성장할 수 있는 기반을 마련할 수 있었다.

채권만 운영하던 블랙록은 투자 대상으로 주식까지 편입시키면서 주식형펀드와 오픈형펀드Open-end mutual funds4)를 운용하기 시작했다. 그리고 얼마 후 블랙록은 피앤씨그룹의 계열사와 합병을 하면서 피앤씨가 보유한 기존의 폭넓은 네트워크를 활용할 수 있었을 뿐 아니라 주식과 채권 외에도 다른 자산들을 운용자산 대상으로 편입시키면서 사업 영역을 더욱 크게 구축하기 시작했다.

성장을 거듭한 블랙록은 1999년 뉴욕증권거래소에 주당 14달러에 상장했고, 운용자산 규모AUM는 180조 원$165 billion까지 늘어났다. 그리고 래리가 블랙스톤에 있을 때부터 바랐던 것, 곧 직원들에게 스톡옵션을 부여함으로써 모두가 회사의 주인이라는 의식을 갖게 만들었다. 2004년에는 운용자산 규모가 370조 원$342 billion까지 늘어나면서 상장 후 5년 만에 두 배의 자산을 운용하게 되었다.

---

4) 오픈형펀드 또는 개방형펀드란 펀드의 지분 수가 고정되어 있지 않고 투자자의 수요에 따라 펀드의 운용기간 중에 신규 지분을 발행할 수도 있으며, 펀드의 투자자는 펀드의 만기 전 소유지분을 순자산가치(NAV, Net Asset Value)에 매각할 수 있는 펀드를 말한다.

블랙록의 운용자산 규모(AUM) 추이 (단위: billion $)

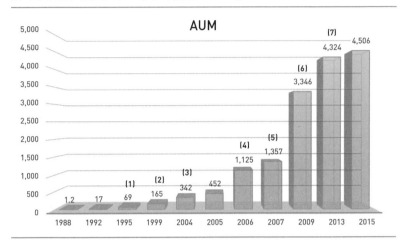

(1) 블랙스톤과 분리되어 PNC그룹의 자회사로 편입

(2) 뉴욕증권거래소 상장

(3) 스테이트스트리트 리서치 및 부동산 부문 인수

(4) 메릴린치자산운용과 합병

(5) 펀드오브헤지펀드 회사 켈로스그룹 인수

(6) 바클레이스자산운용사Barclays Global Investors 인수

(7) 크레딧스위스CS의 ETF 사업 부문과 부동산 자문사 MGPA 인수

    그동안 블랙록은 운용능력을 통해 자생적으로 성장했다면 2004년부터는 M&A를 통해 회사의 외형을 늘리기 시작했다. 2004년 블랙록은 메릴린치프로부터 4,100억 원$375million의 현금과 주식으로 스테이트스트리트운용 지주사State Street Research & Management's holding company를 인수하면서 블랙록의 첫 번째 인수를 장식했다. 이 딜에는 스테이트스트리

트의 뮤추얼펀드 부문까지 포함했고, 2005년 1월에 이 딜을 마무리했다.

2006년 9월에는 메릴린치자산운용Merrill Lynch Investment Managers과 합병했고, 2007년 10월에는 펀드오브펀드사인 켈로스캐피탈Quellos Capital Management을 인수했다. 켈로스캐피탈은 헤지펀드에 투자하는 펀드운용사였다. 2009년 4월에는 R3운용사R3 Capital Management의 직원 43명과 1.7조 원$1.5billion의 펀드를 부분적으로 인수하기도 했다. 이러한 연속적인 인수합병을 통해 블랙록은 주식, 혼합자산Multi-Asset, 대체투자 등으로 투자 대상을 확장했을 뿐 아니라 규모의 경제를 이루게 되었고, 미국뿐만이 아니라 해외자산까지 운용하는 글로벌한 성장을 이루게 되었다.

2009년 10월에는 블랙록 역사상 가장 큰 규모의 딜인 바클레이스운용사Barclays Global Investors를 인수했다. 바클레이스는 샌프란시스코에 본사를 두고 있었고, 런던, 시드니, 도쿄, 토론토 등 주요 도시에 거점을 두어 글로벌한 리서치와 자산운용을 운영하고 있었다. 이 딜을 통해 블랙록은 기존 사업에 액티브Active운용 부문과 인덱스운용, 그리고 ETF 운용 부문까지 추가하게 되었다. 특히 바클레이스의 'iShares 펀드'를 인수하면서 지금 블랙록의 'iShares' 브랜드를 보유하게 되었다. 이 딜로 블랙록의 운용자산 규모는 3,700조 원$3,346billion이라는 경이로운 규모를 갖추게 됐으며, ETF 부문에서 세계 최대의 자산운용사가 되었다.

이후에도 2012년 클레이모어자산운용을 인수했고, 2013년 크레딧스위스의 ETF 부문을 추가적으로 인수하면서 세계 최대 자산운용사의 위상을 더욱 견고하게 했다. 블랙록은 이제 명실상부 세계에서 가장 영향력 있는 금융기관 중 하나가 되었다.

3 / 블랙록의 펀드 분석

블랙록은 자산운용사의 펀드를 분석하기 위해 Lipper라는 정보서비스를 이용했다. Lipper는 1973년에 설립되어 뮤추얼펀드와 헤지펀드 데이터를 제공하는 정보서비스 회사로서 현재는 톰슨로이터에 속해 있다.

각 운용사의 펀드를 분석하기 위해 Lipper를 통해 각 회사의 개별 펀드를 추출했고, 자산 유형별 분류하여 자산운용사의 펀드 비중과 연도별 수익률 추이, 그리고 위험조정 수익률 등을 구했다.

블랙록에 의하면 2015년 운용펀드 규모가 약 5,000조 원$4,500billion인데, 아래의 아래 표에서 보듯이 데이터를 통해 집계된 운용펀드 규모는 약 2천조 원$1,851billion으로 40% 정도만 통계에 잡혀 있다. 그 이유는 아마도 오픈형펀드로 펀드 설정 후 시장에서 추가적으로 유입되는 현금흐름을 데이터에서 잡지 못한 것이 아닌가 하는 생각이 든다. 따라서 본 데이터는 모집단은 아니지만 40%의 샘플을 활용함으로 비중에 대한 결괏값의 신빙성은 높을 것으로 기대한다.

블랙록의 운용펀드 유형

투자자산	운용펀드 수	운용펀드 규모 (US $ billion)	투자 비중	펀드당 평균 운용 규모 (US $ billion)	펀드 수수료 bp
전체	1,685	1,851	100.0%	1,098	34.48
주식	933	1,003	54.2%	1,075	36.63
채권	472	431	23.3%	913	33.30
혼합자산	154	84	4.5%	544	64.23
머니마켓	72	286	15.5%	3,977	14.87
대체투자	54	47	2.5%	865	65.88

출처: Lipper, 엄인수

블랙록은 채권운용으로 시작한 자산운용사이지만 위의 표에서 보듯이 현재는 주식이 전체 포트폴리오의 54%를 차지하고 있고, 채권은 23%로 두 번째로 큰 부분을 차지하고 있다. 머니마켓펀드^{MMF}는 단기금융상품에 집중적으로 투자하는 펀드로서 블랙록 포트폴리오의 비중에서 15.5%를 차지하고 있다.

블랙록의 펀드 한 개당 평균 운용자산 규모는 1.2조 원^{$1,098million}이다. 그러나 자산 유형별의 편차가 크다. 대부분의 자산운용사도 그런 경향이 있는데, 블랙록의 머니마켓펀드가 4.3조 원^{$3,977million}으로 다른 자산유형의 펀드와 차이가 많이 난다. 주식과 채권의 펀드당 평균 운용 규모는 약 1조 원에서 1.1조 원에 달하며, 혼합자산과 대체투자는 각각 6,000억 원, 1조 원 정도에 달한다.

평균적인 펀드수수료도 자산별 편차가 크다. 혼합자산과 대체투자는 펀드당 65bp [5)]에 달해 높은 수준을 이루고 있다. 주식과 채권 부문의 펀드수수료는 각각 36bp, 33bp 정도이며, 개별 펀드 규모가 큰 머니마켓펀드의 펀드수수료는 15bp 정도 수준이다. 전체적으로 블랙록의 펀드당 펀드수수료는 약 35bp로 업계 평균보다 낮은 편에 속한다. 평균적으로 펀드당 자산 규모가 약 1.2조 원임을 감안할 때, 블랙록의 펀드당 펀드수수료 수익은 연 40억 원이 조금 넘는 것으로 추정된다.

---

5) bp는 basis point의 약자로 1%는 100bp이고 1bp는 0.01%다.

투자자산	가중평균 수익률(%)						Sharpe Ratio		
	2016.05	2015	2014	2013	2012	2011	1년	3년	5년
전체	**2.86**	**−2.39**	**3.54**	**13.21**	**11.31**	**−1.30**	**−0.24**	**−0.16**	**0.02**
주식	2.69	−2.35	4.93	23.79	15.35	−5.05	−0.07	0.15	0.13
채권	4.71	−2.36	4.89	−0.83	9.06	6.69	0.22	0.17	0.27
혼합자산	0.96	−3.03	1.53	11.99	10.71	−2.10	−0.13	0.11	0.10
머니마켓	0.45	−1.72	−1.95	0.75	1.10	−0.17	−1.56	−1.85	−0.79
대체투자	7.61	−6.27	−1.45	−5.89	8.85	−0.11	−0.19	0.04	0.11

출처: Lipper, 엄인수

블랙록의 펀드운용 수익률을 살펴보자. 2011년부터 2015년까지 5년 간, 그리고 2016년 5월까지 블랙록의 펀드운용 수익률을 분석했다. 블 랙록의 전체수익률을 보면 2011년 1.3%의 마이너스 수익률을 기록한 후 2012년, 2013년은 각각 11.31%, 13.21%의 수익률을 기록하며 매우 양호한 운용 성과를 냈다. 그러나 2014년은 전년대비 10% 차이로 떨어 져 3.54%의 수익률을 기록한 후 2015년 −2.39%의 수익률을 기록했다. 그리고 2016년 5월까지 다시 2.86%의 운용수익률을 회복했다. 2011년 도에는 스페인과 이탈리아를 비롯한 유로존 금융위기European debt crisis 가 있었고, 2015년부터 2016년 초까지는 중국 증권시장 폭락이라는 큰 시장위험market risk이 있었다. 2011년과 2015년의 마이너스 수익률은 국 제 금융시장이 요동치면서 전반적인 자산운용사의 운용수익률이 대부 분 마이너스를 기록했다.

블랙록의 2016년 5월 말에서 소급된 최근 1년 샤프지수Sharpe Ratio 6)
를 보면 마이너스 0.24를 기록하고 있다. 채권 부문에서는 초과수익을
냈지만, 다른 부문에서 모두 무위험자산 수익률, 즉 미국의 국채수익률
보다 낮은 수익을 냈고, 특히 머니마켓펀드 부문에서 기인한 부문이 크
다. 과거 5년간 장기적인 관점에서는 전체 부문에서 위험당 0.02의 초과
수익을 제공했다. 채권에서 0.27로 가장 높은 초과수익을 제공했으며,
주식 0.13, 대체투자 0.11의 초과수익을 제공했다. 그러나 머니마켓 부
문에서는 -0.79의 초과수익을 제공했다.

블랙록의 펀드수익률 곡선

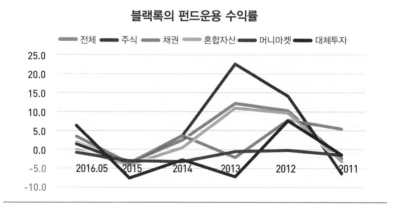

출처: Lipper, 엄인수

---

6) 샤프지수(Sharpe Ratio)는 펀드의 운용성과를 나타내는 지표로, 펀드의 위험 한 단위 당 초과수익의
   정도를 나타내는 비율이다. 수식으로는 '샤프지수 = (펀드수익률 - 무위험자산수익률) / (펀드표준
   편차)'이다. 샤프지수가 높기 위해서는 펀드의 표준편차, 즉 수익률의 변동폭이 작아야 하며,
   무위험자산의 수익률보다 초과하는 수익률이 커야 한다. 따라서 샤프지수가 높을수록 펀드의
   위험에 대비하여 제공하는 초과수익률이 높다는 뜻이다.

앞의 차트를 보면 주식의 수익률 곡선이 두드러진다. 2011년도에 약 −5%의 손실로 전체수익률보다 3.5%가량 낮은 수익률을 기록했다가 2012년, 2013년에는 전체수익률을 크게 넘어 각각 15%, 24%의 수익률을 기록하며 높은 변동성을 보이고 있다. 특히 2013년은 채권과 대체투자 부문에서 모두 마이너스 수익률을 기록하고 있는데, 주식 부문에서 유독 높은 수익률을 보임으로써 2013년도의 전체수익률을 크게 견인한 것으로 보인다.

채권 부문은 2011년도에 모든 자산 부문에서 마이너스 수익률을 기록하고 있는 데 반해 유일하게 6%가 넘는 높은 수익률을 보이고 있다. 그러나 2013년에 주식은 가장 높은 수익률을 보이고 있는 반면, 채권은 마이너스 수익률을 기록하고 있다. 이것은 아마도 2013년에 있었던 미국의 양적완화Quantitative Easing로 인한 채권시장의 타격에서 기인한 것으로 추정된다. 하지만 2014년은 주식 부문과 비슷한 5%에 가까운 높은 수익률을 기록했고, 2016년 상반기에는 주식 부문보다 높은 성과를 보이고 있다.

대체투자 부문은 2011년부터 2015년까지 2012년을 제외하고 모두 마이너스 수익률을 기록하며 저조한 실적을 보였지만, 2016년 상반기에는 8%에 가까운 수익률로 가장 선전하고 있다. 2013년을 제외하고 주식시장과 채권시장의 흐름과 비슷한 수익률 추이를 보이면서 대체투자로서 전통적 자산과의 분산효과는 크게 보이지 않는 양상이다.

4 / 블랙록의 성공 요인

| 1988년 ~ 2015년 | 27년간 3,755배 성장 |
| AUM $1.2B ⇨ $4,506B | 연간 139배 성장 |

1988년에 설립된 블랙록은 30년도 채 되지 않아 2015년 말을 기준으로 운용자산 규모가 1.3조 원$1.2billion에서 5,000조 원$4,500billion이란 경이로운 금액을 운용하게 됐다. 단순계산을 하면 운용자산 규모는 27년 동안 약 3,800배, 매해 약 140배씩 성장한 것이다. 사실 블랙록이 이렇게 비약하게 된 모든 이유를 명확하게 짚어내는 데에는 한계가 있음을 말하고 싶다. 블랙록에 대한 모든 소스를 취합하기가 쉽지 않고, 보다 깊이 있는 정보에 대한 접근이 사실상 어렵기 때문이다. 그러나 블랙록의 객관적인 히스토리와 정보서비스를 통한 데이터베이스의 취합을 통해 블랙록의 성공 요인 중 중요한 몇 개를 아래와 같이 유추해 볼 수 있다.

01 / 실패를 기회로 삼다

래리 핑크는 그가 1976년에 입사한 퍼스트보스턴에서 마지막에 그가 속한 부서에 큰 손실을 안긴 후 떠난 것은 사실이지만, 래리라는 본인 자체는 매우 출중한 사람임이 분명했다. 그가 회사에 손실을 입히고 떠난 해는 1986년이므로 10년도 되지 않은 시간 내에 그는 퍼스트보스턴의 채권부서를 책임자가 되어 미국의 MBS시장을 발전시켰으며, 퍼스트보스턴의 경영이사로 승진했었다. 게다가 선물옵션부를 개설하고 주택담보대출과 부동산상품 그룹을 이끌며 궁극적으로 회사에 그 당시의 금액으로 1조 원이 넘는 수익을 안겨 줬으니 말이다.

그러나 그 누구도 경제에 대해 전지전능할 수 없다. 아니, 수많은 경제지표 중 단 한 개의 경제지표조차도 미래에 그 방향을 예측하는 것이 쉽지가 않다. 1986년 래리 핑크는 이자율의 방향을 잘못 예측해 그가 속한 부서에 1,000억 원이 넘는 손실을 안겼고, 그로 인한 스트레스는 막중하여 그의 팀과 함께 결국 회사를 떠나 새로운 도약을 준비하게 되었다.

그가 퍼스트보스턴에서 나오자마자 블랙록이라는 회사를 독립적으로 시작한 것은 아니었다. 자신의 팀을 이끌고 블랙스톤이라는 사모펀드회사로 옮긴 것이었고, 블랙스톤그룹의 창업자 피터에게 인정을 받아 사모펀드회사에서 채권을 운용할 수 있었던 것이다. 따라서 피터의 도움은 그의 인생에 매우 중요한 전환점이었고, 그의 도움이 없었더라면 블랙록의 탄생 여부는 다시 생각해 볼 수 있는 문제였을 것이다. 만약 그가 퍼스트보스턴에서 계속 승승장구했더라면 아마도 그의 권위와 명성이 확보된 안락한 회사에서 스스로 박차고 나와 새로운 시작을 했을 것이라는 경우의 수는 의문점이 될 수 있었을 것이다. 그의 실패는 새로운 돌파구를 찾아야 하는 기회가 되었고, 그 기회를 도와줄 조력자를 만났으며, 그의 출중함이 그 기회를 다시 살릴 수 있는 기반이 되었던 것 같다. 이 세 개의 요소 중 하나라도 없었다면 지금의 세계 최대 자산운용사 블랙록의 탄생 여부는 확답할 수 없을 것 같다.

《포춘》지에 의하면 래리의 생활패턴은 새벽부터 시작된다. 맨해튼에 있는 그의 자택에서 새벽 5시 15분에 일어나 5시 45분에 차를 타고 맨해튼 미드타운에 있는 본사에 도착해 이미 전날 저녁 인터넷을 통해 접한 세 개의 신문인 뉴욕타임스, 월스트리트저널, 파이낸셜타임스를 매우 짧은 시간 동안 다시 확인한다. 그리고 아침 6시부터 1시간 동안 그의 사무실에서 조용히 혼자서 생각하는 시간을 갖는다고 한다. 아마도 세계 최대의 자산운용사 회장이며, 최고 투자책임자이자 그룹의 전략가로서 냉철한 결정을 내리기 위해 아무에게도 방해받지 않고 생각해야 할 시간이 필요할 것이다. 때로 그 시간을 통해 블랙록의 경영진들과 중요한 정책과 의사 결정을 위해 비디오 컨퍼런스 콜을 갖는다고 한다.

블루베리가 섞인 시리얼과 바나나로 아침식사를 하고, 점심에는 꽤 괜찮은 레스토랑에서 금융계의 저명인사들과 함께 식사를 하며, 일주일에 세 번까지만 비즈니스상 저녁 식사를 한 후 집에 들어가 그의 가족과 시간을 보내면서 신문을 읽은 후 10시 반에 침대에 눕는다고 한다.

1952년생으로 환갑을 훌쩍 넘긴 래리는 현재도 젊은 사람들이 따라 하기 힘든 생활패턴을 소화하고 있다. 새벽을 깨우고, 일관된 생활패턴을 통해 냉철한 판단력을 유지하며, 끊임없이 정보를 습득하여 사회의 트렌드와 투자환경을 파악하고, 자신의 비즈니스에 매우 열정적이며, 많은 사람과 교섭하는 매우 활동적인 모습을 보여 주고 있다. 게다가 가정에도 충실하게 그 역할을 다하고 있다. 실패를 기회로 삼고 일어난 래리 핑크에게서 우린 많은 배울 점을 찾아볼 수 있을 것이다.

02 / 실패 속에서 얻은 교훈 '리스크 관리'

래리 핑크가 퍼스트보스턴에서 이자율을 잘못 예측해 MBS 부문에서 1,100억 원$100million의 손실을 낸 것은 그의 투자 인생에서 매우 큰 실수였다. 래리는 이자율이 상승할 것이라고 강력하게 믿고 있었기 때문에 그의 포트폴리오에 MBS의 IOinterest-only 스트립7)의 비중을 크게 잡았다. 그러나 그의 예측이 빗나가면서 연방은행FRB이 이자율을 낮추게 되어 그가 보유한 IO 스트립 포지션에서 큰 손실을 얻게 되었다. 래리는 이 경험을 통해 다른 7명과 함께 블랙스톤에서 새로운 팀으로 새롭게 시작할 때부터 리스크 관리가 포트폴리오운용에서 얼마나 중요한지 필연적으로 알게 되었고, 그것은 곧 블랙록의 투자 철학에 고스란히 나타나게 되었다. 래리팀은 고객의 자산을 운용할 때 철저하게 위험관리에 초점을 두게 되었고, 아마도 그 일환으로 블랙록 솔루션인 알라딘Aladdin 개발에 착수했을 것이라고 추측이 된다.

알라딘 화면

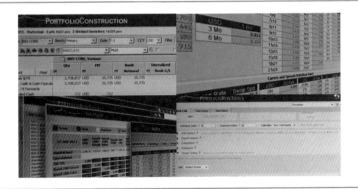

출처: 블랙록

---

7) 채무자가 주택담보대출을 상환할 때 상환금은 원금 부문과 이자 부문으로 구분할 수 있다. 모기지증권의 PO(Principal-only) 스트립이란 상환금에서 원금 부문으로 회수하는 상품이며, IO(Interest-only) 스트립은 이자 부문으로 회수하는 상품이다. 따라서 대출금리가 낮아지는 상황이 발생하면 변동금리에 근거한 대출의 상환금은 이자 부문이 줄어들거나, 기존의 대출자들이 더 낮은 금리의 담보대출로 바꿈으로 IO 스트립은 투자수익률은 떨어지게 된다.

알라딘은 고객의 자산을 운용 및 관리할 때에 필요한 정보, 네트워크 및 기술을 제공하는 펀드매니저들을 위한 실시간 트레이딩 투자 플랫폼이다. 알라딘 플랫폼은 효율적인 포트폴리오운용에 매우 정교한 리스크 분석을 할 수 있도록 펀드매니저에게 정보를 제공함으로 투자의사결정과 리스크 관리를 함께할 수 있도록 도와준다.

블랙록의 알라딘 플랫폼 정보가공 과정

알라딘 플랫폼을 통한 정보의 가공은 위의 그림과 같다. 전 세계적으로 분포되어 있는 2만여 명의 투자전문가로부터 자료를 취합하면, 800명의 전문가는 이 자료들을 가공 및 분석하게 된다. 그리고 이 정보들은 1,000여 명에 달하는 개발자에 의해 유지 및 개선되고 있는 플랫폼을 통해 고객에게 전송된다. 알라딘은 모든 자산군에 걸쳐 전체 투자프로세스를 다루고 있다. 또한, 개별 고객의 주문에 의해 그 고객의 비즈니스 프로세스에 따라 새롭게 설계 및 구현하는 서비스를 지원하고 있다.

블랙록 솔루션의 고객은 주로 연기금, 보험사, 은행, 자산운용과 같은 민간 금융기관은 물론 정부와 같은 공공기관까지 고루 분포되어 있다. 퍼스트보스턴에서 얻은 손실의 경험이 알라딘을 포함한 블랙록의 여러 솔루션 부문에서 리스크 관리에 역점을 두고 있는 래리 핑크의 투자철학이 두드러지게 나타나고 있으며, 이 투자 철학이 현재 5,000조 원을 의탁한 고객기반 형성에 매우 중요한 역할을 하고 있는 것이다.

03 / M&A를 통한 '규모의 경제'

블랙록의 연혁은 크게 두 시대^{era}로 구분될 수 있을 것 같다. 첫째는 자생적 성장 시대이고, 둘째는 M&A를 통한 성장이다.

1988년 래리 핑크 팀이 블랙스톤에서 새롭게 출발할 때의 운용자산 규모는 1.3조 원$^{\$1.2billion}$이었으며, 1995년 피앤씨 그룹으로부터 투자를 유치해 블랙록이라는 새로운 독립법인을 출범할 때의 운용자산 규모는 76조 원$^{\$69billion}$이었다. 그리고 1999년 블랙록이 뉴욕증권거래소에 상장되었을 때 운용자산 규모는 180조 원$^{\$165billion}$이었고, 2004년에 약 380조 원$^{\$342billion}$까지 늘어났다. 이때까지 블랙록의 연혁에 인수합병은 없었다. 물론 1988년부터 2004년까지 블랙록은 완전하게 자생적으로 성장했다고만은 할 수 없다. 1995년 피앤씨그룹의 계열사로 편입된 후 피앤씨 그룹의 네트워크 활용, 피앤씨그룹 계열사와의 합병은 블랙록의 상당한 도약의 발판이 되었다. 그러나 본 합병은 피앤씨의 계열사로서 그룹의 전략적인 내부 합병이었다.

블랙록은 두 번째 시대는 2004년도부터라고 할 수 있다. 2004년에 협상을 시작해 2005년 스테이트스트리트의 리서치를 인수하면서 운용자산 규모는 약 500조 원$^{\$452billion}$으로 늘어났다. 그리고 2006년도에 메릴린치자산운용을 인수하면서 운용자산 규모는 1,200조 원$^{\$1,125billion}$으로 기하급수적으로 성장했으며, 운용자산 규모 1,000조 원 시대의 막을 열었다.

2007년에는 켈로스그룹의 헤지펀드운용사를 인수하면서 보다 다양한 포트폴리오 자산을 구축하기 시작했고, 2009년 초대형 딜이었던 바클레이스자산운용을 인수해 운용자산 규모는 3,700조 원$3,346billion 으로 늘어나면서 1,000조 원대 자산운용사라는 타이틀에서 세계 최대의 자산운용사라는 타이틀로 바뀌게 되었다. 2012년에는 클레이모어자산운용, 2013년에는 크레딧스위스의 ETF 부문을 인수하면서 운용자산 규모 4,000조 원이라는 어마어마한 공룡 자산운용사가 되었다.

한편 M&A를 통해 새로운 회사를 인수할 때마다 각 회사가 기존의 비즈니스를 영위할 수 있도록 자율적인 환경을 구축함과 함께 절대적으로 모든 회사가 '고객 초점의 비즈니스'라는 하나의 플랫폼엔 변함이 없게 했다. 이것은 인수합병을 통한 기업의 사후관리를 유동적으로 관리하는 한편, 그룹이 같은 비전으로 한 방향을 향해 가게 하는 훌륭한 전략이라고 판단된다.

인덱스펀드의
창시자
뱅가드

THE SUCCESS STORY OF THE GLOBAL FUND

II

인덱스펀드의 창시자
뱅가드

뱅가드그룹Vanguard Group은 세계 최대 규모의 뮤추얼펀드를 운용함과 동시에 블랙록 다음으로 가장 큰 규모의 ETFExchange Traded Funds를 운용하는 자산운용사이다. 미국 펜실베이니아에 본사를 두고 있으며, 1975년 세계에서 가장 존경받는 투자자 가운데 한 명인 존 보글에 의해 설립되었다. 존 보글은 최초로 인덱스펀드를 설립하여 일반인들이 투자할 수 있도록 한 장본인으로, 그의 투자 철학이 곧 뱅가드그룹의 투자 철학이 되었다. 뱅가드그룹을 이해하기 위해 먼저 존 보글을 살펴보기로 하겠다.

1 / 뱅가드의 창업자 존 보글

01 / 존 보글

존 보글(John C. Bogle)

존 보글John C. Bogle은 1975년에 뱅가드그룹을 설립했다. 잭Jack이라고도 불리는 존 보글은 뱅가드그룹을 설립하기 전 웰링턴펀드 Wellington Fund에서 근무했는데, 웰링턴펀드의 창업자도 그의 투자 감각을 인정할 정도였다.

존은 1929년 미국 뉴저지에서 태어났다. 1929년은 미국이 경제대공황을 겪던 시절이었고, 존의 부모 세대들이 그 시대를 감당하고 있었다. 존의 아버지는 모든 유산을 잃고 집까지 처분하자 알코올중독자가 되었고, 결국 이혼까지 하게 되면서 존은 어려운 시절을 겪게 되었다. 그 와중에도 존의 학업성적은 매우 빼어났다. 고등학교 성적이 매우 우수해 학생 시절 동안 전액 장학금으로 학교에 다닐 수 있었으며, 특히 수학에서 월등한 모습을 보였다. 존은 결국 미국 아이비리그 중 하나인 프린스턴대학교에 입학했고, 경제학과 투자를 공부하기로 결정했다. 대학 시절 동안 기성세대에서도 조사된 적이 없는 뮤추얼펀드 산업을 주제로 조사하기 시작했으며, 투자회사의 경제적 역할에 대해서도 연구했다. 1951년 프린스턴대학교를 졸업한 후 웰링턴운용사에 입사했다. 웰링턴운용사는 미국 최초의 뮤추얼펀드를 운용하던 회사로 1928년 월터 모건 Walter L. Morgan이 그의 친척들로부터 10만 불을 모아 액티브active펀드를 운용하기 시작하면서 설립된 회사다.

대학 시절부터 투자에 대한 심도 있는 연구를 수행했던 존 보글은 웰링턴에서 뛰어난 업무 능력을 보여 주었다. 이에 대해 월터 모건은 "보글은 우리가 하는 것보다 뮤추얼펀드에 대해 더 많은 것을 알고 있다."라며 존을 극찬했다. 존은 입사한 지 4년 만에 매니저로 승격했고, 업무의 범위가 더욱 넓어져 기업분석과 투자분석을 맡기 시작했다. 그리고 단일펀드를 적극적으로 운용하던 웰링턴운용사의 운용전략을 바꾸기 위해 내부적으로 끊임없이 싸우며 동기를 부여하고자 노력했다. 그 결과 존이 원하던 새로운 펀드를 결성하면서 존은 그의 커리어에 큰 전환점을 만들 수 있게 되었다. 그 이후로도 존은 지속적으로 좋은 성과를 내면서 승진에 승진을 더하다 웰링턴의 회장이 되었다.

회장이 된 후 존은 웰링턴의 내부적인 운용전략뿐 아니라 운용사로서 웰링턴의 외부요소에 변화를 주기를 희망했다. 그리고 웰링턴의 사업 영역 확장을 위해 보스턴에 소재한 다른 운용사를 인수했다. 그러나 이 합병은 향후에 피인수회사의 운용전략이 무너지면서 웰링턴 전체를 힘들게 하면서 결과적으로 잘못된 결정으로 전락했다. 운용사의 펀드 운용으로는 귀재였으나, 앞을 내다보지 못했던 합병의 결정으로 회사에 해를 끼치게 되었다. 존은 결국 사임이 아닌 해임을 당했다. 훗날 존은 이 합병에 관한 결정에 대해 그의 삶에서 가장 큰 실수였으며, 매우 창피한 일이었다고 회고했다. 아마도 이 일로 인해 뱅가드그룹의 성장 배경에는 인수합병으로 인한 모멘텀이 없었나 보다. 이것은 앞서 읽은 블랙록의 성장과 매우 다른 행태를 보여 준다.

1974년 존 보글은 45세에 뱅가드를 설립했다. 뱅가드는 현재 가장 선망받고, 성공한 자산운용사 중 하나이다. 1999년 미국의 경제전문 잡지인《포춘Fortune》지는 존 보글을 20세기 네 명의 투자 거장 중 한 명으로 지명했다. 여기서 네 명의 투자 거장은 존 보글, 워런 버핏, 피터 린치, 조지 소로스를 말한다.

뱅가드를 설립하고 머지않아 1975년 존은 그의 투자 철학이 담긴 최초의 인덱스 뮤추얼펀드 '뱅가드 500 인덱스펀드Vanguard 500 Index Fund'를 상장해 일반인들이 투자할 수 있도록 했다. 뱅가드 500 인덱스펀드는 S&P 500지수를 따라 미국에서 가장 큰 대형주식 500개에 투자하는 펀드이다. 그 이후로 뱅가드는 지속적으로 존의 투자 관점에 따라 대표적인 인덱스펀드를 출시하면서 거대한 규모의 뮤추얼펀드들을 운용하기 시작했다.

그러나 1990년대에 이르러 존은 심장질환으로 건강에 적신호가 켜졌다. 더 이상 회사를 운영하기에는 힘들었던 존은 1982년에 자신이 고용했던 존 브레넌John J. Brennan을 그의 후계자로 세워 CEO로 임명하고 자신은 일선에서 물러났다. 그리고 1996년 심장이식 수술을 성공적으로 마친 후 뱅가드와 직접적인 연관은 없지만 뱅가드 캠퍼스 내에 있는 작은 리서치회사를 설립하여 연구소에 머물게 되었다. 1999년에는《뮤추얼펀드에 관한 일반상식Common Sense on Mutual Funds》이란 책을 발간해 베스트셀러가 되었다. 책의 주된 내용은 장기적인 투자 관점을 갖는 것이 중요하며, 인덱스펀드가 왜 좋은 투자방법인지, 그리고 뮤추얼펀드에 대한 조언을 담고 있다.

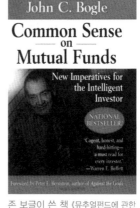

존 보글이 쓴 책《뮤추얼펀드에 관한 일반상식》표지

02 / 존 보글의 투자 철학

1975년 존은 세계 최초의 인덱스펀드를 창안했다. 인덱스펀드가 우수하다는 아이디어의 기반에는 "적극적^{active}인 운용을 통해 지수보다 앞서는 알파α 수익률을 창출하려고 노력하며, 그에 상응하는 높은 운용수수료를 부과하는 것보다 장기적으로 지수의 성과를 모방하는 소극적 passive 전략이 더 낫다."라는 것이다. 결과적으로 투자자는 높은 운용수수료를 지급하며 적극적 운용펀드를 보유하는 것보다 낮은 운용수수료로 운용되는 인덱스펀드를 보유하는 것이 장기적으로 더 높은 수익률을 얻을 수 있다는 것이다. 더 단순하게 얘기하면 '낮은 수수료로 지수수익률 따라가기' 전략이 낫다는 것이다.

그가 이러한 투자 철학을 갖게 된 이유는 그의 인덱스펀드 수익률에 대한 연구에서 비롯되었다. 그의 연구를 통해 발견한 내용은 아래와 같다.

- 모든 뮤추얼펀드의 4분의 3은 S&P 500지수를 반영하는 미국 500대 기업에 투자하는 수익률보다 뒤처진다. 바꿔 말하면 "4분의 3의 펀드매니저는 미국 500대 기업을 보유하는 소극적인 투자전략보다 더 나은 주식을 선정할 수 없다."는 것이다.
- 물론 S&P 500지수의 수익률보다 좋은 주식을 선택할 수 있으나, 그에 부과되는 비용과 세금을 제하면 결국 인덱스펀드의 수익률보다 뒤처진다.

존은 이 연구를 통해 장기적으로 적극적^{active} 운용의 결과는 지수수익률보다 뒤처지며, 이긴다 할지라도 높은 수수료와 세금으로 인해 결국은 뒤처진다는 결론을 냈다. 존은 여러 매체를 통해서도 소극적passive 투자전략이 낫다는 것과, 그로 인한 인덱스펀드의 우수성을 지속적으로 주장했다. 펀드수수료를 제한 액티브 전략은 결국 지수수익률을 모방하는 패시브 전략을 이길 수 없기 때문에 액티브 전략 펀드를 선택하는 것은 어리석은 선택이라고 했다.

인덱스펀드가 우월한 수익률을 준다는 관점은 투기가 어떻게 투자와 다른지 그 차이점까지 제시한다. 투자와 투기를 구분하는 가장 중요한 기준은 바로 투자 기간이다. 투자는 낮은 리스크로 장기간에 걸쳐 안정된 수익률을 추구하는 것이며, 투기는 단기간에 수익을 얻고자 하는 것으로 정의했다. 그리고 금융시장에는 높은 리스크를 감수하면서 단기에 수익을 올리려고 하는 투기적인 투자가 넘쳐난다고 판단했다. 존은 투자에 대한 간단하고 명료한 접근법을 강조했다. 아래가 그러한 관점에서 강조하는 여덟 가지 투자 규칙이다.

1. 낮은 수수료의 펀드를 선택하라.
2. 높은 수수료가 주는 이점을 신중하게 검토하라.
3. 과거의 펀드수익률에 대해 과대평가하지 말라.
4. 과거실적은 지속성과 위험을 결정하기 위해 사용하라.
5. 스타매니저를 조심하라.
6. 자산 규모를 경계하라.
7. 너무 많은 종류의 펀드를 소유하지 말라.
8. 당신만의 펀드 포트폴리오를 구성하여 지속적으로 보유하라.

2 / 뱅가드그룹

01 / 뱅가드그룹의 개요

뱅가드는 인덱스펀드의 개척자다. 1975년 세계 최초의 인덱스펀드인 S&P 500지수를 표방하는 '뱅가드 500' 펀드를 출범시켰고, 현재는 세계에서 가장 큰 규모로 뮤추얼펀 드를 운용하고 있다. 또한 ETF 부문에서는 블랙록 다음으로 가장 큰 규모로 운용하고 있다. 1975년 존 보글에 의해 설립되어 미국 펜실베이니아에 본사를 두고 있으며, 웰링턴의 웰링턴펀드를 인수했다. 웰링턴은 존 보글이 뱅가드를 설립하기 전에 근무했던 회사이며, 웰링턴펀드는 1929년에 결성된 후 지금까지 운용되고 있어 역사상 가장 오래된 뮤추얼펀드 중 하나이다.

뱅가드는 2016년 반기 말 기준으로 3,800조 원$3.5trillion 규모의 펀드를 운용하고 있다. 총 355개의 펀드를 운용하고 있는데, 미국에서 180개, 미국을 제외한 다른 나라에서 175개의 펀드로 구성되었다. 미국을 비롯해 런던, 프랑스, 스위스, 네덜란드, 중국, 호주, 홍콩, 싱가포르, 일본 등에 사무소를 두고 있으며, 14,000명의 임직원이 근무하고 있다. 뱅가드가 운용하는 펀드의 투자자는 170개국에 분포되어 있으며, 숫자만으로는 2,000만 명이 넘는다.

뱅가드의 오피스

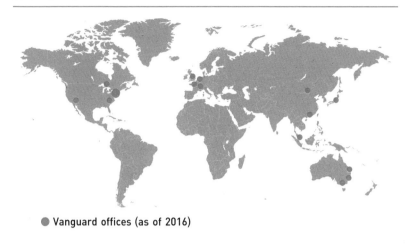

● Vanguard offices (as of 2016)

출처: 뱅가드

뱅가드는 비상장사로 현재 CEO는 1986년에 뱅가드에 입사했던 윌리엄F. William McNabb이다. 창립 때부터 현재까지 존 보글의 투자 철학을 따라 낮은 수수료를 통해 고객에게 돌아가는 최종수익률을 극대화한다는 정신을 이어 가고 있다. 펀드의 '경제의 규모'를 통해 이 운용철학을 이어 가고 있으며, 내부적으로는 판매수수료를 없애 영업비용을 낮추고자 노력했다. 실제로 2015년을 기준으로 뱅가드의 평균 펀드수수료는 펀드의 순자산가치NAV 대비 0.18%, 즉 18bp로 어떤 자산운용사도 이만큼 낮지 않다.

뱅가드의 중요한 연혁으로는 1986년, 개인 투자자들을 위해 첫 번째 채권지수bond index펀드를 출범했으며, 1990년에는 해외의 주식지수를 표방하는 뮤추얼펀드 상품을 만들었다. 다만 뱅가드는 블랙록과는 달리 인수합병이나 공격적인 사업 확장에 상당히 보수적인 행태를 보인

듯하다. 아마도 존 보글이 웰링턴에 근무했을 때 잘못된 합병으로 해임 당했던 그 경험이 뱅가드그룹의 보수적 경영으로 이어진 것이 아닌가 하는 생각이 든다. 이러한 부분은 여러 부분에서 나타난다. 뱅가드가 첫 번째로 해외 사무소를 개소한 것은 1996년 호주 멜버른에 지사를 낸 것으로 창립 후 22년 만이었으며, 2001년이 돼서야 ETF를 운용하기 시작했다. 그리고 웹사이트를 통해 운용과 분석 등의 플랫폼을 제공한 것은 2005년이었다. 이러한 사업 확장은 다른 자산운용사에 비해 상당히 뒤늦은 감이 있으며, 그 행보는 매우 보수적으로 보인다. 그럼에도 불구하고, 뱅가드의 운용자산 규모는 2013년 2,200조 원$2trillion, 2014년에 3,300조 원$3trillion, 그리고 최근에는 3,800조 원$3.5trillion 으로 매우 빠르게 성장했다.

02 / 운용자산 규모와 펀드수수료의 추이

존 보글이 세운 목표는 하나였다. 펀드에 투자한 고객수익률의 극대화였으며, 방법론으로는 펀드의 규모를 키우는 대신에 펀드수수료를 낮추자는 것이었다. 존 보글의 투자 철학은 뱅가드에 그대로 전수되었다. 뱅가드는 판매수수료를 낮추려고 노력했으며, 인덱스펀드의 규모를 키워 펀드수수료를 낮추려고 노력했다.

이 운용방법은 혁신적인 방법이었지만 처음엔 성공적이지 못했다. 업계의 많은 관련자가 뱅가드의 투자 철학을 무시했고, 심지어 비웃기까지 했다. 그러다 몇 년이 지나 1980년대에 들어서면서 장기적으로 다른 펀드보다 더 나은 수익률을 제공하기 시작했으며, 투자자들은 낮은 펀드수수가 결론적으로 자기들에게 더 높은 수익률을 준다는 것을 깨닫기 시작했다. 그리고 그들의 가족과 친구들에게 뱅가드에 대해 구전으로 전하기 시작했다. 장기수익률이 양호하자 더 많은 투자자가 모이기 시작했으며, 뱅가드는 펀드의 규모를 더욱 증액시킬 수 있었다. 그리고 그에 따라 펀드수수료를 더욱 낮출 수 있었다.

뱅가드의 고객은 점점 기관 투자자, 연기금, 재정고문 등으로 확대되었으며, 충성고객이 생기기 시작했다. 뱅가드가 설립되었던 당시 펀드운용수수료는 0.89%89bp였는데, 1990년에는 0.38%38bp까지 낮추었으며, 최근에는 0.18%18bp까지 낮추게 되면서 업계 평균 수수료 1.01%101bp에 비해 82% 낮은 수수료이다. 이는 업계에서 가장 낮은 수수료다. 낮은 수수료는 특히 보다 오랜 기간 투자할수록 기하급수적인 효과를 준다.

예를 들어 매년 3%의 고정수익률을 제공하는 펀드에 1억 원을 투자했다고 가정하자. 업계 평균의 펀드수수료 1.01%를 부가하는 펀드에 투자할 경우 5년 후에 1.34억 원이 되며, 10년 후에 2.95억 원이 된다. 그러나 같은 조건에 뱅가드의 펀드수수료를 적용하면 5년 후에 1.51억 원이 되며, 10년 후엔 4.61억 원이 된다. 투자 기간 5년간 차액은 1,700만 원이며, 10년간 차액은 1.6억 원이 된다.

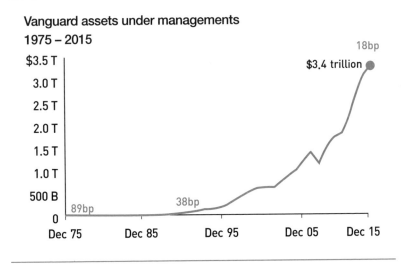

Vanguard assets under managements
1975 – 2015

출처: 뱅가드

03 / 철학적 주주 구성

뱅가드의 주주는 다른 운용사나 일반 기업과 다른 형태로 구성되어 있다. 뱅가드에게는 외부 주주가 없으며, 뱅가드가 운용하고 있는 펀드가 뱅가드의 주주로 구성되어 있다. 결론적으로 펀드에 투자한 고객이 곧 뱅가드의 주주가 된다는 것이다. 뱅가드가 외부 주주를 구성하지 않는 이유는 '오직 고객의 이익'에 집중하겠다는 투자 철학에서 비롯된 하나의 결과물이다. 외부 주주가 기업을 소유하게 되면, 운용사는 결국 외부 주주의 이익에 집중하게 된다는 것이다.

예를 들어 A운용사의 주주가 B이며, A가 운용하는 펀드의 투자자가 C라면 A운용사는 주주인 B의 이익과 고객인 C의 이익을 동시에 고려해야 한다. 이러한 상황이라면 이해의 갈등이 발생할 수 있다는 것이다. 가령 A운용사가 운용하는 펀드의 수수료를 높이면 주주인 B에게 이익이 되겠지만, C의 이익은 줄어들게 된다. 반대로 C의 이익을 높이기 위해 펀드수수료를 낮추면 B의 배당금이 낮아질 수 있다.

뱅가드의 주주는 뱅가드가 운용하는 펀드이며, 결론적으로 펀드의 투자자가 뱅가드의 주주가 된다는 독특한 순환구조를 갖고 있기 때문에 낮은 펀드수수료는 궁극적으로 뱅가드 주주의 이익이 된다. 뱅가드는 이러한 철학적 주주 구성을 가진 자신의 회사를 '뮤추얼' 뮤추얼펀드 회사'mutual' mutual fund company라고 소개한다. 이런 독특한 주주 구성을 가진 것은 뱅가드의 고객에게도 이미 알려져 있기 때문에 고객들은 뱅가드에 대한 안정성, 투명성, 엄격한 위험관리에 대한 신뢰도가 높다.

뱅가드와 다른 운용사의 주주 구성에 따른 이해관계도

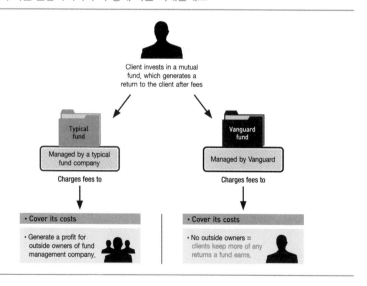

Client invests in a mutual
fund, which generates a
return to the client after fees

Typical
fund

Managed by a typical
fund company

Charges fees to

• Cover its costs

• Generate a profit for
  outside owners of fund
  management company.

Vanguard
fund

Managed by Vanguard

Charges fees to

• Cover its costs

• No outside owners =
  clients keep more of any
  returns a fund earns.

출처 : 뱅가드

04 / 주요 경영진

① 윌리엄 맥나브

윌리엄F. William McNabb III은 현재 뱅가드의 회장이자 CEO이다. 1986년에 뱅가드에 입사해 2008년에 CEO의 자리에 올랐다. 뱅가드에 입사한 이후로 고객관리를 담당했으며, CEO에 오르기 직전에는 기관 및 해외사업 이사로 활약했다. 한편, 회사 밖에서는 독특하게도 필라델피아의 동물학협회 이사도 담당하고 있다.

② 모티머 버클리

모티머Mortimer J. Buckley는 현재 뱅가드의 이사이며, 투자책임자CIO: Chief Investment Officer를 맡고 있다. 뱅가드가 운용하는 주식, 채권, 머니마켓 포트폴리오의 운용과 리서치를 감독하고 있다. 2001년부터 투자책임자를 맡았으며, 그 전에는 리테일투자 부문을 감독했다. 모티머는 하버드대학교에서 경제학을 전공한 후에 같은 대학에서 MBA를 취득했다.

③ 토마스 램풀러

토마스Thomas M. Rampulla는 금융자문서비스를 담당하는 이사로 재직 중이다. 1,000개 이상의 금융자문사에 투자, 서비스, 교육 및 리서치를 제공하는 업무를 하고 있다. 1988년에 뱅가드에 입사해 여러 부문의 관리를 담당하다가 영국과 유럽의 사업본부장을 지냈다. 토마스는 펜실베이니아에 소재한 블룸스버그대학Bloomsburg University을 졸업한 후, 드렉셀대학교Drexel University에서 MBA를 취득했다.

④ 카린 리지

카린Karin A. Risi은 뱅가드의 리테일을 담당하고 있다. 600만 개인고객과 중소기업고객을 관리하고 있다. 1997년에 뱅가드에 합류해 여러 부문에서 일을 하다가 뱅가드의 자문서비스 부문장을 담당했다. 빌라노버대학 Villanova University을 졸업한 후 같은 학교에서 MBA를 취득했다.

3 / 뱅가드의 펀드 분석

01 / 뱅가드의 펀드 분석

뱅가드의 펀드 분석을 위해 마찬가지로 Lipper 정보서비스를 이용했다. 뱅가드가 발표한 운용펀드의 개수는 355개이며, 운용 규모는 4,200조 원 $3.5trillion인데, 정보서비스를 통해 얻은 숫자는 각각 338개와 1,400조 원 $1.28trillion이다. 펀드의 개수에서는 비슷한데 펀드의 규모에서는 63%가 부족하다. 아마도 오픈형뮤추얼펀드 부문에서 고객의 자금이 더욱 유입되는 부문은 집계되지 않은 것으로 판단된다. 그러나 아래의 통계에서 펀드의 개수가 비슷하고, 펀드 규모가 모집단의 36%를 나타내므로 그 의미는 충분히 유의하다고 생각된다.

뱅가드의 운용펀드 유형

투자자산	운용펀드 수	운용펀드 규모 (US $ billion)	투자 비중	펀드당 평균 운용 규모 (US $ billion)	펀드 수수료 bp
전체	338	1,282	100.0%	3,792	10.09
주식	170	167	48.1%	3,630	12.86
채권	86	185	14.4%	2,150	14.14
혼합자산	67	318	24.8%	4,751	1.15
머니마켓	13	161	12.6%	12,385	12.53
대체투자	2	0	0%	210	8.68

출처: Lipper, 엄인수

뱅가드의 투자자산은 주식이 가장 큰 부분을 차지한다. 펀드 개수로는 50%, 규모로는 48%를 차지해 뱅가드의 대표적인 투자자산이다. 뱅가드가 출범한 후 첫 번째 펀드가 S&P 500를 나타내는 주식을 벤치마크한 뱅가드 500으로 시작한 것과, 채권지수보다 주식지수가 수적으로 더 많기 때문에 인덱스펀드를 주로 운용하는 뱅가드로서는 주식에 투자하는 상품이 더 많았을 것이다. 미국 다음으로 많이 벤치마크한 지수는 영국의 FTSE지수이다.

혼합자산은 운용 규모로 25%에 가까워 두 번째로 큰 비중을 차지한다. 혼합자산은 주로 연금으로부터 자금을 모아 특정한 만기를 설정하여 운용하는 펀드가 많다. 채권을 중심으로 위험도에 따라 주식의 비중을 조절했으며, 미국 다음으로 영국, 캐나다, 호주에서 많이 운용되고 있다. 채권은 펀드 개수로 25%, 규모로는 14%의 비중을 차지한다. 미국을 중심으로 유럽, 캐나다, 브라질, 호주의 채권지수를 따라 인덱스펀드와 ETF를 만들었다.

펀드 한 개당 운용 규모로는 머니마켓펀드가 14조 원에 육박해 월등하게 높고, 다음으로는 주식형펀드로 4조 원에 달한다. 전체 평균 펀드한 개당 운용 규모는 4.2조 원에 달한다.

펀드운용수수료는 뱅가드가 공식적으로 발표한 뱅가드 평균 펀드수수료인 18bp에 미치지 못하는 수치인 10.09bp로 집계되었다. 따라서 절댓값을 인정하기에는 다소 문제가 있을 것으로 생각된다. 다만 블랙록 34.5bp, 피델리티 45.9bp, 핌코 58bp에 비해 상당히 낮은 수준임은 확실하다. 또한, 채권펀드의 펀드수수료가 가장 높고, 다음으로 주식펀드, 머니마켓펀드 순으로 나타났다.

뱅가드의 펀드수익률 추이

투자자산	가중평균 수익률(%)						Sharpe Ratio		
	2016.05	2015	2014	2013	2012	2011	1년	3년	5년
전체	**2.20**	−0.16	6.57	16.60	10.98	0.18	0.05	0.14	0.11
주식	2.16	−0.83	9.05	27.94	15.99	−1.55	−0.04	0.20	0.18
채권	3.73	−0.11	5.93	−2.11	4.71	6.54	0.32	0.18	0.30
혼합자산	2.41	−0.74	5.49	13.96	10.43	−0.13	−0.04	0.17	0.16
머니마켓	0.17	−0.07	−0.06	−0.12	0.11	0.23	0.10	−0.20	−0.42
대체투자	1.88	3.20	2.54	5.01	−0.80	4.60	0.18	0.17	0.15

출처: Lipper, 엄인수

앞의 표는 뱅가드의 펀드수익률이다. 전체 가중평균수익률을 보면 2011년 0.18%를 기록한 후 2013년에 16.60%로 정점을 찍은 후 2014년 6.57%, 2015년 −0.61%를 기록했다. 뱅가드 수익률도 역시 다른 운용사와 비슷한 마켓리스크를 반영하고 있다. 2011년에 유로존 금융위기와 2015년 중국증시 폭락이 그것이다. 개별자산으로 볼 경우 2011년도에 채권에서 6.54%의 수익률이 발생해 주식에서 하락한 부분을 완충시켰다. 2012년과 2013년에는 주식에서 각각 16%, 28%의 월등한 수익률을 기록해 뱅가드 전체수익률의 견인차 역할을 했다. 이에 따라 주식이 포함된 혼합자산펀드의 수익률도 좋은 기록을 보였다.

뱅가드의 최근 1년간 샤프지수는 0.05, 3년은 0.14, 5년은 0.11이다. 위험조정 후 수익률은 이 책에서 다루는 네 개의 자산운용사 중 양호한 편이며, 3년간 샤프지수는 제일 높은 숫자를 보이고 있다. 채권 부문에서 최근 1년과 5년간 위험조정 수익률이 가장 양호했으며, 3년간 샤프지수는 주식이 0.20으로 가장 높게 나타났다.

뱅가드의 펀드수익률 곡선을 보면 주식펀드의 변동성이 가장 높다. 2011년 −1.55%를 기록해 전체수익률을 크게 낮췄다가 그 이후로 연속 3년간 16%, 28%, 9%를 기록했다. 2015년 중국발 위험으로 −0.83%를 기록했지만, 다른 운용사가 얻은 타격보다 많이 완충했다는 느낌이 든다. 채권운용은 다른 운용사에 비해 전반적으로 조금 낮은 수익률을 제공했다. 2011년부터 2015년까지 단순평균한 결과로 블랙록은 3.49%, 피델리티 3.57%, 채권전문운용사인 핌코는 4.16%를 기록한 데 비해 뱅가드는 2.99%를 제공했다.

뱅가드의 펀드운용 수익률 (%)

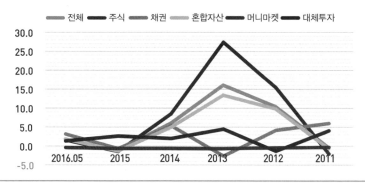

━━ 전체 ━━ 주식 ━━ 채권 ━━ 혼합자산 ━━ 머니마켓 ━━ 대체투자

출처: Lipper, 엄인수

　뱅가드 포트폴리오를 국가별로 비교할 경우 미국에 75%, 그다음으로 영국과 일본에 약 3.5%, 스위스에 약 1.6%를 투자했다. 뱅가드의 한국 지사는 없지만, 보유한 한국주식은 아래와 같다.

뱅가드가 보유한 한국주식 359개 중 상위 10개 (2015년 9월 말 기준)

#	RIC	Security Name	Value Held ($ M)	Position (M)	% Portfolio	% Outstanding	Filing Date
1	005930.KS	Samsung Electronics Co Ltd	1,724.95	1.56	0.10%	1.06%	30-Nov-2015
2	005380.KS	Hyundai Motor Co	322.54	2.54	0.02%	1.15%	30-Nov-2015
3	000660.KS	SK Hynix Inc	236.83	8.69	0.01%	1.19%	30-Nov-2015
4	035420.KS	Naver Corp	232.57	0.43	0.01%	1.30%	30-Nov-2015
5	012330.KS	Hyundai Mobis Co Ltd	227.03	1.06	0.01%	1.08%	30-Nov-2015
6	055550.KS	Shinhan Financial Group Co Ltd	200.21	5.60	0.01%	1.18%	30-Nov-2015
7	051910.KS	LG Chem Ltd	190.73	0.70	0.01%	1.05%	30-Nov-2015
8	000270.KS	Kia Motors Corp	186.30	4.11	0.01%	1.02%	30-Nov-2015
9	090430.KS	Amorepacific Corp	175.21	0.50	0.01%	8.61%	30-Nov-2015
10	033780.KS	KT&G Corp	163.00	1.77	0.01%	1.29%	30-Nov-2015
11	105560.KS	KB Financial Group Inc	144.35	4.75	0.01%	1.23%	30-Nov-2015
12	000810.KS	Samsung Fire & Marine Insurance Co Ltd	143.46	0.54	0.01%	1.15%	30-Nov-2015
13	028260.KS	Samsung C&T Corp	139.50	1.11	0.01%	0.58%	30-Nov-2015

출처: 톰슨로이터

뱅가드가 보유한 가장 오래된 펀드는 1929년에 결성된 웰링턴펀드이다. 그러나 앞서 설명한 바와 같이 웰링턴펀드는 존 보글의 첫 직장에서 운용했던 펀드로 뱅가드가 설립된 후 인수해 온 펀드이다. 뱅가드가 1974년에 설립되어 1975년에 존 보글에 의해 결성된 펀드는 '뱅가드 500 인덱스펀드'이다.

뱅가드 500 인덱스펀드의 개요

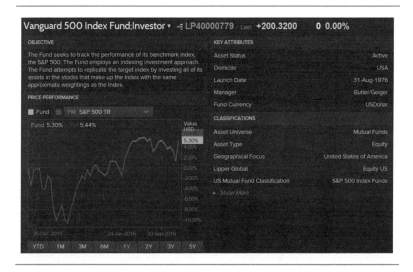

출처: 톰슨로이터

S&P 500지수를 벤치마크했기 때문에 당연히 S&P 500지수와 같은 수익률 곡선을 보이고 있다. 다만 펀드수수료만큼의 오차tracking error는 발생한다.

시가총액으로 전 세계 최고인 애플을 중심으로 마이크로소프트, 엑손모바일, 아마존, 존슨앤존슨, 페이스북, GE, 버크셔해서웨이, AT&T, JP모건의 비중이 상위 10개의 종목에 속한다.

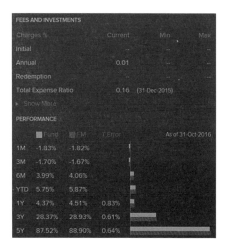

산업별 비중은 기술 부문이 18%에 육박해 가장 높고, 다음으로 금융, 헬스케어, 서비스, 산업재, 소비재, 에너지, 유틸리티, 통신, 기초소재 순으로 분포되어 있다.

뱅가드 500 인덱스펀드는 2015년 기준으로 뱅가드 전체 펀드의 평균수수료 18bp보다 2bp 낮은 16bp이다.

펀드수익률은 최근 6개월간 3.99%, 1년간 4.37%, 3년간 28.37%, 5년간 87.52%에 달하며, 벤치마크와의 오차는 60bp에서 83bp에 이른다.

4 / 뱅가드의 성공 요인

뱅가드는 1974년에 설립되어 1975년에 첫 번째 인덱스펀드를 출시했으며, 40년이 넘은 지금은 3,800조 원이란 경이로운 자금을 운용하고 있다. 기간대비 운용자산의 규모로 볼 때 이미 살펴본 블랙록보다는 뒤처진다. 블랙록은 설립된 지 30년도 되지 않아 5,000조 원을 운용하고 있기 때문이다. 그러나 성장 배경을 살펴보면 블랙록과 뱅가드는 전혀 다른 행보를 보여 왔다. 블랙록은 모기지채권MBS을 중심으로 운용하다가 주식운용으로 사업을 넓힌 이후로 다른 운용사를 지속적으로 인수해서 운용 규모를 키워 왔다. 따라서 블랙록이 현재 운용하는 펀드 중 상당히 많은 펀드는 다른 운용사가 결성했던 펀드들이다. 그러나 뱅가드는 인수합병으로 운용 규모를 키우지 않았다. 데이터를 통해 본 결과, 뱅가드의 펀드 100%가 모두 뱅가드에서 결성해서 운용하고 있는 펀드다.

뱅가드가 다른 운용사를 인수하지 않은 이유는 존 보글의 회사 운영 방침에서 비롯된 것이 아닐까 하는 추측이 든다. 뱅가드를 설립하기 전 웰링턴에서 근무했던 존은 회장이 된 이후로 자산운용 본연의 업무보다 회사 외형의 확장을 위해 섣불리 인수합병을 시도했다가 아주 크게 된서리를 맞고 해임되었다. 아마도 그것이 트라우마가 되어 뱅가드 40년이 넘는 역사에서 인수합병이 없었던 것 같다.

그럼에도 불구하고 뱅가드는 분명히 뱅가드만의 색깔을 갖고 있으며, 뱅가드의 이름이 갖는 운용사업계의 프리미엄은 대단히 높다. 그 성공 요인을 살펴보도록 하자.

존은 부모님이 대공황 시절을 겪으며 이혼까지 하게 되는 힘든 환경 속에서도 상당히 학구적인 모습을 보였다. 성적이 매우 우수했기 때문에 뉴저지에 있는 명문 사립고등학교인 블레어 아카데미Blair Academy에 입학할 수 있었으며, 최우수 성적으로 졸업했다. 이미 투자에 대한 눈이 뜨였던 존은 대학교 시절에 아무도 연구하지 않았던 뮤추얼펀드를 연구했을 뿐만 아니라, 3·4학년 동안 '투자회사의 경제적 역할' 이론을 연구했다.

대학교를 졸업하고 웰링턴운용사에서 일할 당시 그의 보스이자 웰링턴의 창업자인 월터 모건은 그의 재능을 알아보았다. 월터 모건은 존이 태어나기 한참 전인 1898년에 태어나 1920년에 프린스턴대학교를 졸업했으며, 아주 어린 나이의 회계사로 활동한 엘리트였다. 그 이후로 그의 친척으로부터 10만 불을 끌어모아 투자운용을 시작했다. 그만의 투자 포트폴리오를 구축하게 되자 1928년에 본격적으로 회사를 설립하게 되었고, 그 회사가 웰링턴운용사가 된 것이다. 따라서 뱅가드가 현재까지 운용하는 웰링턴펀드의 뿌리는 1920년대로 거슬러 올라가는 것이다.

모건은 1951년에 존 보글을 고용했다. 그가 회사를 설립한 지 23년이 지난 이후이다. 따라서 23년의 경력을 가진 운용사의 사장에게 존 보글은 이제 막 입사한 신입사원이었다. 그런데 모건의 눈에 존은 신입사원 같이 느껴지지 않았다. 존은 모건 자신이 생각할 수 없었던 관점에서 뮤추얼펀드에 대해 이미 너무 잘 알고 있었고, 투자회사 비즈니스에 대해 폭넓은 시각을 갖고 있었던 것이다. 그러한 존에게 모건은 그가 입사한 후 얼마 되지 않아 '보글은 우리가 지금 하고 있는 펀드운용에 대해 우리보다 더 많은 것을 알고 있다.'고 말했다. 25년의 경력을 가진 사장이 이제 2~3년 일한 신참에게 그렇게 말한 것이다. 이것은 격려 차원의 칭찬이 아니라 그의 업무 능력을 보고 자연스럽게 나온 감탄사와 같았다.

한편 웰링턴운용사는 오직 하나의 펀드를 적극적으로 운용하는 전략을 갖고 있었다. 이 전략은 인덱스펀드의 우수성을 주장하던 존의 전략과 상반된 전략이었다. 존은 대학생 때부터 인덱스펀드가 장기적인 관점에서 더 좋은 수익률을 준다는 것에 대한 확신이 있었다. 존은 웰링턴에 재직하는 내내 웰링턴의 이 적극적 운용전략에 맞섰다. 그러다 웰링턴 내부적으로 설득이 된 것인지, 아니면 존의 고집으로 된 것인지는 모르겠지만 웰링턴의 기존 투자전략에서 벗어나 다른 펀드를 출범했고, 이 펀드는 성공적인 성과를 거두었다. 그것이 존에게 중요한 전환점이 되었으며, 그 이후로도 계속 승승장구하면서, 존은 1967년에 사장이 되었다. 그리고 3년 후 1970년에는 모건의 뒤를 이어 웰링턴운용사의 회장이 되었다.

한편 웰링턴운용사는 1960년 상장사가 되었다. 상장사가 되다 보니 주주의 이익을 극대화하기 위해 궁극적으로 회사의 순이익에 초점을 맞출 수밖에 없었다. 그와 같은 시점에 보스턴에 있는 고고Go-Go펀드운용사가 있었다. 고고펀드는 성장주 위주로 적극적 운용을 전개하면서 이름을 날리기 시작했다. 임원이 된 존으로서는 이 고고펀드가 눈에 들어왔다. 웰링턴으로는 운용할 수 없는 전략을 가졌기 때문이었다. 1966년 존은 웰링턴이 이 고고펀드운용사를 인수하도록 적극적으로 개진했으며, 마침내 이 고고펀드운용사를 인수한 후 웰링턴과 합병을 시켰다. 그리고 본 합병은 당분간 좋은 효과를 내는 듯했다.

1970년대에 들어 공격적인 성장주식들이 무너지기 시작하면서 고고펀드가 보유한 펀드들이 무너지기 시작했다. 이와 함께 웰링턴운용사의 주가는 한순간에 무너졌다. 웰링턴 이사진들은 웰링턴 주가를 무너뜨린 고고펀드운용사 인수에 대한 책임을 존에게 물었고, 결국 그를 최고경영자에서 해임했다. 다만 이사진들은 존의 합병 결정이 잘못된 것은 알았지만 그의 운용실력은 무시할 수 없었다. 웰링턴 임원진들은 존이 뱅가드를 설립하게 했고, 기존 웰링턴의 펀드들을 관리할 수 있도록 허락했다.

이로 인해 존은 웰링턴 주가를 위해 잠시 적극적 운용을 고려했던 자신의 생각을 재검토했으며, 그가 오래전부터 지녔던 투자 철학으로 다시 돌아갈 수 있었다. 초과수익률을 얻기 위해 250개의 종목 중 투자 대상을 선택selection하려는 액티브active 운용 대신 펀드수수료는 낮추고 다우존스의 30개 종목을 보유한 채 아무 노력도 하지 않는 것이 결국 낫다는 자신의 이론으로 돌아갔다.

02 / 존 보글의 혁신과 투자 철학

뱅가드는 존의 뼈아픈 실패를 배경으로 탄생한 회사였다. 이것이 도리어 뱅가드를 운영하기 위한 존의 경영방침을 관철할 수 있는 계기가 되었고, 그로 인해 뱅가드는 분명히 존의 투자 철학 색깔을 갖고 있다. 특히 다음 세 부문에서 더욱 그렇다.

- 비상장사
- 인수합병 없이 성장
- 세계 최대의 인덱스펀드운용사

　뱅가드가 지금까지 비상장사인 것과 40년이 넘도록 다른 운용사나 펀드를 인수하지 않은 이유는 존이 웰링턴에서 겪은 실패에서 기인한 것으로 보인다. 그의 회고록에 웰링턴운용사에서 고고펀드를 인수했던 결정이 그의 인생에서 가장 잘못된 판단이라고 얘기했으며, 자신에게 가장 부끄러웠던 일이라고 언급했다. 고고펀드를 인수했던 것은 웰링턴의 최고경영자로서 외부 주주들의 이익을 극대화하기 위한 결정이었다. 그러나 성장주식을 대상으로 적극적으로 운용하는 고고펀드는 자신의 투자영역과 다른 영역이었고, 결과적으로 실패로 끝났다. 따라서 존은 뱅가드를 굳이 상장시켜 또다시 외부 주주들에게 신경 써야 하는 상황을 만들고 싶지 않았을 것이다. 그리고 고고펀드의 인수는 아마도 그에게 트라우마가 되었을 수도 있다. 그것이 뱅가드로 하여금 한 우물만 파게 한 것이 아닌가 하는 추측이 든다.

　뱅가드의 자산운용 방식은 존 보글의 투자 철학을 고스란히 반영하고 있다. 존이 제시하는 답은 분명하다. '패시브passive 운용전략이 액티브active 운용전략을 이긴다.'는 것이다. 존은 인덱스펀드의 수익률을 연구하면서 네 개의 펀드 중 세 개는 장기적으로 S&P 500지수보다 뒤처진다는 것을 발견하고서, 미국의 500대 기업을 보유하는 전략이 더 낫다고 주장했다. 또한, 네 개의 펀드 중 나머지 한 개의 펀드도 높게 부가되는 펀드수수료를 제하고 나면 결과적으로 인덱스펀드 수익률이 낮기 때문에 액티브전략 펀드를 선택하는 것은 어리석은 판단이라고 했다. 뱅가드가 설립되자마자 1년 후 최초의 인덱스펀드인 '뱅가드 500 인덱스펀드Vanguard 500 Index Fund'가 결성되었고, 이 펀드는 현재까지 인덱스펀드의 대명사가 되었다.

03 / 뱅가드의 철학적 운영

인덱스펀드의 운용수수료는 높지 않다. 적극적 운용을 위한 펀드매니저의 노력이 덜 들기 때문이다. 앞서 본 것처럼 뱅가드 500 인덱스펀드의 펀드수수료는 16bp밖에 되지 않는다. 존은 펀드수수료를 낮추기 위해 펀드의 '규모의 경제'에 노력했다. 이 전략은 인덱스펀드의 운용전략과 맞아 떨어지는 부분이었다. 결과적으로 뱅가드는 펀드수수료를 0.18%18bp까지 낮췄고, 업계 평균인 1.01%101bp보다 82% 저렴하다. 여기서 한 가지 추측해 보는 것은 뱅가드의 펀드수수료 수익이다. 뱅가드의 펀드운용 규모가 3,800조 원이므로 여기에 뱅가드의 평균 펀드수수료 0.18%를 적용하면 약 7조 원이라는 엄청난 수익이 난다. 존의 '낮은 수수료 대신 규모의 경제' 전략이 충분히 성공한 것이 아닌가 하는 생각이 든다.

뱅가드는 비상장회사일 뿐 아니라 뱅가드가 운용하는 펀드가 뱅가드의 주주로 참여한다고 했다. 이는 곧 펀드투자자의 이익 극대화가 뱅가드 주주의 이익 극대화가 된다는 것이다. 외부 주주가 많을 경우 외부 주주의 이익을 위해 펀드투자자의 이익을 줄여야 하는 경우가 발생한다. 이것은 펀드운용사가 갖는 아이러니한 구조다. 그러나 뱅가드는 외부 주주에 대한 로열티가 없으므로 낮은 펀드수수료를 통해 펀드투자자의 수익률을 높일 수 있는 구조를 마련했다. 그리고 수익은 펀드의 대형화를 통해 추구한 것이다.

고객의 이익을 위해 뱅가드는 세 가지의 경영방침을 목표로 했다. 첫째는 청렴integrity이다. 회사의 관심사는 오직 투자자라는 것이다. 이를 위해 투자자가 주주가 되게 하는 구조를 지향하게 되었다. 둘째는 집중focus이다. 이것은 투자자의 단기이익이 아닌 장기이익에 집중하겠다는 의미이며, 그에 따라 모든 투자의사 결정을 하겠다는 것이다. 뱅가드는 자산배분, 분산, 낮은 펀드수수료로 이 목표를 실행하고 있다. 마지막으로 청지기적 관리Stewardship이다. 이것은 모든 운용사에게 해당하는 것이겠지만, 뱅가드는 자신의 고객들이 맡기는 돈에 대해 막중한 책임감을 갖고 관리하겠다는 의미이다. 엄격한 리스크 관리를 통해 고객의 손실을 최소화하고, 비용의 최소화로 고객 이익을 극대화함으로 이 목표를 실현해 가고 있다.

연구하지 않고 투자하는 것은
포커를 하면서 카드를
전혀 보지 않는 것과도 같다.

– 피터 린치

혁신의
피델리티

THE SUCCESS STORY OF THE GLOBAL FUND

혁신의
피델리티

 피델리티는 2015년 기준 운용자산 규모로 전 세계 5위의 자산운용사

이자 금융서비스 그룹이다. 1946년에 에드워드 존슨 2세Edward Johnson, II

가 설립해 은행계열사가 아닌 단일 운용사로는 가장 오래된 운용사 중

하나이다. 이 책에서 다루지 않지만 그다음 해인 1947년에 프랭클린템

플턴운용사Franklin Templeton Investments 8)가 설립되었다. 피델리티는 자회

사와 계열사가 많아 지배구조가 다소 복잡한 회사이다. 운용사 부문에

는 피델리티인베스트먼트Fidelity Investments와 피델리티인터내셔널Fidelity

---

8) 프랭클린템플턴운용사는 1947년 루퍼트존슨(Rupert H. Johnson)에 의해 설립된 글로벌
   뮤추얼펀드운용사이다. 뉴욕증권거래소에 BEN의 티커로 상장했으며, 운용자산 규모는 800조 원이
   조금 넘는다.

International이 있는데, 두 회사는 영업지역에 의해 구분될 수 있다. 피델리티인베스트먼트는 미국에서 뮤추얼펀드운용과 함께, 자산관리와 브로커리지 서비스 등을 제공하고 있으며, 피델리티인터내셔널은 1969년에 설립되어 미국 외의 25여개 국가에서 펀드를 운용하고 있다. 1980년 피델리티인터내셔널은 피델리티인베스트먼트로부터 독립해 별도법인이 되었다.

1 / 피델리티인베스트먼트

01 / 피델리티인베스트먼트의 개요

에드워드 존슨 2세
(Edward Johnson II)

피델리티인베스트먼트의 본사는 미국 보스턴에 있다. 창업자 에드워드 존슨 2세가 1946년 보스턴에 'Fidelity Management & Research Co'라는 이름으로 설립했고, 현재는 그의 아들 에드워드 3세가 회장이며, 그의 딸 아비가일Abigail Johnson이 현재 CEO를 맡고 있어 가족경영을 이어 가고 있다. 피델리티는 비상장사로 존슨 가족과 피델리티의 임직원이 피델리티의 주식을 100% 소유하고 있다. 창업자의 가족인 존슨 가족이 직접 또는 펀드를 통해 49%의 주식을 소유하고 있고, 나머지 51%는 임직원이 보유하고 있다. 존슨 가족은 지분 49%의 의결권을 현재 회장을 맡고 있는 에드워드 3세에게 모두 위임했다.

피델리티의 주요 사업은 일반 운용사와 다르게 매우 폭넓은 서비스를 제공하고 있다. 뮤추얼펀드운용을 비롯해 개인 투자자의 자산관리, 고용주의 퇴직연금관리, 그리고 주식중개서비스 등을 영위하고 있다. 이 사업 중 피델리티에게 가장 비중 있는 사업은 개인의 자산관리 부문이다. 피델리티는 2,500만 명에 달하는 개인 투자자들의 퇴직금계좌IRA, 연금, 대학교 저축예금, 그리고 개인 부호들의 계좌를 별도로 관리하는 자산관리서비스를 제공하고 있다. 피델리티가 관리하는 고객자산은 무려 6,000조 원$5.4trillion에 달하며, 이는 전 세계 최대 규모이다. 피델리티 인베스트먼트의 사무소는 미국 내에 10개의 지역사무소가 있고, 190개의 투자센터가 있다. 임직원 수는 4만 명이 넘는다. 이렇게 탄탄하게 구축된 피델리티의 인프라를 통해 투자자들의 자산을 관리함으로써 세계 최대의 퇴직연금운용사라는 타이틀까지 얻게 된 것이다.

피델리티 인베스트먼트의 사무소와 투자센터

출처: 피델리티

뮤추얼펀드 부문에서 피델리티는 2016년 8월 말 기준으로 2,300조 원 $2.1tillion의 자산을 운용하고 있다. 운용하는 펀드의 개수는 총 462개이 며, 주식형펀드가 351개로 76%를 차지해 압도적으로 많다. 나머지는 채권형펀드는 78개와 머니마켓펀드가 33개이다. 특히 피델리티의 콘트 라펀드Contrafund의 규모는 120조 원$105.5billion에 달하는데, 이것은 전 세 계에서 가장 큰 주식형 뮤추얼펀드이다.

피델리티에는 또한 역사적으로 랜드마크가 되는 펀드가 있다. 바로 마젤란펀드Fidelity Magellan Fund인데, 워런 버핏과 함께 가장 존경받는 투자 거장 4인 중 한 명인 피터 린치가 운용하면서 경이로운 수익률 을 기록해 매우 유명해진 펀드이다.

피델리티인베스트먼트는 온라인에서 주식중개서비스를 제공하고 있 다. 브로커와 딜러, 기관 투자자, 그리고 거래소와 투자자의 백오피스 업무 담당자들에게 증권을 거래하고 관리할 수 있는 소프트웨어 플랫 폼을 제공하고 있다. 그 외에도 거래 후 청산, 주식의 보관 업무, 투자상 품 소개 등의 서비스를 제공하고 있다. 이 부문에서 1만 개의 재무자문 사와 400만의 투자자를 고객으로 두고 있다. 피델리티를 통해 거래하는 계좌는 총 2,300만 계좌가 넘으며, 하루 평균 46만 번의 거래가 발생하 고 있다.

02 / 피델리티의 연혁

피델리티가 이룬 업적 중에는 '세계 최초'라는 수식이 많이 붙었다. 그만 큼 혁신적인 경영을 이루었고, 새로운 기술을 도입하는 데 매우 빠르고 민첩했다. 그리고 그것을 효율적으로 적용해 성공적인 결과를 내었다. 다른 운용사에게서 찾기 힘든 피델리티만의 독특한 연혁을 살펴보기로 하겠다.

1946년 에드워드 존슨 2세는 피델리티매니지먼트FMR: Fidelity Management and Research Company를 설립해 투자 업무를 시작했다. 존슨은 주식시장에 대해 이렇게 말했다.

"나는 1924년 이후로 주식시장에 흡수되어 잠겼는데, 주식은 과학이 아니라는 것을 알고 있다. 이것은 예술이다. 이제 우리는 컴퓨터와 여러 종류의 통계자료를 갖고 있지만, 시장은 여전히 똑같고 이해하기 어렵다. 그것은 개인적 직관으로 다가서야 하며, 행동의 패턴으로 감지해야 한다."

존슨의 이 발언으로 모든 것을 판단할 수는 없지만, 존슨의 투자 관점은 주식시장에 개입되는 투자자들의 감정을 읽어야 하며, 시장의 방향을 알기 위해 어느 정도의 기술적 분석이 필요하다는 뜻으로 여겨진다. 한편, 존슨은 86세에 알츠하이머병으로 사망했다.

1957년에 존슨의 아들인 에드워드 존슨 3세가 애널리스트로 회사에 합류했다. 에드워드 3세의 때에 그 유명한 피델리티의 마젤란펀드가 결성되었다. 마젤란펀드는 뱅가드의 인덱스펀드와 전략적으로 차이가 큰 액티브active 전략을 구사하는 펀드였다.

사실 우리에게는 피터 린치가 워낙 유명해서 마젤란펀드는 피터 린치의 펀드이며, 피터 린치의 시절에 최고의 수익률을 제공했다는 착각을 할 수 있지만 사실이 아니다. 물론 피터 린치가 운용하던 시절에 마젤란펀드에 수많은 자금이 유입되면서 자산 규모가 가장 컸으며, 그의 재직기간 14년 동안 연평균 29%의 수익률을 내면서 세계에서 가장 수익률 좋은 펀드로 알려진 것은 사실이다. 피터 린치가 맡기 전에는 200억 원 규모의 펀드였다가, 그가 맡은 후 마지막으로 운용하던 때에는 15조 원의 펀드가 되었다.

그러나 운용수익률에 있어서 최고의 기록은 에드워드 3세에게로 돌아간다. 그는 1963년부터 1971년까지 마젤란펀드를 운용했는데, 1965년에 116%의 수익률을 기록했으며, 1965년부터 1967년까지 3년간 연평균수익률은 68%를 넘어섰다. 에드워드 3세는 1977년 아버지로부터 그룹의 회장 겸 최고경영자의 자리를 물려받았다.

피델리티는 IT기술에 피델리티의 전문영역을 빠르게 접목시켰다. 온라인 주식브로커리지서비스를 매년 평가하는 스탁브로커닷컴StockBrokers.com에 따르면 피델리티는 매년 상위권에 랭킹되다가 2015년에 2위, 2016년에는 1위로 등극했다. 피델리티는 1965년에는 컴퓨터를 들여와 효율적인 고객서비스 개선을 위해 최신 기술을 개발하기 시작했다. 1984년에는 컴퓨터로 거래하는 기능을 도입해 온라인에서 주식매매를 가능하게 했고, 1995년에는 업계 최초로 온라인에서 뮤추얼펀드 서비스를 이용할 수 있도록 했다. 그리고 2000년에는 온라인에서 펀드를 주문할 수 있는 디지털 투자 플랫폼을 구축했다.

2016 Rankings

	Commissions & Fees	Offering of Investments	Platform & Tools	Research	Customer Service	Mobile Trading	Ease of Use	Education	Order Execution	Banking	Overall Rating
Fidelity	★★	★★★★♪	★★★★♪	★★★★★	★★★★♪	★★★★♪	★★★★♪	★★★★♪	★★★★♪	★★★★♪	★★★★♪
TD Ameritrade	★	★★★★♪	★★★★★	★★★★★	★★★★♪	★★★★★	★★★★♪	★★★★★	★★★	★★★♪	★★★★♪
ETRADE	★★♪	★★★★♪	★★★★	★★★★♪	★★★★	★★★★★	★★★★♪	★★★★♪	★★★♪	★★★♪	★★★★♪
Charles Schwab	★★	★★★★♪	★★★★♪	★★★★★	★★★★	★★★★	★★★★♪	★★★★♪	★★★★♪	★★★★♪	★★★★♪
Merrill Edge	★★★★	★★★	★★★♪	★★★★♪	★★★★♪	★★★♪	★★★★♪	★★★★	★★★♪	★★★★★	★★★★
TradeKing	★★★★	★★★★♪	★★★★	★★★★	★★★★	★★★♪	★★★♪	★★★★	★★	♪	★★★★
OptionsHouse	★★★★♪	★★★★	★★★★	★★★	★★★♪	★★★★♪	★★★★♪	★♪	★★♪	♪	★★★★
Scottrade	★★	★★★♪	★★★★	★★★★♪	★★★★	★★★♪	★★★★	★★★★	★★★★	★★★★♪	★★★★
Firstrade	★★★	★★★♪	★★	★★★★	★★★★	★★★♪	★★★★♪	★★★	★★	★★	★★★♪
TradeStation	★★★	★★★★	★★★★♪	★	★★★★	★★★★	★★♪	★★♪	★★★★	♪	★★★♪
Capital One Investing	★★★	★★♪	★♪	★★★★♪	★★★★	★★★	★★★★♪	★★♪	★★♪	★★★★	★★★♪
SogoTrade	★★★★	★★★	★★★	★♪	★★★★	★★	★★★♪	★♪	★♪	♪	★★★
Lightspeed	★★★★♪	★★★	★★★	♪	★★★♪	♪	★★♪	★	★★★	♪	★★♪

StockBrokers.com

출처: 스탁브로커닷컴

한편 창립자인 에드워드 2세는 미국에서만 영위하던 투자사업을 다른 대륙으로 확장할 계획을 세웠다. 그는 1969년 영국령 버뮤다의 수도인 해밀턴에 피델리티의 글로벌 조직인 피델리티인터내셔널Fidelity International을 설립했다. 그리고 곧바로 일본 도쿄에 사무소를 개소한 후 주식형펀드를 결성했다. 일본에게 이 펀드는 외국계 자산운용사가 처음으로 출시하는 펀드였다. 피델리티인터내셔널은 지속적으로 영역을 넓히면서 1980년 모회사에서 독립해 단독 법인을 형성하게 되었다. 특히 1990에서 2000까지 10년 동안 룩셈부르크 외 다른 유럽 국가와 두바이, 한국 등 전 세계 13개 지역에 사무소를 설립하면서 글로벌 확장을 이어 갔다.

피델리티가 세계 최고의 퇴직연금운용사가 된 이유는 매우 빠르게

시도했기 때문이다. 1974년에 미국에서 직원들의 퇴직금 보장법인ERISA
이 통과된 후 바로 개인퇴직금계좌 IRA 사업을 기획하여 1년 만에 실행
하면서, 사람들에게 IRA를 통해 세전수익을 절약할 수 있다는 인식을
심기 시작했다.

2014년 이후에는 아비가일 존스Abigail P. Johnson가 최고경영자가 되면
서 그녀의 시대를 열기 시작했다. 그녀는 에드워드 2세의 손녀이자 에드
워드 3세의 자녀로, 1988년에 주식 애널리스트로 피델리티에 들어왔다.

03 / 주요 경영진

① 에드워드 존슨 3세

에드워드 3세Edward Johnson III는 피델리티인베스
트먼트와 인터내셔널의 소유주이자 피델리티그
룹의 회장이다. 아버지 에드워드 2세가 세운 피델
리티를 물려받았으며, 현재는 그의 딸 아비가일
에게 피델리티의 최고경영자 임무를 맡겼다. 1957년에 피델리티에 애
널리스트로 입사하여 기업분석을 배운 후 1960년부터 포트폴리오 매니
저가 되었다. 그리고 3년 후 피델리티 마젤란펀드를 결성하여 적극적인
액티브active 전략을 선보였다. 에드워드의 주식선택selection은 매우 탁월
했다. 펀드 출범 2년 후 1965년에 마젤란펀드는 116%의 수익률을 기록
했고, 그 후 3년간의 연평균수익률이 68%에 육박했다. 그는 14년 동안
펀드매니저로 활약하다가 1977년에 피델리티의 회장이 되었다.

에드워드 3세는 1930년생으로 1954년 하버드대학교를 졸업했고, 피

델리티에 입사하기 전까지 미국 육군으로 근무했다.

② 아비가일 존슨

아비가일Abigail Johnson은 1961년생으로 에드워드 3세의 딸이다. 1984년 뉴욕 주에 에 있는 호바트윌리엄스미스대학교를 졸업한 후 피델리티에 입사하지 않고, 워싱턴 주에 있는 부즈알렌해밀턴Booz Allen Hamilton이란 컨설팅회사에서 컨설턴트로 사회생활을 시작했다. 2년 후 아비가일은 하버드대학교에서 MBA를 졸업한 후 피델리티에 주식애널리스트로 합류했다. 사실상 경영자 수업이 시작된 것이었다. 10년 후에 이사로 승진한 후에 주요 부서를 돌아다니며 임원직을 수행하다가 2012년에 사장으로 임명되었고, 2014년 이후로 피델리티의 최고경영자 직분을 수행하고 있다.

사외활동으로는 자본시장규제위원회의 위원이며, 증권금융시장협회SIFMA의 이사회 멤버이기도 하다. 2016년 《포브스Forbes》는 아비가일을 세계에서 가장 영향력 있는 여성 16위로 지명하기도 했다.

③ 캐슬린 머피

캐슬린Kathleen Murphy은 피델리티에서 개인 투자자의 자산을 관리하는 개인투자 부문Fidelity Personal Investing 사장이다. 피델리티에서 가장 중요한 사업 부문을 대표하는 것으로 1,200만 명의 고객계좌와 1,000조 원의 자산을 관리하고 운용하는 것이 그녀의 업무다.

그 전에는 미국 ING에서 자산관리Wealth Management 부문 최고경영자로서 420조 원이 넘는 자금을 관리했다. ING는 미국에서 가장 큰 확정기여형 연금defined contribution plan을 관리하고 있었기 때문에 캐슬린의 직책은 상당히 중요하고 막중한 임무였다. 《포춘Fortune》지는 2007년부터 2013년까지 7년 동안 가장 영향력 있는 여성 50인 중 한 명으로 선정했다.

1961년생인 그녀는 페어필드대학교Fairfield University에서 경제학과 정치학을 전공한 후 코네티컷대학교 University of Connecticut에서 법학박사를 취득한 변호사이기도 하다.

04 / 피델리티의 자산운용 부문

피델리티인베스트먼트의 자산운용 부문은 850명의 전문가로 이루어져 2조 달러가 넘는 자산을 운용하고 있다. 뮤추얼펀드, ETF, 머니마켓펀드를 주로 운용하고 있으며, 투자자산은 대부분 미국주식과 해외주식, 그리고 미국국채와 유럽국채로 한정되어 있다. 다른 자산운용사에 비해 대체자산에 대한 투자 비중이 매우 낮은 편이다.

주식 부문에서는 적극적 운용의 비중이 높아 리서치에 많은 노력을 기울이고 있다. 시장을 초과하는 수익률$^{\alpha}$을 창출하기 위해 지역적으로, 산업별로, 그리고 유형별로 광범위한 리서치를 수행하고 있다. 또한, 적극적 운용에 따르는 위험을 줄이기 위해 리스크 관리 체계를 강화했으며, 특히 정량분석quantitative modeling에 많은 노력을 기울이고 있다.

채권 부문도 초과수익률을 달성하기 위해 적극적 운용전략을 전개하고 있다. 하향식^{top-down} 분석과 상향식^{bottom-up} 분석을 동시에 수행함
으로 채권운용을 위한 거시적 접근과 함께 가치보다 가격이 낮은 채권
을 발굴하기 위한 액티브^{active} 전략을 동반하고 있다.

05 / 피델리티인터내셔널

피델리티인터내셔널은 1969년 미국
외에 글로벌 영업을 전개하기 위해 에
드워드 3세가 구성한 조직으로, 1980
년 피델리티인베스트먼트로부터 독립했다. 한국을 포함해 아시아, 유
럽, 중동, 남미 등 25개국에서 중앙은행, 국부펀드, 대기업, 금융기관,
연기금, 보험사, 개인 투자자 등을 주요 고객으로 두고 300조 원^{$272 bil-}
^{lion}의 자산을 운용하고 있으며, 88조 원^{$80billion}의 퇴직연금을 운용하고
있다.

피델리티인터내셔널은 400명의 투자전문가를 두고 있으며, 투자접
근법은 모회사와 마찬가지로 상향식^{bottom-up} 리서치를 통한 기업 발굴
을 통해 액티브^{active} 전략을 구사하고 있다.

06 / 기타 사업

피델리티는 자산운용과 상관없는 산업으로도 사업을 넓혀 왔다. 럭셔
리호텔 운영과 함께, 임시직을 운영하는 에이전트사업도 영위하고 있
다. 한때 보스턴에서 가장 컸던 신문매체 중 하나인 보스턴헤럴드^{Boston}

Herald도 소유했었다. 지금은 게이트하우스GateHouse Media가 소유하고 있다. 피델리티는 또한 전략적으로 통신회사에 투자해 유럽의 COLT Telecom Group, 남미의 MetroRED, 그리고 일본의 KVH의 지분을 소유했었다.

또 하나의 이색적인 사업으로 상업용 고무 및 건축자재 업체인 프로빌드ProBuild Holdings를 소유하고 있다. 프로빌드는 12,000명의 임직원을 두고, 407종류 이상의 고무와 건축자재를 제조하고 유통하고 있으며, 미국에 조립센터를 두고 있다. 2006년에 6.5조 원의 매출을 기록했다가 2009년에는 3.3조 원으로 떨어졌다.

피델리티는 사모펀드회사도 운영하고 있다. 피델리티가 리테일로 워낙 유명하기 때문에 피델리티와 같은 이름을 쓰면 사모펀드운용사에 대한 혼란을 일으킬까 봐 사모펀드의 회사명은 데본셔투자Devonshire Investors로 했다.

2 / 전설의 피터 린치

01 / 피터 린치

피터 린치Peter Lynch는 1977년부터 1990년까지 피델리티에서 마젤란펀드를 운용했던 스타 펀드매니저이다. 벤저민 그레이엄, 워런 버핏과 같이 가치투자자의 계보를 따랐던 월가에서 가장 존경받는 투자자 중 한 명이다. 그가 마젤란펀드를 처음

맡을 때의 규모는 200억 원$18million이었다. 13년간 운용하면서 S&P 500 벤치마크 지수를 11번 초과했으며, 13년간 연평균수익률 29%를 기록했다. 그 결과, 마젤란펀드에 많은 사람이 투자하면서 15조 원$14billion으로 증가했다.

피터는 1944년에 미국 매사추세츠에서 출생했다. 그가 7살인 1951년에 아버지가 암 판정을 받은 후 3년 후에 돌아가시면서 그의 어머니가 가족을 부양했다. 피터는 생활비를 보태기 위해 골프장에서 캐디를 했는데, 캐디를 하는 동안 주식에 관한 이야기를 듣기 시작했다. 피터가 보스턴대학교에 입학한 후 2학년이 되었을 때 그는 저축한 돈으로 플라잉타이거항공의 주식을 주당 $8에 100주 구매했는데, 후에 주당 $80가 되었다. 보스턴대학교에서 역사, 심리학, 철학을 공부했고, 1965년 졸업한 후 2년 동안 군복무를 하다가 1968년에 펜실베이니아대학 와튼스쿨에서 MBA 과정을 마쳤다.

피델리티에서 스타펀드매니저의 명성을 펼치다가 1990년, 그의 나이 47세에 돌연 은퇴를 선언한 후 자선사업가로서 활동했다. 피터의 자선사업은 5가지 형태로 구분된다. 개인적으로, 린치재단을 통해, 피델리티자선펀드Fidelity Charitable Gift Fund를 통해, 그리고 다른 두 개의 자선사업을 통해 기부하고 있다.

02 / 피터 린치의 투자 철학

피터 린치는 가장 존경받는 투자자 중의 한 명으로 그의 투자 철학은 짚고 넘어갈 만하다. 2005년 뉴욕의 한 투자컨퍼런스에서 피터 린치가 공유한 투자 철학은 다음과 같다.

1. 당신이 가진 것을 파악하라.
2. 미래의 경제와 이자율 예측은 소용없다.
3. 빼어난 회사를 발견하고 인지할 수 있는 시간을 충분히 갖고 있다.
4. 공매도·매수를 하지 말라.
5. 좋은 경영이 매우 중요하다. 좋은 비즈니스를 사라.
6. 항상 유연하고, 겸손하며, 실수로부터 배워라.
7. 주식을 사기 전 왜 사는지를 설명할 수 있어야 한다.
8. 항상 걱정의 요인은 존재한다.

피터는 투자에 대한 그만의 방법론을 피델리티에서 찾았다고 했다. 그가 졸업했던 와튼 MBA보다 피델리티에서 실제 투자를 경험하는 것이 더욱 도움이 되었고, 와튼에서 배운 계량적 분석은 실제로 일어날 수 없으며, 효율적 시장가설을 현실과 통합하는 것이 어렵다고 말했다. 피터는 마젤란펀드를 운용하는 동안 기업 탐방을 통해 깊이 있는 분석을 수행했다. 그러한 노력에서 그는 여전히 시장에서 발견되지 않은 저평가된 기업이 많다는 것을 알게 되었고, 그러한 주식, 곧 틈새주식을 찾는 데 노력했다. 상향식Bottom-up 접근법으로 회사의 내재가치를 분석하는 가치투자 방법론을 실천하면서, 조사Research가 없는 투자는 투기와 같다고 했다.

한편 개인 투자자는 전문투자자의 말에만 집중하면 어리석은 판단을 하게 된다고 말했다. 월가의 많은 펀드운용자는 매우 평범하고, 때론 겁

이 많으며, 여러 분파를 추종하고, 규칙에 얽매여 모방만 하는 사람들이 많다는 것이다. 그러나 개인 투자자는 그러한 환경에 있지 않기 때문에 주식 선정에 관습적이지 않을 수가 있다는 것이 장점이라고 했다. 오히려 실제의 생활, 가령 쇼핑몰이나 직장 등에서 전문가보다 빨리 성장 전망이 있는 틈새주식을 발견할 수 있는 기회가 더욱 많다는 것이다. 따라서 장기적인 투자 안목을 갖고 시장의 노이즈를 차단하며, 단기시장 변동에 민감하게 대응하지 말라고 강조했다.

피터 린치는 그러한 틈새주식을 찾기 위한 기준을 다음과 같이 정의했다.

① 저성장 산업에서 강한 경제적 독점판매권

이것은 저성장 산업에서 우수한 경쟁적 지위를 가진 기업을 발굴하라는 것으로 매우 역발상적인 접근이다. 저성장 산업은 시장의 크기가 성장하지 않고 매력적이지 않아 잠재적인 경쟁자가 적기 때문에 정체된 시장에서 높은 점유율을 가진 기업이 성장하는 시장에서 점유율이 줄어드는 기업보다 낫다는 것이다. 이러한 산업에서 경제적 독점판매권을 가진 기업은 고객을 잃지 않으면서 매년 가격을 올릴 수 있고, 주당순이익이 꾸준히 증가하며, 한 지역에서의 성공사례를 다른 지역에서 적용할 수 있을 뿐만 아니라, 매출의 비중이 소수의 고객에게 집중되는 위험이 낮다고 분석했다.

② 소유주 지향 경영

일반적으로 경영자와 소유주가 분리된 기업에서 전문경영인이 주주의 이익을 극대화한다고 했다. 최대 주주가 경영인일 경우 개인의 이익에 집중할 수 있으나, 주주가 아닌 전문경영인은 주주의 이익을 위해 기업을 운영한다는 것이다.

또한 경영자가 임원의 사무실에 한 푼이라도 아끼는 것을 강조했다. 사실 피터는 기업을 방문할 수 있었기 때문에 임원의 사무실을 볼 수 있는 기회가 있었지만 일반 투자자들은 이러한 부분까지 알 수는 없을 것 같다. 그러나 이 이론은 워런 버핏도 강조했다. 이익률은 높은데 회사의 건물유지비가 낮다면 매우 훌륭하다는 것이다. 재미있는 이론이지만 임원 사무실의 호화스러움은 경영진이 주주에 대한 보상을 꺼리는 태도와 정비례한다고 했는데, 피터뿐 아니라 워런 버핏도 이 부분을 강조한 것을 보면 신빙성이 있는 것 같다.

그리고 여분의 현금흐름을 주주에게 보상하는 기업을 선호하라고 했다. 자사주 매입이나 배당을 꺼려하는 기업의 경영진은 무능하다고 판단했다. 그중에서도 가장 피해야 할 기업은 부풀려진 가격에 어리석은 기업을 인수해 기업 확장을 선호하는 기업은 반드시 피하라고 강조했다. 한편 경영자나 임원진과 같은 내부자가 자기의 회사 주식을 적극적으로 매수하는 기업은 매우 매력적이라고 했다. 내부자가 회사의 현황을 가장 잘 알기 때문에 자기회사의 주식을 산다는 것은 검증됐다는 것이다.

③ 견실한 재무구조

피터 린치는 가치투자자로서 재무구조를 강조했는데 취약한 대차대조표를 가진 기업에서 손실을 볼 수 있다고 했다. 낮은 부채비율을 유지함으로 지불능력, 즉 도래하는 채무를 상환할 수 있는 능력이 있어야 한다고 했다. 따라서 빚이 거의 없거나 현금이 많은 기업은 위기 시에 채무로 파산하지 않고 생존할 수 있는 기업이라고 했다. 대부분의 부채가 단기차입금이거나 상환일자가 집중된 기업은 매우 위험하며, 부채가 현금에 비해 증가하는 것도 악화의 징후라고 했다.

주당매출액과 주당순이익이 동시에 증가하는 기업을 선택하라고 했다. 주당매출액은 증가하는데 이익률이 하락한다면 운영의 효율성이 떨어지는 것이며, 주당순이익은 늘지만 매출이 늘지 않는다면 내부적 원가개선에 국한될 수 있는 것이다. 그리고 신규 사업에 투자할 경우 유상증자나 차입 없이 투입할 수 있는 현금을 보유한 기업이 양호하며, 매출의 증가속도보다 재고가 빠르게 증가하는 것은 위험하다고 했다.

④ 낮은 가격

아무리 좋은 기업도 높은 가격에 매수하면 아무 소용이 없다고 했다. 어렵겠지만 순이익의 성장률은 높지만, PER[9]가 낮은 기업을 발굴하라고 했다. 중장기적으로 이익의 증가보다 높은 PER를 보유한 주식은 피해야 한다.

⑤ 가장 중요한 것은 내가 알아야 한다는 것

이 부분 역시 워런 버핏과 동일하게 주장한 부분으로 투자와 투기를 구분하는 중요한 기준이 될 수 있는 부분이다. 그것은 내가 잘 모르는 기

---

9) PER는 주가수익비율이라고 한다. 주식시장에서 매매되는 회사의 주가를 주당순이익(EPS)으로 나눈 값이다. 이는 회사의 이익이 주식시장에서 얼만큼의 평가를 받고 있는가를 의미한다. PER가 높으면 회사의 이익이 높게 평가받는 것이며, 반대로 낮으면 낮게 평가받는 것이다. 따라서 같은 업종에 있는 다른 회사의 PER에 비해 낮게 평가받는다면 매수할 매력이 있다는 뜻으로 해석된다.

업은 투자하지 말라는 것이다. 관심 기업에 대한 높은 수준의 지식 필요하며, 내가 대처할 수 있는 것보다 많이 관여하지 말아야 한다는 것을 강조했다. 따라서 개인의 자산 규모에 맞게 3개에서 10개의 종목을 보유하는 것이 안전하며, 내가 잘 모르는 기업에 투자하는 어리석은 다각화는 위험하다고 했다. 그렇다고 한 종목만 소유하는 것도 안전할 수 없는데, 그것은 최선의 분석에도 예측할 수 없는 상황이 발생할 수 있기 때문이라고 했다.

주식을 매수한 이후에도 끊임없는 모니터링이 필요하다. 기대이익에 비해 여전히 매력적인 가격을 갖고 있는지, 기업이 이윤창출을 위해 무엇을 하고 있는지를 지켜봐야 한다는 것이다. 다수의 투자자들은 시장이 급격히 하락할 경우 공황에 빠져 주식을 처분하면서 단기 투자자가 된다고 한다. 이럴 때 필요한 것은 머리가 아닌 배짱이 필요하며, 수익은 배짱에서 난다고 했다. 분석이 뛰어나도 믿음이 없으면 부정적인 기사에 쉽게 흔들리기 때문에 자신의 분석에 대한 믿음이 필요하다고 했다.

참고적으로 5개의 종목을 매수했는데, 3개의 종목이 예상한 실적을 낸다면 월가가 부러워할 만한 기록이라고 했다.

⑥ 피터 린치가 피하는 것

이 또한 워런 버핏과 같은 가치투자자들이 공통적으로 갖고 있는 투자 관점으로 미래의 시장을 예측하는 것은 불가능하며, 기술적 분석 또는 차트 분석은 하지 말라고 했다. 들쭉날쭉하게 움직이는 선의 과학에 관심을 갖기보다 해당 기업의 기본적인 사업Fundamental에 집중함으로 예측불가능한 것을 이루려고 하는 데 시간을 낭비하지 않는 것이 좋다고 했다. 그는 매니저 시절에 미국의 6만 명에 이르는 대다수 경제학자를 비판했다. 그는 두 번의 경기침체를 겪었는데 경제학자들이 그것을 예측했다면 그들 모두는 백만장자가 되어 있어야 하는데 그렇지 않다는 것이다.

또한, 지나치게 인기 있는 주식을 피하라고 했다. 가장 인기 있는 산업에서 가장 인기 있는 주식은 매스컴에 의해 가격에 지탱되다가 주가가 알려진 가치의 기준을 잃으면 가격은 상승한 것과 똑같은 속도로 하락 할 수 있다는 것이다.

그 외에도 매스컴이 미래에 대단한 것이 될 주식, 자동적으로 상승주식을 매도, 하락주식을 보유하는 것, 손절매, 파생상품, 유동성에 집착하는 것을 모두 피하라고 했다.

⑦ 피터 린치의 매도 시점

적절한 매도 시점도 기업에 대해 잘 알고 있어야만 결정할 수 있다고 했다. 그는 단기투자를 배척하고, 특별히 유동성이 필요하지 않다면 기업의 사업이 계속해서 좋을 경우 주가가 잠시 상승했을지라도, PER가 지나치게 높지만 않으면 끝까지 보유하라고 했다. 도리어 그 기업에 확신이 있다면 더 매수하라고 했다. 사실 가격이 상승하고 있는 주식을 보유한다는 것이 투자자들에게 정말 어려운 일이지만, 기업내용Value에 대한 올바른 판단을 갖고 있다면 계속 보유하라고 했다.

그리고 가격에 비해 회사의 내용이 악화되면 그때 매도하라고 했다. 기업의 펀더멘털이 악화되고, 가격이 상승하면 다른 주식을 고를 때가 온 것이라고 했다. 또한, 많은 애널리스트가 최고의 주식으로 추천하고, 60% 이상의 기관 투자자가 보유하고 있고, 3개 이상의 전국적 매거진이 그 기업의 최고경영자를 거론하면 그때는 매도를 고려할 때라고 했다.

3 / 피델리티의 펀드 분석

01 / 피델리티의 펀드 분석

다음은 2015년도를 기준으로 피델리티가 공식적으로 발표한 자산운용 부문의 통계이다.

피델리티 자산운용 부문의 운용자산 규모의 유형

Fidelity

Global assets under management as of December 2015[1]

Total global assets under management[2]	$2,109.4 billion
Equity assets	$1,150.7 billion
High income assets	$91.3 billion
Hybrid assets	$110.8 billion
Investment grade bond assets	$296.3 billion
Money market assets	$460.5 billion
Number of mutual funds managed	**462**

Number of mutual funds by investment objective

Equity mutual funds	351
Fixed income mutual funds	55
High income mutual funds	23
Money market mutual funds	33

출처: 피델리티

피델리티가 운용하는 자산의 규모는 총 2,300조 원이다. 자산의 비중으로 볼 때 펀드 유형은 주식형이 55%로 가장 높고, 머니마켓 22%, 채권형 18%, 혼합형이 5%를 차지한다. 그러나 펀드의 개수로는 주식형이 총 351개로 76%를 차지해 압도적으로 높다. 그다음으로 투자등급 채권형펀드가 55개로 12%, 머니마켓펀드가 33개로 7%, 그리고 고수익 채권형펀드가 23개로 5%를 차지하고 있다. 주식형펀드가 자산 규모로는 55%인데 개수로는 76%의 비중을 차지하는 이유는 펀드 한 개당 자산의 크기가 작기 때문이다. 펀드당 규모는 주식형이 3.6조 원$3.28billion으로 제일 작고, 머니마켓형이 15.4조 원$14billion으로 가장 크다.

다음은 Lipper 정보서비스를 이용해 2016년 5월 말 기준으로 피델리티가 운용하는 모든 펀드를 추출한 후 가공한 결과이다. 미국에서 운영하는 피델리티인베스트먼트 펀드뿐만 아니라 미국 외에서 피델리티인터내셔널을 통해 운용하는 펀드까지 포함되어 펀드 개수는 많으나, 일정 시점 이후로 유입된 현금흐름은 집계되지 못해 운용펀드의 규모는 적은 것으로 판단된다.

피델리티의 운용펀드 유형

투자자산	운용펀드 수	운용펀드 규모 (US $ billion)	투자 비중	펀드당 평균 운용 규모 (US $ billion)	펀드 수수료 bp
전체	710	1,372	100.0%	1,933	45.94
주식	381	620	45.2%	1,628	67.95
채권	100	186	13.5%	1,856	39.91
혼합자산	188	265	19.3%	1,409	30.67
머니마켓	37	301	21.9%	8,123	17.71
대체투자	4	1	0.1%	203	35.48

출처: Lipper, 엄인수

운용펀드 규모가 실제보다 적게 집계되었으므로 펀드당 평균 운용 규모의 절댓값은 정확하지 못하다. 그러나 비율적 부분은 유의하다. 투자 비중은 2015년 말 기준으로 회사에서 공시한 것과 비슷하다. 피델리티는 적극적으로 운용하는 펀드가 대부분으로 펀드수수료가 세계 최대의 ETF펀드와 인덱스펀드를 운용하는 블랙록과 뱅가드보다 당연히 높다. 특히 주식 부문의 펀드수수료가 가장 높은 것으로 나타났다.

1946년 피델리티가 설립되고 최초로 만든 펀드는 1947년에 결성한 청교도펀드Fidelity Puritan Fund로, 현재까지 존속하고 있는 펀드다. 펀드 규모는 20조 원이 넘으며, 2011년부터 2015년까지 단순평균 연수익률이 무려 9.46%이다.

피델리티의 대표적인 주식형펀드인 마젤란펀드는 1963년에 설립된 후 현재까지 운용되고 있다. 2011년부터 2015년까지 연수익률은 각각 −11.55%, 17.99%, 35.30%, 14.08%, 4.06%를 기록했다. 5년간 연평균 수익률은 12%로 높은 반면, 최저수익률과 최고수익률의 차이가 커 변동성도 높다. 1965년 에드워드 3세에 의해 116%의 경이로운 연수익률을 기록했으며, 1977년부터 1990년까지 피터 린치가 운용하면서 최고의 명성을 날렸다. 하지만 마젤란펀드가 규모로 전성기를 누렸던 시절은 제퍼리 비니크Jeffrey N. Vinik가 운용했던 1992년부터 1996년까지로 55조 원$50 billion의 펀드사이즈를 기록했다.

피델리티의 펀드수익률 추이

투자자산	가중평균 수익률(%)						Sharpe Ratio		
	2016.05	2015	2014	2013	2012	2011	1년	3년	5년
전체	0.75	0.52	5.96	17.11	10.77	−0.94	−0.16	0.02	−0.01
주식	−0.20	1.50	9.13	30.96	16.28	−3.11	−0.05	0.20	0.16
채권	3.46	−0.08	5.03	−0.33	7.42	5.83	0.29	0.20	0.33
혼합자산	1.92	−0.79	5.98	16.35	12.45	−1.69	−0.06	0.20	0.17
머니마켓	0.03	0.01	0.01	0.01	0.03	0.02	−0.75	−0.60	−0.72
대체투자	0.17	−0.24	3.52	0.00	0.00	0.00	−0.05	0.05	0.00

출처: Lipper, 엄인수

피델리티의 전체 가중평균수익률은 과거 5년 동안 2011년이 −0.94%로 가장 낮았고, 2013년이 17.11%로 가장 높았다. 그리고 2014년 5.96%, 2015년 0.52%를 기록했다. 특히 주식형펀드는 2013년 기준으로 다른 자산운용사보다 높은 운용수익률을 보이고 있다. 2013년을 기준으로 블랙록은 23.8%, 뱅가드는 27.9%, 피델리티는 31%의 수익률을 기록했다.

4개 운용사의 전체 부문 샤프지수 비교

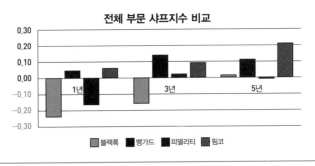

출처: Lipper, 엄인수

피델리티의 전체 부문 샤프지수는 최근 1년간은 −0.16, 3년은 0.02, 5년은 −0.01를 기록했다. 이 책에서 다루는 블랙록, 뱅가드, 핌코, 그리고 피델리티 중에서 1년간 샤프지수는 블랙록이 가장 낮고, 핌코가 가장 높다. 3년간 지수는 블랙록이 가장 낮고, 뱅가드가 가장 높으며, 5년간 기준은 피델리티가 가장 가장 낮고, 핌코가 가장 높다.

피델리티의 펀드수익률 곡선

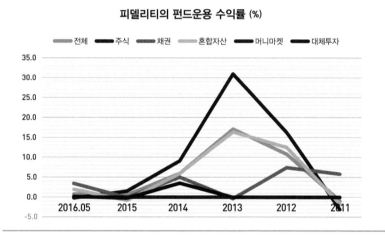

피델리티의 펀드운용 수익률 (%)

출처: Lipper, 엄인수

피델리티의 포트폴리오를 대륙별로 보면 북미가 78%로 가장 높고, 유럽이 14%, 아시아가 7%를 차지한다. 중동과 아프리카는 모두 1%, 남미는 0.25%를 차지한다.

주식형펀드의 산업별 비중은 순서대로 금융 23.9%, 헬스케어 15.9%, 소비재 15.7%, 기술주 15.5%, 산업재 11.2%를 차지하고 있다. 이 밖에도 에너지, 기초소재, 통신 부문에 주로 투자했다.

02 / 마젤란펀드

마젤란펀드는 'FMAGX'의 티커ticker로 미국에 상장돼 있는 피델리티의 뮤추얼펀드이다. 1963년 5월에 결성되어 에드워드 3세가 운용하기 시작했고, 현재는 제퍼리 페인골드Jeffrey S. Feingold에 의해 16조 원의 규모로 운용되고 있다. 과거 오랫동안 미국에서 가장 큰 규모의 펀드였던 마젤란펀드는 자본소득capital gain을 주요수익률로 삼는 액티브active 펀드로서 펀드매니저는 기업의 내재가치를 분석해 성장주식이나 가치주식에 주로 투자하고 있다.

마젤란펀드의 개요

출처: 톰슨로이터

1977년부터 1990년까지 피터 린치가 운용하던 13년간 연평균수익률은 29%였으며, 세계에서 가장 우수하고 큰 펀드로 성장했다. 다만 최고의 수익률은 에드워드 3세에 의해 116%를 기록했던 1965년이었으며, 그 해부터 3년간 68.3%의 연수익률을 기록했다.

마젤란펀드의 역대 펀드매니저

펀드매니저	운용기간	(떠날 때)자산 규모
Edward Johnson, III	1963 ~ 1971	$ 20 million
Richard Habermann	1972 ~ 1977	$ 18 million
Peter Lynch	1977 ~ 1990	$ 14 million
Morris J. Smith	1990 ~ 1992	$ 20 million
Jeffrey N. Vinik	1992 ~ 1996	$ 50 million
Robert E. Stansky	1996 ~ 2005	$ 52.5 million
Harry W. Lange	2005 ~ 2011	$ 14.7 million
Jeffrey S. Feingold	2011 ~ 현재	$ 14.5 million

출처: 위키피디아

제프리 빈크Jeffrey Vinik가 운용했던 1992년부터 1996년까지 4년 동안 펀드 규모가 55조 원$50billion까지 늘어나면서 규모의 경제를 누리기 시작했다. 수익률 측면에서도 피터 린치와 비교하긴 어렵지만 4년 누적수익률이 S&P 500 벤치마크 수익률보다 5.91% 앞섰다.

최근의 수익률은 벤치마크보다 조금 저조한 것으로 나타났다. 최근 1년간 0.62%의 누적수익률을 기록하면서 벤치마크보다 3.89% 뒤처졌다. 근소한 차이이긴 하지만 누적기간 3년과 5년에서도 벤치마크에 대비해 각각 1.69%, 2.16% 뒤처지고 있다. 펀드수수료는 판매수수료를 포함해 84bp이다.

마젤란펀드가 보유한 미국 주식 상위 종목으로는 애플이 5%로 가장 높으며, 그다음으로는 페이스북, 아마존, 구글, 버크셔해서웨이, 비자카드, JP모건 등이 있다.

4 / 피델리티의 성공 요인

피델리티는 운용자산 규모^AUM를 기준으로 자산운용 부문에서 전 세계 5위일 뿐만 아니라 온라인 주식중개서비스 부문에서는 1위를 차지하고 있다. 피델리티가 이렇게 성공할 수 있었던 가장 중요한 요인은 혁신적 경영에서 비롯된 것으로 판단된다.

01 / 발 빠른 혁신

에드워드 2세는 1946년 피델리티를 설립했고, 시장의 흐름을 예측하기 위해 열심히 분석하면서 적극적 운용전략을 수립했다. 그의 아들 에드워드 3세는 1957년에 피델리티에 합류했고, 1960년대부터 본격적으로 경영에 간섭한 것으로 보인다. 애널리스트로 시작해 1963년 설립한 마젤란펀드를 통해 액티브^active 전략을 선보이면서 본연의 업무에 빼어나다는 것을 증명했고, 아버지의 방법론을 따라 피델리티의 운용 스타일을 정립해 나갔다.

피델리티 온라인 주식중개서비스 순위와 2016년 부문별 점수

▼ Fidelity Investments

Ratings ★★★★ **Overall**

2016 Summary		Best in Class			
Commissions & Fees	★★	2016	**1**	★★★★ Overall	+
Offering of Investments	★★★★				
Platforms & Tools	★★★★	2015	**2**	★★★★ Overall	+
Research	★★★★★				
Customer Service	★★★★	2014	**2**	★★★★ Overall	+
Mobile Trading	★★★★				
Ease of Use	★★★★	2013	**5**	★★★ Overall	+
Education	★★★★				
Order Execution	★★★★				
Banking	★★★★				

출처: 스탁브로커닷컴

그뿐만이 아니었다. 피델리티는 자산운용과 주식중개서비스에 IT기술을 빠르게 접목시켰다. 1965년에 컴퓨터를 도입한 후 고객을 위한 시스템을 개발하기 시작했다. 1984년에는 컴퓨터 트래이딩 시스템을 도입해 온라인상에서 주식매매가 가능해졌고, 1995년에는 인터넷상에서 뮤추얼펀드서비스를 제공하는 업계 첫 번째 회사가 되었다. 발 빠른 IT 접목을 통해 주식중개서비스 부문에서는 2011년 8위, 2012년 7위, 2013년 5위, 2014년과 2015년 2위, 그리고 2016년에는 1위로 등극하는 쾌거를 이루었다. 특히 피델리티는 글로벌트레이딩 부문과 이메일서포팅 부문에서 가장 높은 점수를 받았다.

자산운용 부문에서도 매우 빠른 행보를 보였다. 1969년에 영국령 버뮤다에 글로벌 조직인 피델리티인터내셔널을 설립했으며, 1974년에는

최초의 머니마켓펀드를 출시했다. 또한, 피델리티가 세계 최고의 퇴직
연금운용사가 된 이유는 1974년 미국의 퇴직금 보장법안이 발의되자 정
책에 따라 발 빠르게 개인퇴직금계좌서비스를 전개했다는 것이다.

　피델리티는 내부역량의 강화뿐만 아니라 유기적으로 변화하는 외부
환경에 빠르게 적응하기 위한 민첩한 혁신을 전개함으로 세계적인 투자
회사가 되었던 것이다.

02 / 마젤란펀드

마젤란펀드는 세계에서 가장 유명한 액티브active 뮤추얼펀드다. 거시적
으로 볼 때 피델리티의 혁신적인 경영이 피델리티의 가장 중요한 성공
요인으로 판단되나, 마젤란펀드로 인해 피델리티가 더욱 유명해진 것
은 사실이다. 그것도 피터 린치가 운용했던 당시에는 더욱 그렇다. 우리
가 마젤란펀드의 이름을 알게 된 것은 대부분 피터 린치가 운용했던 사
실 때문일 것이다. 또한, 마젤란펀드를 통해 피터 린치는 이 시대에 가
장 존경받는 투자 거장 4인 중 한 명이 되었다.

　마젤란펀드의 액티브active 전략은 에드워드 3세 때부터 보이기 시작
했다. 1965년에는 그의 뛰어난 주식선정selection으로 116.08%이라는 경
이적인 연수익률을 기록한 후 3년간 연평균수익률 68.32%를 기록했다.
그 뒤를 이어 1977년부터 1990년까지 13년 동안 피터 린치가 운용할 때
그의 틈새주식전략, 즉 시장에서 발굴되지 않은 저평가 성장주를 발굴
해 적극적으로 운용하는 방법으로 연평균 29%의 수익률을 달성하면서
세계에서 가장 수익률 좋은 펀드로 기록되었다. 어쩌면 피터 린치에 의

해 피델리티란 운용사의 이름보다 마젤란펀드라는 뮤추얼펀드의 이름이 더욱 유명해진 것이 아닌가 하는 생각이 든다.

한편 당시 마젤란펀드를 통해 피터 린치가 보여 준 자신의 투자 철학인 '당신이 아는 것을 투자하라 Buy What You Know'는 격언은 많은 사람이 따르고 싶은 투자 철학이 되었다.

채권운용사
핌코

IV

채권운용사
핌코

핌코PIMCO: Pacific Investment Management Company는 2015년 운용자산 규모 기준으로 세계에서 9위의 글로벌 투자운용회사다. 기업을 비롯해 중앙은행, 대학교, 기금 및 재단, 연금, 그리고 개인 투자자의 자산을 관리하고 있다. 1971년 보험사의 자산관리를 위해 '채권왕 빌 그로스'를 중심으로 설립된 핌코는 채권운용을 중심으로 출발했다. 초기의 운용자산 규모는 130억 원$12million으로 시작해 한때 3,300조 원$3trillion의 자산을 운용했다가, 빌 그로스가 핌코를 떠난 이후로 지속적으로 줄어들어 현재는 2016년 9월 말 기준으로 1천7백조 원$1.55trillion의 자산을 운용하고 있다.

1 / 채권왕 빌 그로스

빌 그로스(Bill Gross)

빌 그로스William Hunt 'Bill' Gross는 핌코의 공동창업자로, 핌코의 대표적인 펀드인 토탈리턴펀드Total Return Fund를 운용했다. 업계에서 '채권왕'으로 통하는 핌코의 본명은 원래 윌리엄 헌트 그로스로, 1966년 미국 오하이오 주 출생이다. 아버지 시웰 그로스는 AK철강그룹의 영업대표였으며, 어머니는 가정주부였다. 어릴 적부터 부모님을 따라 장로교인으로 성장한 빌은 듀크대학Duke University에서 심리학을 전공했다. 1966년 듀크대학을 졸업 후 해군에 입대했으며, 다시 UCLA앤더스스쿨에 입학해 1971년에 MBA를 취득했다.

빌은 듀크대학을 졸업 후 잠깐 동안 라스베가스에서 블랙잭 프로겜블러pro-gambler로 활동한 적이 있는데, 그는 종종 투자의사 결정을 할 때 위험분산과 미래수익률을 예측하기 위해 라스베가스에서 배운 겜블링 방법을 적용한다고 한다.

빌은 1971년부터 1976년까지 퍼시픽보험사Pacific Mutual Life에서 투자 애널리스트로 활동하기 시작했다. 퍼시픽보험사는 미국 캘리포니아의 뉴포트비치에 위치한, 1868년에 설립된 보험사로, 생명보험 상품을 비롯해 연금과 뮤추얼펀드를 운용하며, 다양한 투자상품을 판매하고 있다.

핌코는 퍼시픽보험사의 한 부문으로서 퍼시픽보험사의 고객자산을 별도계정으로 분류한 후 그 자산을 운용하는 기능을 갖고 있었다. 핌코 초기의 운용자산 규모는 130억 원$12million이었다. 빌의 수학적 능력은 천재적이었고, 그러한 그의 재능은 채권운용에서 두드러지게 나타났다. 1980년대부터 20년 동안 업계에 있는 사람들은 그를 '채권왕'이라고 불렀다. 1987년 빌은 300조 원$270 billion에 달하는 세계에서 가장 큰 채권형 뮤추얼펀드인 토탈리턴펀드를 설립하면서 그의 명성을 더해 갔다. 핌코에 있는 37년 동안 토탈리턴펀드를 통해 900조 원에 달하는 자산을 운용했다.

그는 1990년대에 두 권의 책을 출간했다. 하나는 우리나라 번역본으로 《채권투자란 무엇인가?Bill Gross on Investing》와 다른 하나는 《투자와 관련해 들은 얘기는 모두 잘못된 것Everything You've Heard About Investing is Wrong》인데, 두 권 모두 베스트셀러가 됐다. 유명한 펀드리서치회사인 모닝스타는 1998년, 2000년, 2007년에 빌과 그의 팀을 '올해의 채권펀드매니저'로 선정한 바 있다. 또한, 미국의 유명한 투자매거진 《Pensions and Investments magazine》은 1993년 설문조사를 통해 빌 그로스가 미국의 채권시장에서 가장 영향력 있는 권위자로 선정됐다고 했다.

핌코는 빌에 의해 유명해졌다. 빌은 핌코의 얼굴이기도 했다. 그러다 2013년 240조 원$221billion이 넘는 빌의 펀드, 토탈리턴펀드가 저조한 수익률을 기록했다. 빌이 미국 국채시장의 방향을 알기 위한 전화가 많이 줄었다고도 한다. 게다가 2013년 빌의 나이는 69세였다. 핌코로서는 빌에 대한 높은 의존도를 줄일 계획이 필요했을 것이다. 같은 해에 《비즈니스위크Businessweek》지는 빌의 나이를 언급하며 '핌코가 빌 이후의 세대'를 준비한다는 보도를 냈다.

그러던 중 2014년에 미국증권거래위원회SEC가 핌코의 ETF를 조사하기 시작했고, 설상가상으로 핌코의 이사진은 빌의 경영스타일과 시장에 대한 전망, 그리고 토탈리턴펀드운용에 대해 비관하기 시작했다. 결국 빌은 3,200억 원$290million를 지급받고 2014년 9월부로 핌코를 떠났다.

빌이 핌코를 떠난 사실은 빌이 새로 둥지를 튼 야누스캐피탈Janus Capital이 《월스트리트저널》과 CNBC를 통해 보도함으로써 알려지게 되었다. 빌이 떠나지 않았다면 핌코가 그를 밀어냈을 것이다. 빌은 야누스캐피탈에서 약 1.7조 원의 자산으로 글로벌 채권에 투자하고 있다. 1.7조 원 중 반은 빌의 돈이라고 한다.

한편 빌은 핌코에서 해고fired됐다고 하며, 핌코는 빌이 사임resigned했다고 한다. 이 차이가 중요한 이유는 빌이 현재 핌코를 대상으로 자신의 부당해고에 대한 소송을 벌이고 있는데, 빌이 승리할 경우 핌코는 2,000억 원이 넘는 금액을 손해배상액으로 지불해야 하기 때문이다.

2 / 핌코

01 / 핌코의 개요

PIMCO 핌코PIMCO는 퍼시픽보험사Pacific Mutual Life의 130억 원$12million의 고객계정을 운용하기 위해 빌 그로스가 두 친구와 함께 1971년 미국 캘리포니아 주의 뉴포트비치에 설립한 투자운용회사다. 현재는 12개국에 걸쳐 13개의 오피스에서 2,200명의 임직원이 일하는 글로벌 투자회사로 성장했다. 700명의 투자전문가를 비롯해 235명의 포트폴리오 매니저, 그리고 50명의 크레딧 애널리스트가 1,700조 원$1.55trillion의 자산을 운용하고 있다. 빌 그로스가 채권왕으로 군림하던 전성기에는 3,300조 원을 거느렸던 시절에 비하면 운용자산 규모가 반으로 줄어든 것이다.

핌코는 신용등급채권을 비롯해 MBS와 같은 구조화채권에 주로 투자하다가 주식을 비롯해 실물자산과 같은 대체자산으로 투자영역을 더욱 넓혀 왔다. 그러던 중에 독일계 금융그룹인 알리안츠Allianz가 2000년에 핌코를 인수해 최대 주주가 되었다.

2014년에 핌코가 만든 경제 신조어가 있다. '뉴 뉴트럴New Neutral'이 그것이다. 이것은 경제가 상대적으로 하방경직성의 위험은 줄었으나 상승하지도 않고 저성장 국면이 오랜 기간 지속될 것이라는 경제전망을 말하는 것이다. 따라서 미국 중앙은행이 정책금리를 중립적인 수준으로 평균보다 낮은 상태를 유지할 것을 전망했다. 향후 3년에서 5년까지의 연평균 채권수익률은 3%이며, 주식수익률은 5%로 강세장도 약세장도 아닌 중립적인 상태의 시장이 지속될 것이라고 했다. 따라서 성장이 실질적으로 이뤄지지 않는 비관적인 경제상황을 빗댄 표현이다. 이 경제전망은 현재까지 유효한 것 같다. 최소한 최근 도널드 트럼프가 미국의 대통령으로 당선되어 조만간 연방준비은행FRB이 금리를 올린다는 것이 현실이 되기 전까지는 말이다.

2014년 미국의 투자업계에 지대한 영향을 미치는 투자자 중 한 명인 빌 그로스가 뉴포트피치의 핌코를 떠나 덴버에 있는 야누스캐피탈의 투자책임자CIO로 이직했다.

02 / 핌코의 투자의사 결정

핌코는 경제예측을 위해 두 개의 포럼을 운영한다. 하나는 6개월에서 1년의 단기전망을 위한 순환포럼Cyclical Forum이며, 다른 하나는 3년에서 5년의 장기전망을 위한 연례포럼Secular Forum이다. 이렇게 하향식top-down 분석을 통해 경제를 전망하면 개별 증권과 포트폴리오 구성을 분석하는 투자자와 퀀트전문가들이 상향식bottom-up 분석을 통해 하향식 분석을 보완한다. 그리고 각 부문의 투자책임자들로 구성된 투자위원회는 매일 투자의사 결정에 관한 회의를 갖는다.

① Step 1: 경제포럼

채권은 듀레이션10)에 따라 단기채권과 중·장기채권으로 분류되기 때문에 투자전략과 리스크 관리를 위해 장기와 단기의 매크로macro 경제분석은 필수적이다.

핌코는 12개국 13개의 오피스에 있는 700명의 투자전문가가 글로벌 마켓과 경제 현황에 대해 논의하기 위해 일 년에 네 번씩 모여 경제포럼을 갖는다. 주요 목적은 경제전망에 따라 핌코의 포트폴리오를 수정할 필요가 없는지 논의하며 새로운 투자전략을 수립하기 위해서다. 핌코

---

10) 듀레이션(Duration)은 채권의 가중평균만기를 뜻한다. 채권에 투자한 금액이 상환되는데 평균적으로 얼만큼 소요되는가를 의미한다. 듀레이션은 마치 주식의 베타와 같아 듀레이션이 높을수록 이자율에 크게 반응하는 속성이 있다.

는 핌코가 설립된 이후 40년이 넘도록 이 연례행사를 지속해 왔으며, 본 경제포럼은 핌코의 채권전략을 수립하는 데 상당한 도움이 되었다.

② Step 2: 투자위원회

경제포럼을 통해 장·단기 거시적인 경제를 전망했다면 본 매크로 정보를 토대로 좀 더 세부적인 분석이 수행되며, 그에 따른 투자전략을 수립해야 한다.

핌코의 투자위원회는 그룹의 최고투자책임자CIO를 비롯해 각 지역과 부문별 투자책임자들로 이루어져 있다. 투자위원회는 경제포럼에 따라 내부에서 전망한 매크로 정보를 지역별, 부문별로 세분화하는 작업이 필요하다. 즉 글로벌마켓과 세계의 경제현황을 기반으로 자신이 속한 부문의 경제성장, 인플레이션, 국가위험, 듀레이션, 변동성, 그리고 환율변동 등을 구체적으로 예측해야 하며, 이에 따라 각각의 투자전략을 수립해야 한다.

③ Step 3: 포트폴리오 운영

하향식top-down 분석을 통한 회사의 전사적인 투자의 방향이 수립되더라도 실제 채권을 매매하는 투자자들이 실감하는 투자환경은 회사가 제시한 방향과 상충될 수도 있다. 핌코에서 실제로 거래와 관련된 투자팀은 포트폴리오매니저 235명, 애널리스트 100명, 글로벌 크레딧 애널리스트 50명으로 구성되었으며, 이들이 직접 거래와 리스크 관리를 수행한다. 본 투자팀은 회사에서 제시한 하향식top-down 분석을 보완하기 위해 상향식bottom-up 분석을 동반하면서 최적의 투자기회를 만드는 역할을 담당한다.

03 / 핌코의 주요 경영진

① 엠마뉴엘 로만

엠마뉴엘Emmanuel Roman은 2016년 현재 핌코의 최고경영자이자 임원이사회를 관리하고 있다. 회사의 전략은 물론 고객과 각 부문의 관리에 대한 책임을 지고 있다.

핌코에 입사하기 전에는 상장사이자 세계 최

대의 헤지펀드운용사 중 하나인 맨그룹Man Group PLC에서 최고운영책임자COO로 있으면서 CEO로서 적극적인 운용을 초과α수익률을 추구하는 전략을 펼쳤다. 원래 맨그룹에 있기 전에 GLG 파트너스의 CEO였으며, 맨그룹이 GLG파트너스를 인수하면서 맨그룹 소속이 된 것이다. 그는 원래 골드만삭스 출신이다. 18년 동안 글로벌증권 부문과 유럽서비스 부문의 공동책임자였다.

엠마뉴엘은 1963년생 프랑스인으로, 파리도핀Paris IX Dauphine대학을 졸업한 후 시카고대학에서 MBA를 취득했다.

② 다니엘 이바신

다니엘 이바신Daniel J. Ivascyn은 1998년에 핌코에 합류했으며, 현재 투자총괄책임자CIO이자 본사의 경영이사이다. 핌코의 투자전략과 함께 크레딧credit헤지펀드, 모기지Mortgage투자까지 포함해 핌코의 모든 포트폴리오를 총괄하고 있다. 또한 경영위원회 멤버이자 투자위원회의 책임자로서 핌코의 경영관리와 함께 경제포럼을 주관하는 중직을 맡고 있다. 모닝스타는 다니엘을 2013년 미국 '올해의 채권 펀드매니저'로 수상하기도 했다. 핌코에 합류하기 전에는 ABS그룹과 베어스턴을 거쳐 피델리티에서 근무했었다. 다니엘은 미국의 사립대학교인 오시덴털컬리지Occidental College를 졸업한 후 시카대학교의 부스booth 과정에서 MBA를 취득했다.

③ 제이 제이콥스

 제이Jay Jacobs는 1998년 핌코에 이사로 합류했고, 현재는 본점의 경영이사이자 사장을 맡고 있다. 이전에는 독일지사의 지사장으로 유럽 운용팀을 총괄했으며, 사장으로 승진하기 직전에는 핌코의 인사와 인력개발을 총괄했다. 제이는 워싱턴대학을 졸업한 후 조지타운대학교Georgetown University에서 MBA를 취득했다.

3 / 핌코의 펀드 분석

01 / 운용펀드 통계

핌코는 2016년 9월 말 기준으로 1,700조 원$1.55trillion의 자산을 운용하고 있다. 다음 장의 표는 2016년 반기 말 기준으로 추출한 데이트를 기반으로 가공한 핌코의 운용펀드 유형이다. 데이터상의 운용펀드 규모와 실제 운용 규모의 차이가 클 수 있음을 유의해서 봐야 한다. 다만 비중 관련된 결괏값은 유의할 것이란 판단이 든다. 핌코는 채권전문 운용사로서 채권의 투자 비중이 절대적으로 높다. 운용자산의 75%를 채권에 투자하고 있다. 그중에 규모가 가장 크면서 가장 오래된 펀드는 빌 그로스의 펀드이자, 핌코의 대표적 펀드인 토탈리턴펀드Total Return Fund다. 뒤에서 좀 더 자세히 다루기로 하겠다.

투자자산	운용펀드 수	운용펀드 규모 (US $ billion)	투자 비중	펀드당 평균 운용 규모 (US $ billion)	펀드 수수료 bp
전체	251	257	100.0%	1,026	58.00
주식	36	16	6.1%	438	79.71
채권	154	194	75.4%	1,261	58.82
혼합자산	30	2	0.9%	80	86.44
머니마켓	3	1	0.3%	222	19.33
대체투자	28	44	17.2%	1,586	45.71

출처: Lipper, 엄인수

대체투자의 비중도 높은데 이 또한 채권을 기초자산으로 한 헤지펀드다. 크레딧채권 롱·숏전략, 크레딧 뉴트럴neutral전략, 이머징마켓, 모기지채권, 글로벌 혼합자산, 원자재 등이 그것이다.

주식형펀드의 비중도 6%에 달하며, 인덱스나 EFT펀드보다 액티브 전략이나 헤지펀드전략이 주를 이루고 있다. 주식 뉴트럴neutral전략, 롱 듀레이션, 저변동성low volatility, 펀더멘털fundamental 전략 등을 구사하고 있으며, 미국 주식과 함께 아일랜드 주식을 대상으로 한다.

펀드수수료 측면에서는 이 책에서 다루는 네 개의 운용사 중에서 가장 높은 것으로 나왔다. 비중이 가장 높은 채권형펀드의 수수료가 거의 59bp로 이것이 핌코의 평균 펀드수수료가 됐다. 비중은 얼마 안 되지만 혼합자산펀드 수수료가 86.4bp로 가장 높았고, 주식형펀드 수수료 79.7bp, 대체투자펀드 수수료는 45.7bp를 기록하고 있다.

투자자산	가중평균 수익률(%)						Sharpe Ratio		
	2016.05	2015	2014	2013	2012	2011	1년	3년	5년
전체	4.28	−2.72	3.50	−0.47	11.57	3.54	0.06	0.09	0.21
주식	7.21	−9.30	4.85	7.87	14.57	−1.59	−0.14	0.03	0.05
채권	3.41	−0.37	5.06	−0.50	11.71	4.89	0.12	0.14	0.28
혼합자산	4.07	−5.57	2.96	0.45	6.00	−0.12	−0.13	−0.02	0.00
머니마켓	0.07	0.03	0.02	0.01	0.05	0.05	−0.46	−0.49	−0.49
대체투자	7.11	−10.53	−3.72	−3.38	10.39	−0.27	−0.13	−0.10	−0.02

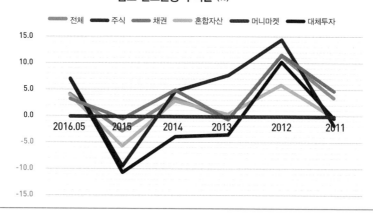

핌코 펀드운용 수익률 (%)

전체 ━ 주식 ━ 채권 ━ 혼합자산 ━ 머니마켓 ━ 대체투자

출처: Lipper, 엄인수

　핌코의 펀드수익률에서 눈이 가는 부분은 유로존 금융위기로 어려웠던 2011년에 채권 부문에서 4.89%의 수익률을 기록하면서 전체 3.52%의 수익률을 기록한 점이다. 2012년도에도 채권에서 11.71%, 주식에서

14.57%의 수익률을 기록하며 전체적으로 11.57%의 높은 운용수익률을 보였다.

2013년은 69세의 나이 많은 빌과 핌코가 대립국면을 갖고 있다는 것이 드러나던 해다. 이 해에 대부분의 운용사가 주식 부문에서 25% 내외로 높은 수익률을 기록하며 호황을 누린 데 반해 채권비중이 높았던 핌코의 전체수익률은 −0.47%의 마이너스 수익률을 기록했다. 채권전문 운용사로서 당연히 채권의 비중이 높았을 뿐 아니라 주식 부문에서 7.87%의 운용수익률을 기록하면서 다른 운용사 수익률 대비 현저히 낮은 수익률을 기록했다. 빌 그로스가 떠난 2014년과 2015년의 전체 운용수익률은 각각 3.50%, −2.72%로 다른 자산운용사에 비해 낮은 편이다. 다만 2016년에는 반기까지의 수익률이 4.28%로 매우 양호한 수준을 보이고 있다.

핌코의 포트폴리오를 국가별로 구분할 때 미국 자산이 53%로 가장 높고, 아일랜드를 기반으로 한 유럽 자산이 44%를 차지하고 있다. 아시아는 2% 정도로 낮은 편에 속한다.

02 / 토탈리턴펀드

2016년 10월 말 기준으로 토탈리턴펀드의 순자산은 90조 원$82.6billion 이다. 빌 그로스가 떠난 이후로 자금이 꾸준히 빠져나갔다. 2013년 4월 330조 원으로 정점을 이루었던 토탈리턴펀드는 세계에서 가장 큰 뮤추얼펀드 중 하나였으며, 채권형펀드로 규모가 가장 컸다. 그러나 그 타이틀은 2015년 4월부터 뱅가드의 토탈본드마켓인덱스펀드Total Bond Market Index Fund에게 자리를 내주었다.

핌코 토탈리턴펀드 개요

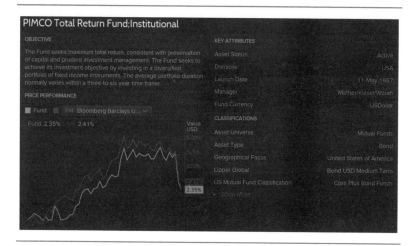

출처: 톰슨로이터

토탈리턴펀드의 주요 투자 포트폴리오는 3년에서 6년의 듀레이션을 가진 투자등급의 중기채권으로 미국 국채와 MBS의 비중이 매우 높다. 최근 1년간 누적수익률은 2.35%로 블룸버그바클레이스US채권지수보다 6bp 뒤처졌다. 과거 3년간 누적수익률은 9.26%로 벤치마크보다 1.55% 낮다. 펀드수수료까지 고려하면 차이는 더욱 벌어질 것이다. 관리수수료는 연 25bp이며, 판매수수료까지 합하면 46bp이다.

빌이 있던 기간을 고려한 과거 5년간의 누적수익률은 20.39%로 벤치마크보다 5.02%나 앞선다. 기간수익률을 통해 펀드의 성과와 빌의 상관관계를 굳이 설명한다면 빌과 핌코의 갈등이 표면적으로 드러나기 시작했던 2013년부터 토탈리턴펀드의 성과가 저조하게 된 것이 아닌가 싶다.

4 / 핌코의 성공 요인

01 / 채권왕 빌 그로스

핌코의 성공에는 채권왕 빌 그로스의 존재가 절대적인 요인이었다. 빌 그로스가 핌코를 대표하는 얼굴이기도 했다. 특히 빌 그로스가 운용하던 토탈리턴펀드는 미국에서 가장 큰 뮤추얼펀드 중 하나로 퇴직연금을 대비하기 위한 투자수단으로 여겨지는 것이었다. 미국의 채권시장에서 빌 그로스는 주식시장에서의 워런 버핏과 같은 존재였다. 경제와 이자율에 대한 빌 그로스의 언행 하나하나가 기사가 됐고, 그것이 시장에 끼치는 영향력은 컸다.

그러나 이것은 핌코의 대주주인 알리안츠에게 위험이기도 했다. 핌코가 빌 그로스에 의존하던 비중이 매우 컸기 때문에 빌 다음의 핌코를 생각하지 않을 수가 없었다. 빌의 나이가 점점 많아지면서 알리안츠는 '빌 그로스 위험'을 줄이기 위해 더욱 노력했을 것이다. 그리고 이러한 과정 중에 빌과의 마찰이 없을 수 없었을 것이다.

알리안츠는 2014년 빌이 핌코를 떠날 때 더글라스^{Douglas Hodge}를 최고경영자로 임명했고, 앤드류^{Andrew Balls}와 다니엘^{Daniel Ivascyn}을 투자책임자^{CIO}로 임명했다. 그러나 빌의 공백을 메꾸기에는 부족하다는 것이 객관적으로 드러났다. 빌이 떠날 때 토탈리턴펀드에서 45조 원^{$42billion}이 넘는 금액이 유출됐고, 2013년에 비해 투자수익률은 72% 하락했다. 그리고 전성기 시절에 비해 핌코의 현재 운용자산 규모는 반으로 줄어들었다.

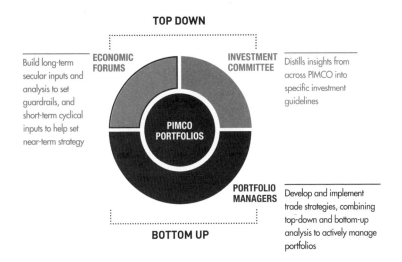

TOP DOWN

Build long-term
secular inputs and
analysis to set
guardrails, and
short-term cyclical
inputs to help set
near-term strategy

**ECONOMIC
FORUMS**

**INVESTMENT
COMMITTEE**

Distills insights from
across PIMCO into
specific investment
guidelines

**PIMCO
PORTFOLIOS**

**PORTFOLIO
MANAGERS**

Develop and implement
trade strategies, combining
top-down and bottom-up
analysis to actively manage
portfolios

BOTTOM UP

채권운용에 있어서 경제와 이자율 예측은 가장 핵심이 된다. 핌코는 이를 위해 13개의 사무소에 있는 700여 명의 투자전문가가 글로벌 시장의 방향을 알고자 매해 네 번씩 모여 경제포럼을 갖는다.

경제포럼을 통한 경제전망이 수립되면 투자책임자를 비롯한 투자위원회가 지역별 경제성장과 인플레이션, 변동성과 듀레이션 등을 구체적으로 예측해 각각의 투자전략을 수립한다. 이렇게 하향식top-down 분석을 통한 회사의 자산운용전략이 수립되면 포트폴리오매니저, 애널리스트로 구성된 투자팀이 상향식bottom-up 분석으로 전략을 수정하고 보완하게 된다.

사모펀드운용사 편

사모펀드 개척자 KKR

V

사모펀드
개척자 KKR

KKR^{Kohlberg Kravis Roberts & Co}은 미국 뉴욕에 본사를 둔 사모펀드 그룹이다. 기업 바이아웃^{Buy-out 11)}부터 에너지, 인프라스트럭처, 부동산, 헤지펀드 등 다양한 대체자산에 투자하는 글로벌 투자회사이다.

KKR은 사모펀드의 개척자로 여겨지고 있고, 실제로 사모펀드 역사에서 랜드마크 격인 많은 기업 인수 딜들을 기록했다. KKR의 설립자 중 리더 격인 제롬 콜버그는 그가 이전에 근무했던 베어스턴스^{Bear Stearns}에서 1964년 오킨^{Orkin Exterminating Company}이라는 회사를 대상으로 최초

---

11) 기업의 경영권을 확보할 수 있을 만큼 상당한 지분을 인한 후 경영진 교체, 구조조정, 경영정상화 등의 노력을 통해 기업가치를 제고하는 것을 말한다.

의 대형 차입 인수LBO, Leveraged Buy-out 12)를 성공시켰다. 그리고 그의 사촌 헨리 크래비스와 조지 로버츠가 베어스턴스에 합류한 이후 그들과 함께 연달아 바이아웃 딜을 성공시켰다. 1965년 스턴금속Stern Metals, 1971년 인컴Income, 1971년 코블러산업Cobblers Industries, 그리고 1973년 보렌 클레이Boren Clay뿐만 아니라 톰슨 와이어Thompson Wire, 이글모터스 Eagle Motors, 배로우Barrows를 인수했다.

1976년 베어스턴스를 떠나 이 세 명은 KKR을 설립했고, 1978년 투자자로부터 330억 원$30million을 유치해 KKR의 첫 번째 펀드를 결성했다. 그리고 같은 해 산업용 파이프를 제조하는 상장사 휴데일 산업Houdaille Industries을 약 4,200억 원$380million에 인수한 후 상장폐지를 시켰다. 그 딜은 근래까지 가장 규모가 큰 상장사 바이아웃 딜이었다.

KKR은 또한 1970년대 후반부터 1980년 초반에 걸쳐 경영자매수MBO, Management Buy-out 13) 거래를 등장시켰다. 우리가 잘 알고 있는 오토바이 제조사 할리 데이비슨Harley-Davidson의 전문경영인이 할리 데이비슨의 주주 AMF로부터 차입 인수 방식으로 주식을 인수하는 거래에 함께 참여함으로 초창기 가장 유명한 경영자매수 거래를 역사에 남겼다.

이렇게 M&A와 사모펀드의 역사에서 개척자로 여겨지는 KKR의 탄생 배경 그 중심에는 KKR의 공동창업자인 크래비스와 로버츠의 사수

---

12) 대상기업의 현금흐름, 보유한 현금, 유형자산 등을 담보로 하여 금융기관으로부터 상당한 부분을 차입하여 기업을 바이아웃하는 M&A 기법을 말한다. LBO기법은 적은 자기자본으로 큰 기업매수를 가능하게 한다.

13) 현재 회사를 경영하고 있는 내부 경영인이 회사의 대주주가 아닌 경우 대주주로부터 주식을 매입하기 위해 외부투자자의 도움을 얻어 대주주로부터 주식을 매입하여 대주주가 되는 M&A기법을 말한다.

격이 되는 제롬 콜버그가 있었다.

1 / LBO 개척자 제롬 콜버그

제롬 콜버그는 업계에서 이미 사모펀드와 LBO의 개척자로 널리 알려져 있다. 기업과 인물의 부호 순위를 매기는 《포브스》지에 의하여 2008년 제롬 콜버그는 순자산 1.65조 원$1.5billion을 보유하고 있어 세계에서 785위의 부호로 등극되기도 했다.

제롬 콜버그(Jerome Kohlberg)

제롬 콜버그Jerome Kohlberg는 1925년 미국에서 유대인 가정에서 출생하여 뉴욕에 있는 로첼 공립고등학교New Rochelle High School를 졸업했다. 그가 졸업했던 시절은 제2차 세계대전 중이었으므로 그 시절 미국 해군에 입대하기도 했었다.

그가 제대했을 때 미국은 제2차 세계대전 참전용사들에게 제공하는 특별한 혜택에 관한 법G.I. Bill, Servicemen's Readjustment Act, 1955이 제정되어 있었다. 혜택에는 참전용사에게 고등학교, 직업학교, 대학교의 학비를 제공하고 1년간의 실업수당을 제공하며, 낮은 금리에 주택담보 대출을 제공하는 등 현금으로 학비와 생활비를 지급하는 혜택이었다. 콜버그는 이 혜택으로 펜실베이니아 주에 있는 스와트모어대학교Swarthmore College를 졸업했다. 1986년 콜버그는 본 대학에 장학재단을 설립하기도 했다. 스와트모어대학교를 졸업한 이후 콜버그는 하버드대학교 MBA를 졸업했으며, 콜롬비아대학교에서 법학학사를 취득했다.

콜버그는 1955년에 당시 미국 최고의 투자은행 중 하나였던 베어스턴스Bear Stearns에 입사하여 기업금융부에서 근무했다. 베어스턴은 2008년 금융위기로 JP모건에 팔려 지금은 독립법인의 형태가 사라졌지만, 미국 금융시장에서 여러 새로운 투자기법을 시도한 선도적인 투자은행이었다. 다만 그러한 많은 새로운 시도와 동시에 미국에서 비롯된 서브프라임모기지 사태subprime mortgage crisis에 매우 큰 영향을 미쳤던 투자은행이었다.

1964년 콜버그는 오킨회사를 대형 LBO를 시도하여 M&A 역사에 이정표를 남겼다. LBO기법의 M&A는 이전에도 있었던 것으로 기록되었지만, 이만큼 큰 대형 LBO는 역사상 처음이었기 때문이다. 오킨은 지금도 나스닥에 상장된 시가총액 약 7조 원 정도를 형성하고 있는 회사로, 거주지나 상가의 해충이나 유해동물들을 제거하는 것을 사업으로 하고 있는 미국 아틀란타에 소재한 회사이다. 그 후 콜버그의 사촌인 헨리 크래비스와 조지 로버츠가 콜버그가 있는 베어스턴의 기업금융 부서에 들어왔다. 아마도 제롬 콜버그는 그의 두 사촌에게 업무를 가르쳐 주는 사수격 역할을 했을 것이란 기대가 든다.

오킨을 LBO로 인수한 이후로 이 세 명은 연속되는 바이아웃 딜을 성공시켰다. 1965년에는 스턴메탈이란 금속회사를, 1971년에는 락우드 인터내셔널에서 사업분할한 인컴을, 같은 해에 코블러 산업을, 1973년에는 보렌클레이와 톰슨와이어, 이글모터스, 배로우를 연속해서 LBO 방식으로 인수하면서 그들의 매우 성공적인 실적을 남겼다.

그러나 1971년에 300억 원$27million을 투자하며 인수했던 코블러 회사가 나중에 부도가 나면서 연속되는 그들의 성공가도에 브레이크가 걸렸다. 이것이 시초가 되어 베어스턴과 콜버그, 크레비스, 로버츠 세 명의 사이에 갈등이 생기기 시작했다. 특히 베어스턴스의 임원인 싸이 루이스Cy Lewis는 이 세 명의 외부활동에 대해 제약을 두기도 했고, 베어스턴스의 자기자본을 활용하는 투자에 대한 승인을 거듭 부결시키면서 그들의 투자활동에 연속적으로 제동을 걸었다. 결국, 이 세 명은 베어스턴스에서 그들이 계속해 왔던 업무를 할 수가 없었으며, 이것은 이들이 베어스턴스를 떠나는 계기가 되었다.

1976년 이 트리오는 베어스턴스를 떠나 그들의 이름인 콜버그Kohlberg, 크래비스Kravis, 로버츠Roberts를 사명으로 하여 콜버그 크래비스 로버츠 앤 컴퍼니Kohlberg Kravis Roberts & Co라는 회사를 설립했고, 그들이 베어스턴스 기업금융부에서 해 왔던 업무를 다시 시작하게 되었다. 베어스턴스에서 해 왔던 것처럼 KKR에서 기업을 인수할 때에 KKR의 펀드에서 10% 출자 후 잔여 인수 금액은 고수익채권High-yield bond를 투자자에게 발행하여 자금을 조달하는 전형적인 LBO기법을 지속적으로 활용했다.

KKR의 최초 투자자 중 하나는 개인 부호인 헨리 힐만Henry Hillman과 그가 경영하는 힐만 컴퍼니Hillman Company였다. 1918년생인 힐만은 그 당시 미국의 억만장자로서 사업가이자 투자자였으며, 그의 가족이 중심이 되어 설립한 힐만 컴퍼니의 회장이었다. 힐만 컴퍼니는 미국 펜실베이니아의 피츠버그에 본사를 둔 투자회사였으며, 힐만은 자신의 사업에서 벌어들인 소득으로 힐만 가족의 재단을 만들어 18개의 기금을 운영하고 있었다. 이를 필두로 KKR은 1978년까지 330억 원$30million의 자금을 성공적으로 유치할 수 있었다. KKR이 설립된 지 2년 만에 그 당시의 금액으로 330억 원이라는 큰 자금을 유치할 수 있었던 것은 그들이 베어스턴스에서 보여 주었던 수많은 사례Track Record와 명성이 있었기에 가능했을 것이다.

그러나 콜버그와 그의 사촌인 크래비스와 로버츠와의 관계는 오래가지 못했다. 콜버그는 크래비스와 로버츠가 LBO 방식으로 알제이알나비스코RJR Nabisco 14)를 적대적으로 인수하고자 하는 투자전략에 동의하지 않았고, 이 투자의 전략적 차이로 인해 콜버그는 1987년 KKR을 사임하여 콜버그만의 회사인 콜버그 앤 컴퍼니Kohlberg & Co.를 설립했다. 콜버그는 나중에 이 문제에 대하여 KKR을 상대로 소를 제기했다가 법정 밖에서 조정되었다.

콜버그는 적대적 인수 방식을 좋아하지 않았으며, 또한 초대형 딜Big Deal을 선호하지 않았다. 그의 투자 철학은 중형 기업을 대상으로 하여 수익률을 위주로 하는 투자였다. 실제로 콜버그의 투자 철학은 다음 장에서 우리가 보게 될 칼라일그룹의 투자 철학과 비슷하다. 칼라일그룹의 투자 포트폴리오는 중소형 기업으로 이루어져 있으며, 포트폴리오의 분산이 매우 튼튼하게 구성되어 있다.

콜버그는 자신의 뿌리로 돌아가겠다는 결심을 했다. 콜버그 앤 컴퍼니에서는 투자수익률을 높이기 위해 경영적으로 또는 재무적으로 어려운 중형 기업을 대상으로 LBO기법으로 인수했고, 회사는 2007년까지 6

---

14) 카멜(Camel)이라는 담배와 오레오(OREO)라는 과자로 유명한 식품을 제조, 생산 및 판매하는 담배 · 식품 회사이다. 미국 뉴욕 맨하튼의 Calyon빌딩에 본사를 두고 있으며, 지금은 RJR과 Nabisco로 나뉜 상태이다.

개의 사모펀드, 결성금액으로는 총 4조 원$3.7billion의 펀드를 만들었다.

1994년 제롬 콜버그는 콜버그 앤 컴퍼니의 경영이사로 있던 자신의 아들 제임스 콜버그James Kohlberg에게 경영권을 물려주었다. 당시의 인터뷰에서 아들 콜버그는 아버지의 동업자이자 KKR의 공동 창업자였던 크래비스와 로버츠와의 관계에 대해서는 언급하지 않았다. 아마도 그때까지 제롬 콜버그와 크래비스, 그리고 로버츠와의 관계는 여전히 냉전상태가 아니었을까 추측이 된다.

제롬 콜버그는 그의 이름으로 명명한 콜버그재단을 만들었다. 또한 아내와 함께 농장에서 가축과 물고기도 길렀다. 그 가축 중 일부는 그의 아내가 운영하는, 뉴욕에 소재한 레스토랑 '날으는 돼지The Flying Pig'에 직접 공급되기도 했다. 제롬 골버그는 2015년 향년 90세의 나이에 암으로 사망했다.

2 / KKR의 탄생과 비즈니스

KKR은 1976년에 설립되었다. 미국 뉴욕에 본사를 두고 런던, 파리, 홍콩, 동경, 북경, 뭄바이, 두바이, 한국, 브라질, 호주 등 주요 도시를 중심으로 15개국에 21개의 사무소를 갖고 있다. 직원은 1,200명 정도이며 현재 헨리 크래비스와 조지 로버츠가 공동대표이다.

KKR 사무소

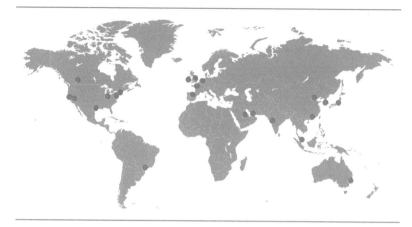

출처: KKR

KKR의 사모펀드에 출자하는 투자자^{LP}들은 주로 연기금, 보험사, 투자은행, 일반 상업은행, 재단, 펀드오브펀드^{Fund of Fund}, 국부펀드, 개인 부호들로 이루어져 있다. 2015년 9월을 기준으로 총 운용자산 규모^{AUM}은 110조 원^{$100billion}이다. KKR은 2009년 10월 'KKR & Co. L.P.'의 이름으로 KKR의 계열사가 30%의 지분을 소유하고 KKR의 파트너사들이 나머지 지분을 소유한 상태에서 뉴욕증권거래소에 상장되었다.

KKR의 주요 사업은 앞서 언급한바 기업의 바이아웃투자, 벤처투자, 부동산과 에너지 투자 등 초대형 사모펀드가 운영하는 모든 사업을 영위하고 있다. KKR의 공동창업자이자 현재 공동회장인 크래비스와 로버츠부터 시작해 KKR이 다루고 있는 사업까지 살펴보도록 하자.

01 / 크래비스와 로버츠

헨리 크래비스Henry R. Kravis는 현재 로버츠와 함께 KKR의 공동 회장이자 공동대표이다. KKR의 경영을 담당하고 있으며, 사모펀드 투자와 포트폴리오 경영위원회를 관리하고 있다.

헨리 크래비스(Henry R. Kravis)

크래비스는 1944년 미국 오클라호마의 유대인 가정에서 태어났다. 그의 아버지는 레이몬드 크래비스로, 오클라호마에 소재한 툴사오일Tulsa oil의 유능한 엔지니어였으며, 미국의 존 F. 케네디John F. Kennedy 대통령의 아버지인 조셉 P. 케네디Joseph P. Kennedy와 동업자였다. 그는 좋은 여건에서 질 높은 교육 환경을 가질 수 있었다. 크래비스는 클레어몬트 대학Claremont McKenna College에서 경제학을 전공해 1967년 졸업했다. 그리고 1969년 콜롬비아 경영대학원에서 MBA를 취득했다.

대학원을 졸업 후 뉴욕에서 다양한 금융 부문에서 일을 하다가, 그의 친척인 조지 로버츠와 함께 베어스턴스에 입사해 기업금융부 매니저인 제롬 콜버그 밑에서 일을 했다. 그 당시 그들의 나이는 각각 쉰 살, 서른한 살이었다. 나이로 보면 제롬 콜버그가 거의 스무 살 정도 차이가 난다. 크래비스와 로버츠의 할아버지는 같았고, 그 할아버지는 러시아 출신의 미국 이민자였다.

베어스턴스에서 1960년대 후반에서 1970년대 초반까지 크래비스는 콜버그의 아래에서 로버츠와 함께 부트스트랩 투자Bootstrap Investments를 시작했다. 부트스트랩 투자는 매우 적은 자본으로 기업을 경영할 수 있는 투자방법을 말하는 것으로 그들의 LBO의 시초가 되었다.

1976년 콜버그, 로버츠와 함께 KKR을 창업한 이후 차입 인수 기법을 통해 연속적으로 기업 인수에 성공하면서 KKR의 성공가도를 달렸다. 그러다 1987년 크래비스는 로버츠와 함께 알제이알나비스코RJR Nabisco를 적대적으로 인수하려고 했으며, 이 거래에 콜버그는 동의하지 않게 되었고 KKR을 떠나게 되었다. 크래비스와 로버츠는 이 기업을 35조 원$32billion의 가격을 지불하고 인수했다. 이 딜은 매우 유명하게 되어 '바바리안 게이트Barbarians at the Gate'라는 이름으로 책과 영화로 나오게 되었다.

이 외에도 크래비스는 로버츠와 함께 매우 굵직굵직한 딜들을 성공시켰다. HCAHospital Corporation of America, 듀라셀, 토이저러스, TXUEnergy Future Holdings, 미국 슈퍼마켓 체인사인 세이프웨이Safeway, 글로벌 결제 시스템 기술을 갖춘 퍼스트 데이터First Data 등이 그와 로버츠가 함께 이룬 딜들이었다.

크래비스는 세 번의 결혼을 했다. 첫 번째는 헬렌이라는 여자와 결혼했다가 이혼을 했다. 두 번째로는 1985년 뉴욕의 디자이너인 캐롤라인이라는 여자와 결혼했으나 1993년에 갈라서게 되었다. 특히 이들이 살던 집은 1990년에 영화 〈허영의 모닥불The Bonfire of the Vanities〉에서 패러디되기도 했다. 현재는 캐나다의 저명한 경제학자이자 전 칼럼니스트였던 마리 드루Marie Josée Drouin라는 여자와 결혼해서 살고 있다. 크래비스는 주로 뉴욕에서 생활하고 있으며, 플로리다의 팜 비치에도 자택을 갖고 있다. 미국《포브스》지에 의하면 2015년을 기준으로 약 5.3조 원

$4.8billion의 순자산을 보유하고 있어 미국에서는 108위, 세계에서는 278위의 부호로 랭크되었다.

조지 로버츠George R. Roberts는 크래비스와 함께 KKR의 공동 대표이며 공동 회장이다. 그는 1944년 미국 텍사스 휴스턴의 유대인 가정에서 태어났다. 1962년 컬버육군사관학교 Culver Military Academy를 졸업했고, 클레어몬트 대학Claremont McKenna College에 입학해 경영학을 전공하고 크래비스보다 1년 앞선 1966년에 졸업했다. 그리고 캘리포니아에 소재한 하스팅대학교University of California, Hastings College of the Law에서 법학박사를 취득했다.

크래비스와 함께 베어스턴스에 입사한 후, 1976년 KKR을 공동으로 창업하여 그들과 함께 모든 딜을 수행했다.

1968년 로버츠는 스위스 이민자이자 캘리포니아에서 유명한 뱅커였던 앙투안 보렐의 딸 리엔 보베트와 결혼하여 세 자녀를 낳았다. 오랜 결혼 생활을 지속하다가 2003년 아내 리엔은 사망했다. 그리고 7년 후 2010년에 골드만삭스의 파트너인 린네 콘라드Linnea Conrad와 재혼했다.

크래비스와 로버츠는 베어스턴스에서 아마도 제롬 콜버그에게 부트스트랩 투자부터 차입 인수에 이르기까지 많은 것을 배웠을 것으로 추측된다. 그리고 이 트리오는 호흡을 맞춰 가며 많은 딜들을 소화했다. 그러나 알제이알나비스코를 인수하려던 시도부터 콜버그와의 다른 투자관점을 보이기 시작했다. 이 거래를 스토리로 다룬 영화 〈바바리안 게이트〉에서는 이들의 투자를 탐욕스러운 욕망의 관점에서 다루었다는 점을 볼 때 많은 사람이 이들의 투자 철학을 비판적으로 바라보는 것 같다.

중견기업을 대상으로 수익률을 위주로 투자하는 제롬 콜버그와는 분명히 다른 투자 관점을 보여 주고 있다. 그러나 누구의 투자 관점이 낫고, 누구의 투자 관점이 못하다는 판단은 하기 힘들다. 어쨌든 콜버그가 떠난 이후로도 KKR의 투자 대상 자산군의 폭은 넓어져 많은 대체투자 자산을 다루고 있고, '규모의 경제'를 이루는 투자 규모에 이르렀으며, 세계에서 가장 큰 사모펀드 중 하나라는 명성을 세웠다.

KKR의 홈페이지를 살펴보면 KKR의 연혁에서부터 제롬 콜버그에 대한 이름이 언급되지 않고 있다. 아마도 제롬 콜버그와의 관계는 2015년 콜버그가 작고할 때까지 개선되지 않았던 게 아닌가 추측하게 만드는 점이다.

02 / KKR의 연혁

① 1976년 KKR 설립

베어스턴스에서 함께 근무한 제롬 콜버그와 그의 사촌 헨리 크래비스, 조지 로버츠는 1976년 베어스턴스를 떠나 KKR을 설립했다. 설립한 지 1년 후인 1977년에는 지금의 체이스은행에 흡수합병된 퍼스트시카고은행First Chicago Bank을 비롯한 투자자들로부터 자금을 조달해 'A.J. Industries'라는 소매 · 유통업체를 인수하며 첫 바이아웃 딜을 성공시켰다. 그리고 비슷한 시기에 기관 투자자들로부터 330억 원$30million의 투자약정을 받아내어 KKR의 첫 번째 펀드를 결성했다. 펀드명은 KKR의 설립연도를 따라 'KKR Fund 1976'으로 명했다.

② 1980년대 초반 기관 투자자 네트워크 확장

KKR은 사모펀드를 결성하기 위해 지속적으로 기관 투자자의 네트워크를 넓혀 갔다. 1981년에는 오레곤주연금펀드Oregon State Treasury's public pension fund로부터 투자유치를 이끌어 내면서 유통업체인 프레드미어 Fred Meyer, Inc를 인수하는 데 성공했다. 프레디미어는 지금의 월마트, 이마트와 같은 원스톱 쇼핑업에서 개척자와 같은 회사로 식료품을 비롯해 옷, 신발, 고급 보석, 인테리어제품, 전자제품, 약국, 장난감 등의 많은 종류의 제품과 서비스를 한 지붕 아래에서 판매하는 종합슈퍼마켓 업체였다. 1984년에는 TV, 극장, 여행사업을 경영하는 레저회사인 'Wometco Enterprises'의 주식을 1,900억 원$170million을 매입하고, 채권 9,200억 원$842million을 함께 인수하면서 처음으로 조 단위 딜을 성공시켰다.

③ 1980년대 후반 제롬 콜버그의 사임과 초대형 딜 기록

1987년에는 KKR에서 창업자들 간에 내부 갈등이 발생했다. 크래비스와 로버츠는 알제이알 나비스코를 사심으로 적대적으로 인수하고자 했고, 콜버그는 이 전략에 동의할 수가 없어서 콜버그가 결국 KKR을 떠나게 되었다. 그리고 콜버그의 자리를 크래비스가 승계했고, 1989년에 결국 알제이알 나비스코를 LBO방식으로 인수했다. KKR은 'KKR Fund 1987'를 결성해 6.7조 원$6.1billion의 투자금을 유치했다. 본 펀드를 재원으로 하여 알제이알 나비스코의 주식가치 28조 원$25billion, 부채까지 포함한 기업가치로는 34조 원$31billion에 인수하면서 2005년까지 역사상 가장 큰 딜로 기록되었다.

④ 1990년대 후반부터 해외시장 진출

1998년에는 런던에 사무소를 두면서 KKR의 첫 번째 해외사무소를 개소하게 되었다. 그 시점부터 KKR은 글로벌 역량을 갖추기 시작했으며, 2007년에 홍콩과 도쿄 사무소를 통해 아시아 시장에 진출했고, 2009년에는 두바이와 뭄바이 사무소를 개소하면서 중동과 인도까지 진출하면서 명실상부한 글로벌 투자회사로 부상하게 되었다.

⑤ 2000년대 초반 사업의 정교화

KKR은 2002년에 기업에 투자한 후 투자한 기업의 경영개선을 통해 기업가치를 제고하는 기능을 담당하는 KKR 캡스톤KKR Capstone이란 조직을 설립했다. 그리고 2004년에는 KKR 크레딧이라는 투자플랫폼을 구축해 본 플랫폼을 통해 투자자에게 좀 더 적극적Active인 투자전략을 제공하게 되었다.

⑥ 2010년대 투자 포트폴리오의 확장

2012년에는 포트폴리오 범위를 확장하기 위해 펀드오브헤지펀드Fund of Hedge Fund 회사인 프리즈마Prisma를 인수했다. 펀드오브헤지펀드는 개별 헤지펀드들이 구사하는 롱·숏전략이나 매크로전략을 구사하는 것이 아니라 이런 투자를 수행하는 여러 헤지펀드에 투자함으로 헤지펀드 투자전략에도 노출이 되면서 분산효과까지 얻게 되는 효과가 있다. 같은 2012년에 재보험 투자 분야에서 가장 큰 투자자인 넬피아 캐피탈

Nephila Capital에도 투자했다.

2014년에는 운용자산 규모가 약 9조 원$8billion인 영국 크레딧 자산운용사인 아보카캐피탈을 인수했으며, 같은 해에 에너지에 특화된 헤지펀드사인 블랙골드캐피탈에 투자하기도 했다.

KKR의 가장 큰 부분이자 전통적인 사모펀드의 사업 영역인 바이아웃에서 KKR이 기업가치를 제고하기 위해 설립한 캡스톤 조직의 역할을 좀 더 살펴보도록 하겠다.

KKR캡스톤의 역할

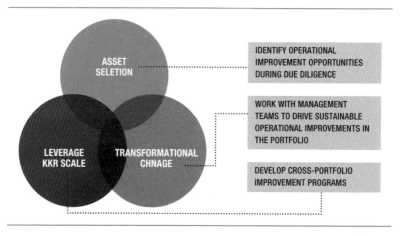

출처: KKR

기업을 바이아웃Buyout한다는 것은 기업의 경영권을 인수한 후 기업의 사업, 영업, 재무구조, 마케팅, 조직 등 모든 방면에 걸쳐 전사적인 신규 전략을 통해 기업가치를 제고한다는 것이다. KKR 캡스톤이 바로 이 역할을 수행한다. 캡스톤의 핵심목표는 KKR이 투자한 포트폴리오 기업이 지속적인 운영성과와 함께 새로운 가치를 창출하도록 함으로써 포트폴리오 기업의 모든 이해관계자에게 이익을 주는 것이다. 이것을 수행하기 위해 캡스톤은 세 가지 영역에 초점을 맞추고 있다.

① Asset Selection: 실사Due-diligence 과정에서 기업의 운영 개선 기회와 위험 평가
② Transformational Change: 투자한 기업 내부에서 실질적이고 지속적으로 수행할 수 있는 변화의 실천
③ Leverage KKR Scale: KKR이 투자한 기업 간에 실행될 수 있는 모든 시너지의 규모와 범위를 극대화
  예 미국 A기업의 제품을 중국 B기업의 고객에게 판매

캡스톤은 45명의 운영전문가로 구성되어 KKR이 투자한 기업에 대해 분석하고 여러 방면에서 지원하는 역할을 수행하고 있다. 캡스톤 전문가들은 미국, 아시아, 유럽에 걸친 글로벌 시장을 분석한 후 포트폴리오 기업들에게 대륙 간 사업 확장과 기업의 기능 강화를 통해 시너지를 창출하는 전략을 제공한다. KKR캡스톤이 투자기업에 접근하는 방법은 다음과 같다.

A. 캡스톤은 KKR이 기업에 투자하는 시점부터 투자를 회수하는 시점까지 전 과정에 걸쳐 참여한다.
B. 캡스톤은 KKR의 투자팀이 기업을 실사할 때부터 동참하여 인수 후 '100일간 새로운 가치창출'을 목표로 기업을 분석한다. 분석하는 동안

새로운 가치창출을 위한 전략을 수립하고, 각 운영전략에 우선순위를 설정한 후 포트폴리오 기업의 경영진 및 이사회와 매우 밀접하게 협력하며 지원한다.

C. 캡스톤은 오랜 경험을 가진 수십 명의 전문가로 '규모의 경제'를 이루어 여러 분야의 산업과 영역을 망라해 지원한다.

D. 궁극적으로 포트폴리오 기업의 대차대조표와 손익계산서의 개선을 목표로 한다. 이 목표를 위해 조직의 효율성 제고, 자본 생산성의 최적화, 기업의 외형 성장에 중점을 둔다.

E. 캡스톤은 단순히 '안'을 제안하는 것이 아니라, 실질적인 결과를 창출하도록 전략을 기획하는 것부터 시작해 최전방에서 이 전략이 실행될 수 있도록 수행한다. 따라서 장기적이면서도 지속가능한 기업 개선이 수행될 수 있도록 포트폴리오 기업 경영팀과의 회사 역량 구축을 가장 최우선으로 한다.

KKR의 투자팀과 캡스톤이 함께 협동할 수 있도록 KKR은 두 조직 간의 목표를 같게 했으며, 10년이 넘는 기간 동안 많은 노하우를 구축했다.

03 / KKR의 Market Data와 재무 정보

2016년 8월 기준으로 KKR의 주가는 15달러의 수준을 형성하고 있으며, 총 발행 주식 수는 44,600만 주로 시가총액은 약 13조 원$11.85 billion이다.

KKR의 Market Data (2016년 8월 기준)

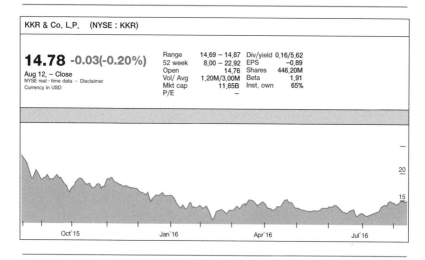

최근 52주의 최저주가와 최고주가가 $8.0과 $22.92이며, 베타$^\beta$가 1.91임을 볼 때에 주가의 변동성이 상당히 높은 편에 속한다.

KKR의 리베이싱 차트Rebasing Chart (2016년 8월 기준)

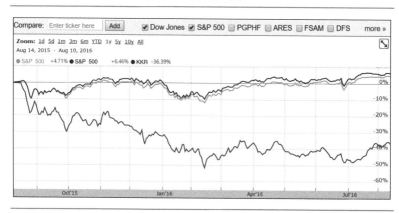

KKR은 최근 저조한 주가수익률을 보이고 있다. 최근 1년 동안 다우 존스지수와 S&P 500지수는 각각 6.46%, 4.71% 상승한 반면, KKR의 주식은 36%가 떨어지면서 상대적으로 40%가 넘는 마이너스 수익률을 기록하고 있다.

KKR의 지분은 뮤추얼펀드를 포함해 기관 투자자가 60%를 넘게 보유하고 있다. 기관 투자자로는 피델리티^{Fidelity Investments}가 가장 많이 보유하고 있다. 피델리티는 네 개의 펀드를 통해 4.58%의 지분을 보유하고 있으며, 피델리티의 본계정^{Principal}으로 9.32%를 보유하고 있어 모두 합치면 약 14%의 지분을 보유하고 있다.

KKR의 재무실적 추이

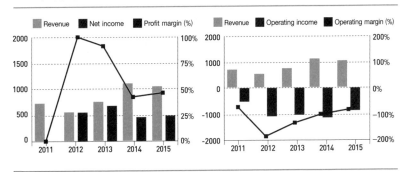

출처: 구글파이낸스

유럽 위기가 있었던 2011년에 KKR의 이익은 제로에 가까웠다가 2012년에 6,200억 원^{$560million}의 이익을 냈고, 2013년에는 8천억 원에 가까운 이익을 기록한 후 최근 2년간은 각각 5,500억 원의 이익을 냈다. 그러나 영업손익은 계속 적자를 기록하고 있다. 일반적인 영업수익^{Revenue}보다 영업비용^{Operating Expense}이 더 커, 영업이익은 계속 적자를 내

고 있으나, 영업외수익에서 크게 발생해 결국 순이익^{Net Income}에서 흑자
를 내고 있다.

KKR의 손익계산서

In Millions of USD	2015 – 12 – 31	2014 – 12 – 31	2013 – 12 – 31	2012 – 12 – 31
Revenue	**1,044**	**1,110**	**763**	**568**
Total Operating Expense	1,871	2,196	1,767	1,599
Operating Income	**-827**	**-1,086**	**-1,005**	**-1,030**
Income After Tax	5,275	5,395	7,854	8,028
Minority Interest	-4,787	-4,917	-7,163	-7,467
Net Income	**488**	**478**	**691**	**561**

출처: 톰슨로이터

영업수익은 펀드운용사의 경상적인 현금흐름인 펀드로부터 발생하
는 보수를 나타내며, 펀드운용사의 자기자본을 활용해 발생한 투자손
익 등은 비경상적인 현금흐름으로 반영해 영업외수익에서 인식했다.
실제로 KKR의 감사보고서 10-K에는 투자수익^{Net Gains from Investment}
^{Activities}을 약 5.1조 원^{$4,673million}으로 계상했다. 따라서 KKR은 펀드운
용에서 비롯된 수수료보다 투자수익이 훨씬 많다는 것을 알 수 있다.

영업수익이 매년 증가해 온 것을 보면, KKR이 운용하는 펀드 규모가
2012년 잠시 줄어들었다가 2013년 조금 회복되어 2014년, 2015년은 더
많은 펀드를 운용하고 있다는 것으로 해석할 수 있다. 또한, 그만큼 은
행, 연기금, 재단과 개인 부호들이 대체투자에 점점 더 많은 관심을 갖
고 자본을 집행한 것으로 보인다.

또한 손익계산서상에서 하나 알아야 할 것은 2015년을 기준으로 세후이익이 거의 6조 원$5.3billion에 달하는데 소수지분Minority Interest 5.3조 원$4.8billion이 마치 비용처럼 마이너스로 표기되어 순이익이 상당히 축소되었다.

KKR의 자산구성은 매우 단순해 이해하기가 쉽다. 2015년 말 기준으로 총자산은 78조 원$71billion이다. 자산의 3.5% 정도가 현금성자산으로 약 3조 원에 이르고, 92%가 넘는 나머지 자산은 대부분 장기투자자산이다. 장기투자자산은 KKR이 본계정으로 투자한 자기자본투자Principal Investment로 예측된다. 총부채는 약 72조 원$65billion에 육박한다.

KKR의 대차대조표

In Millions of USD	2015 – 12 – 31	2014 – 12 – 31	2013 – 12 – 31	2012 – 12 – 31
Total Assets	**71,042**	**65,873**	**51,427**	**44,426**
Cash and Short Term Investments	2,520	2,291	1,747	1,818
Property/Plant/Equipment, Total-Net	226	76	81	80
Long Term Investments	65,446	60,315	47,528	40,958
Total Liabilities	**65,495**	**60,473**	**48,705**	**42,422**
Long Term Debt	18,715	10,838	1,909	1,123
Minority Interest	43,920	46,304	43,863	39,401
Total Equity	**5,547**	**5,400**	**2,722**	**2,004**
Common Stock, Total	5,576	5,403	2,728	2,009
Additional Paid-In Capital	–	17	–	–
Retained Earnings(Accumulated Deficit)	–	–	–	–

출처: 톰슨로이터

재무제표에서 소수지분Minority Interest이라고 쓰여 있는 계정이 48조원$44billion에 이른다. 소수지분이란 대주주가 아닌 소수지분 보유자들에게 귀속되는 누적이익을 말한다. KKR이 보고한 감사보고서에는 소수지분을 자기자본으로 분류함으로 자기자본 규모가 훨씬 크게 나타났다. 부채와 자본 중 어느 곳으로 분류하느냐에 따라 부채와 자본의 규모가 달라질 수 있다는 것이다. 2011년부터 2015년까지 자산의 규모가 크게 증가했으며, 자산이 증가하면서 부채 조달은 더욱 증가해 자산대비 부채 비율이 거의 0%에서 25%까지 상승한 것으로 나타났다.

04 / KKR의 비즈니스

① 사모펀드Private Equity

KKR의 주요 사업은 단연 사모펀드 투자 업무이다. LBO시장을 개척한 멤버들이 설립한 사모펀드로서 그 역사와 규모는 단연 세계 최고 중에 하나이다. KKR은 15개국의 20여 개 사무소를 통한 딜소싱을 통해 글로벌하게 투자를 진행하고 있다. 또한, 투자의 규모와 투자 개수에 있어서 '규모의 경제'를 갖추었기 때문에 KKR에 속한 많은 포트폴리오 기업과 그 비즈니스를 활용하여 시너지를 창출할 수 있다.

KKR이 기업을 인수하게 되면 먼저 경험이 많은 숙련된 경영팀을 만들고 본 경영팀과 주주, 즉 본 기업에 투자한 KKR과의 목표를 공유하여 기업가치를 제고하기 위해 노력한다. 인수기업의 경영팀과 투자자인 KKR의 이익을 같게 하고, 과거부터 쌓인 KKR의 내부역량을 통해 전방위적으로 지원하고, 적극적으로 개입함으로 장기적으로 기업가치를 향상시키고자 하는 것이다.

KKR의 사모펀드 투자전략을 살펴보자.

● 기업가치 창출

사모펀드 투자자는 적극적 투자자Active Investors이다. 투자 이후 만기에 약정한 이윤을 기대하는 소극적 투자자Passive Investors와 달리 기업에 투자 후 기업경영에 전사적으로 관여하고, 투자기업의 경영진과의 이해관계를 조정하며, 기업 생산성 향상에 최선을 다해야 한다. 이러한 적극적 관여를 통해 기업가치를 제고하는 결과는 단기에 형성되는 것이 아니므로 사업에 대한 장기적인 관점으로 전략을 수립하고 기획해야 한다.

● 이해관계자 참여

KKR은 펀드에 투자한 투자자LPs들과 투자팀GP, 투자기업의 주요 임직원 등 모든 이해관계자들 간에 정기적으로 미팅을 주관한다. 오랜 시간 동안 본 이해관계자들 간의 소통이 단절된다면 각자의 목표 방향이 조금씩 달라질 수 있을 것이다. 따라서 정기적으로 이해관계자들 간의 미팅을 갖고 회사의 경영과정과 각자의 입장에 대한 소견을 공유하여 목표를 같은 방향으로 조정하는 작업이 필요한 것이다.

● 유능하고 숙련된 투자팀

기업에 투자한 이후 기업의 가치를 제고하는 것은 매우 중요하다. 그러나 기업의 잠재력을 파악하고 투자 대상으로 선별하여 투자하는 것은 더욱 중요할 수도 있다. 이러한 잠재력 있는 유망한 기업을 선별하여 투자하기 위해서는 매우 많은 요소와 역량을 갖춰야 할 것이다. 예를 들어, 해당 산업에 대한 해박한 지식과 통찰력, 그 산업에 속한 기업에 대한 분석력, 그리고 그 기업에 속한 임직원들 간의 네트워크와 딜소싱 능력 등이 그러한 요소가 될 것이다. 더욱이 한 국가의 경제가 글로벌 시대에서 하나의 유기체가 되어 가는 현대사회에서는 매크로적인 분석력 또한 매우 중요할 것이다. 이러한 역량을 갖추기 위해서는 비즈니스와 투자에 대한 오랜 경험, 깊이 있는 학습, 문화에 대한 이해, 그리고 폭넓은 네트워크와 협상력 등을 갖춰야 한다. 사모펀드 투자팀은 이런 유능한 인재들로 구성되어 있다.

● 독점적 딜소싱 능력과 글로벌 네트워크 활용

앞서 언급한바 투자팀은 담당한 산업에 대한 글로벌한 이해와 함께 깊이 있는 지역Local 네트워크를 활용해 다른 경쟁자들보다 더 좋은 기업을 찾아내는 딜소싱 능력을 갖춰야 한다. 다른 경쟁자들도 충분히 찾아낼 수 있는 기업만 발굴한다면 차별화된 수익률을 창출하기 어려울 것이다.

CORE AMERICAS INDUSTRIES	CORE EUROPEAN INDUSTRIES	CORE ASIAN INDUSTRIES
Consumer Products	Consumer & Retail	Consumer Products
Chemicals, Metals & Mining	Energy	Energy & Resources
Energy and Natural Resources	Financial Services	Financial Services
Financial Services	Health Care	Health Care
Health Care	Industrials & Chemicals	Industrials
Industrials	Media & Digital	Logistics
Media & Communications	Telecom & Technologies	Media & Telecom
Retail		Retail
Technology		Real Estate
		Technology

출처: KKR

KKR은 업계에서 가장 오래된 역사를 가진 만큼 숙련된 경험과 투자 팀을 보유하고 있다. 한 기업을 발굴하고 투자하면 투자한 기업에게 보다 넓은 글로벌 시장으로 진출할 수 있도록 다리를 놓아 주는 역할도 매우 뛰어난 역량이며, 기업가치를 제고하기 위한 매우 경쟁력 있는 요소가 될 것이다. KKR은 15개국에 있는 21개의 오피스를 통해 투자기업에 글로벌 역량을 가진 경영진 파견, 새로운 매출처 개척, 재무구조 개선 등을 통해 포트폴리오 기업의 성장을 지원할 수 있는 좋은 경쟁력을 갖추고 있다.

② 부동산 투자

부동산 투자는 KKR의 투자 비즈니스에서 매우 중요한 부문이다. 이전까지는 일반 사모펀드를 통해 부동산에 투자했지만, 2011년부터 부동산 부문을 별도의 조직으로 구성해 2016년을 기준으로 부동산에만 전문적으로 투자하는 투자자 45명을 보유하고 있다.

KKR이 부동산에 투자할 경우 일반적으로 재무적 투자자Financial Investor가 아닌 전략적 투자자Strategical Investor의 입장에서 투자하는 경우가 많다. 그 의미는 단순히 다른 주체가 소싱한 부동산에 일부 투자한 후 만기에 약정 수익을 기대하는 것이 아니라 적극적으로 투자할 부동산을 물색한 후 부동산을 인수하기 위한 자본구조를 수립하고, 해당 부동산을 관리하기 위한 전략까지 수립한다는 의미이다. 부동산 분야에서 이러한 적극적인 투자를 감행하기 위해서 역시 딜소싱 능력과 능숙한 자본구조 수립 능력, 그리고 재무조달이 중요할 것이다.

KKR은 주로 미국에 소재한 쇼핑센터와 오피스에 많이 투자했다. 브로드웨이 몰, 콜로니 센터, 델몬트 센터, 레전드 아울렛 등이 그 예이다. 그리고 파리의 카스텔 프렌치 쇼핑몰, 스페인의 네비스 쇼핑몰, 영국의 퀸즈모트 호텔 등 유럽지역도 포트폴리오에 포함되어 있다. 한국에는 교직원공제회와 함께 광화문에 소재한 K트윈타워 오피스에 2014년 공동으로 투자하기도 했다.

③ 에너지

에너지와 천연자원 또한 사모펀드 투자 대상의 하나로서 KKR이 포함하고 있는 투자영역이다. 특히 에너지와 자원은 해당 국가의 규제와 정부의 정책과 깊게 연관되어 있어 성공적으로 자원을 개발하고 인허가를 취득하기 위해서는 심도 있는 지식과 경험, 그리고 외부 정책자들 및 주요 기관들과 거시적 네트워크가 필수적이다.

KKR은 석유와 가스 개발에 주로 투자한다. 특히 천연가스는 최근 미국에 잠재적인 매장량이 매우 높다는 분석과 함께 다른 화석연료에 비해 이산화탄소를 적게 배출하는 자원이므로 KKR이 좀 더 집중하고자 하는 에너지 분야이다. KKR은 이미 석유와 가스를 생산하는 회사의 지분에 투자하기도 했고, 석유와 가스를 시추하기 위한 프로젝트에도 참여했으며, 자체적으로 별도의 법인을 설립하여 천연가스를 개발하기 위한 사업에 투자하고 있다.

④ 인프라스트럭처

인프라 투자는 주로 도로, 항만, 철도, 통신 네트워크 및 에너지 공급관련 시설 등으로 투자금이 매우 크며, 정부 정책과 맞물려 있다. 또한 투자의 스케일이 큰 만큼 해당 프로젝트의 절차도 매우 복잡하다. 예를 들면, 해당 사업에 대한 수요예측과 기획, 수지분석, 프로젝트의 자본구조 수립, 설계, 필요 설비의 조달, 설계에 따른 건설, 건설 후 운영 등 많은 절차와 많은 주체 간의 이해관계가 얽혀 있으므로 해당 사업을 컨트롤 할 수 있는 능력과 네트워크가 수반되어야 한다.

KKR은 주로 북미와 유럽의 인프라스트럭처에 투자해 왔다. 미국 필라델피아의 무선통신 인프라, 뉴저지의 폐수처리장, 샌프란시스코의 태양광에너지 등이 있으며, 스페인의 신재생에너지와 주차시설, 프랑스의 열 공급 사업 등이 그 사례이다.

⑤ 그 외

KKR은 2012년에 헤지펀드에 투자하는 펀드^{Fund of Hedge Fund} 회사인 프리즈마 캐피탈^{Prisma Capital Partners}을 인수하여 주로 롱·숏 에쿼티, 글로벌 매크로, 부실채권 인수 등에 투자했다.

KKR의 크레딧^{Credit} 사업부는 미국과 런던, 싱가포르 등에 120명의 전문가로 구성되어 주식형 투자가 아닌 대출형태^{debt financing}의 투자사업을 담당하고 있다.

3 / KKR의 펀드 분석

KKR의 펀드를 분석하기 위해 톰슨로이터의 정보서비스 중 사모펀드에 특화된 톰슨원을 사용했다. 먼저 정보서비스에서 제공하는 데이터는 실제 모집단과 편차가 있음을 밝히고자 한다. 정보서비스 업체가 수집 대상의 모든 정보를 취합하기에 한계가 있을 뿐만 아니라, 특히 사모펀드는 공시의무가 없고, 살아남은 펀드만 보고되는 생존편향^{Survivorship Bias}이 존재한다. 다만 정보 업계에서 톰슨원의 공신력에 의존할 경우 정확한 결괏값을 도출할 수는 없으나, 그 추이와 비율은 매우 유의할 것으로 판단되며, 상호 비교함에는 매우 유익한 자료를 제공할 것으로 기대한다.

자료에 의하면 KKR은 1976년에 창립된 이후 본 자료를 추출한 2016년 초반까지 58개의 펀드를 결성했다. 또한, 펀드 누적 결성금액은 117조 원^{$106billion}으로 추정된다.

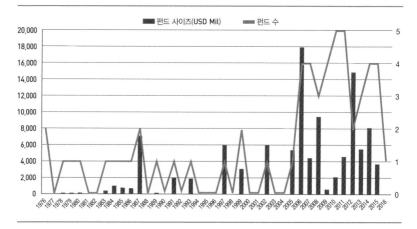

출처: 톰슨원, 엄인수

위의 그래프는 KKR의 40년간 펀드결성 추이를 나타낸다. 주황색 막대그래프는 당해 결성한 펀드 규모이며, 초록색 선형그래프는 당해 결성한 펀드의 개수이다.

최초 설립한 1976년부터 1986년까지는 매해 결성한 펀드 규모가 모두 1.1조 원$1billion 이하이거나 결성하지 못한 경우도 있다. 그러다가 1987년 한 해에만 두 개의 펀드를 결성했고, 결성금액이 7.7조 원$7billion 이 넘는다. 이 해에 바로 KKR이 LBO방식으로 알제이알나비스코를 적대적으로 인수했으며, 이 딜을 위해 KKR은 투자자로부터 6조 원$5.6 billion이 넘는 자금을 조달해 'KKR 1987 Fund'를 결성했고, 레버리지차입를 포함해 22조 원$20billion이 넘는 초대형 딜을 기록했다. 그리고 이 딜은 규모 면에서 2000년대 초반까지 가장 큰 딜로 기록에 남게 되었다. 또한 이 딜로 인해 콜버그가 KKR에서 나오게 된 이유가 되었다. 본 딜에 대한 스토리는 다음 목차에서 더욱 상세하게 소개하도록 하겠다.

그 이후로 KKR은 상당한 기간 동안 저조한 펀드결성 실적을 보였다. 아무래도 나비스코 딜에 대한 손실도 적지 않았으며, 사후관리가 오랫동안 지속된 것이 아닌가 추측된다. 그러다가 10년 후인 1997년에 6.6조 원$6billion에 달하는 펀드를 만들었고, 2000년대에 접어들어 상당히 큰 규모의 펀드들을 결성했다. 특히 2006년 한 해에만 총 20조 원$18 billion의 펀드를 결성해 KKR 역사상 가장 성과가 좋은 한해를 기록했다. 이 해 KKR 역사상 가장 큰 펀드인 'KKR 2006 Fund Private Investors'가 20조 원$17.6billiion으로 결성됐다.

사모펀드사의 포트폴리오 안전성을 평가할 때 'Vintage Year' 15)의 분산을 분석한다. 매해 펀드가 고루고루 결성될수록 사모펀드의 포트폴리오 안전성은 더욱 높다고 할 수 있다. 그런 의미에서 KKR의 포트폴리오는 변동성이 다소 높다고 판단할 수 있다. 1976년부터 2004년까지 펀드를 결성하지 못했던 해도 있었고, 2005년부터 최근까지 많은 펀드가 결성되었지만, 매해의 펀드결성금액 편차가 다소 높아 보인다. 그러나 추이면에서 2005년을 기점으로 매해 빠짐없이 펀드를 결성했다는 것은 KKR이 투자자들에게 상당히 선전했고, 사모펀드의 개척자로서 그만한 저력을 보여 준 것으로 추측된다.

---

15) Vintage Year이란 펀드가 결성된 최초의 해, 즉 해당펀드의 최초 결성년도를 의미한다.

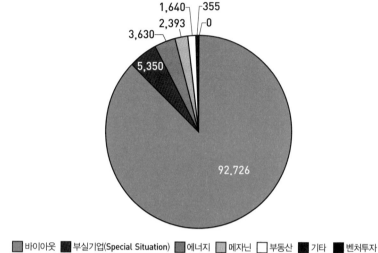

펀드 유형별 모집금액(USD Mil)

1,640 ┐ ┌ 355
2,393 ┐ │ ┌ 0
3,630 ┐ │ │ │
5,350
92.726

■ 바이아웃　■ 부실기업(Special Situation)　■ 에너지　□ 메자닌　□ 부동산　■ 기타　■ 벤처투자

출처: 톰슨원, 엄인수

원형그래프는 KKR의 펀드 유형별 결성금액이다. 사실 유형별 결성
금액보다 유형별 투자금액으로 집계되었다면 더 의미 있는 분석이 도출
될 수 있다. 그 이유는 결성한 금액과 투자한 금액은 다르기 때문이다.
사모펀드운용사를 평가할 때 결성금액과 실제 투자금액을 비교하기도
한다. 결성금액보다 실제 투자한 금액이 큰 경우 운용사의 딜소싱 능력
이 좋다는 뜻이며, 동시에 투자자[LP]들이 펀드에 약정한 금액보다 더 큰
금액을 납입했다는 뜻이다. 반대로 결성금액보다 투자금액이 작을 경
우 딜소싱 능력에 의구심을 가질 수도 있고, 투자자로서는 기회비용을
얻게 되는 셈이다. 그러나 정보서비스 회사가 사모펀드 운용사가 펀드

를 통해 어디에 투자했는지 집계하는 것은 사실상 상당히 어렵다. 사모 펀드 회사가 투자한 것을 일일이 보고나 공시할 이유가 없을뿐더러, 또한 어떤 투자는 은밀하게 행하는 경우도 있기 때문이다.

어쨌든 추출한 데이터를 통해 알 수 있는 것은 KKR은 단연 바이아웃 펀드 부문에서 102조 원$93billion이 결성되어 총 모집금액의 87%를 차지한다는 것이다. 그만큼 바이아웃펀드가 KKR의 포트폴리오에서 가장 큰 비중을 차지한다. 두 번째로 큰 약 6조 원$5.3billion의 부실기업 부문은 부도나 부실징후가 있거나 재무적으로 매우 어려운 기업의 주식이나 채권에 투자하는 영역이다. 메자닌 영역은 2.6조 원$2.4billion으로 2%의 비중을 차지한다. 본 포트폴리오의 비중을 통해 알 수 있는 것은 KKR은 상당히 적극적 투자자Active Investor라는 것이다. 바이아웃과 부실기업 투자는 투자 이후 적극적으로 경영에 간섭하고, 기업가치를 제고해야 하는 영역으로 KKR 포트폴리오에서 90%가 넘는다.

KKR은 창립 이후 58개의 펀드를 결성해 총 117조 원$106billion의 자금을 모집했으며, 381개의 기업에 투자했다. 따라서 한 개의 펀드당 평균 2조 원$1.8billion의 규모로 결성했다. 또한, 한 기업에 투자할 때마다 평균적으로 3,000억 원$281million이 넘는 자금을 집행했으며, 통상적으로 한 개의 펀드에서 6.6개의 기업에 투자한 것으로 계산된다. 그러나 앞에서 언급한 것처럼 투자기업의 개수는 통계상 오류가 있을 경우가 다분해 펀드당 투자기업의 수가 6.6개보다 많고, 한 기업에 투자한 평균금액이 3,000억 원$281miilion보다 낮을 확률이 높다.

4 / KKR 투자 사례
– 20세기 최대의 바이아웃 딜, 알제이알 나비스코

KKR은 1987년 알제이알나비스코^{RJR Nabisco}를 인수하면서 많은 이슈를 만들었다. 첫째, 이 딜의 발단은 KKR의 공동창업자 크래비스의 복수와 사심이 담긴 적대적 인수로 발전(?)되어 딜 규모가 최초의 예상보다 더욱 커지게 되었고, 마침내 2000년도 초반까지 규모가 가장 큰 바이아웃 딜로 M&A 역사에 기록되었다. 둘째, 이 딜로 인해 KKR의 공동창업자이자 크래비스와 로버츠의 사수 격이었던 콜버그가 KKR을 떠나게 되었다. 셋째, 이 적대적 인수에 얽힌 그 배경은 매우 흥미롭고 긴장되기 때문에 본 거래의 스토리를 주제로 한 책이 출간되어 큰 화제가 되었고, 나아가 드라마와 영화로 제작됐다. 다만 저자와 감독은 자본주의의 탐욕을 부정적으로 바라보는 시점이라는 것에서 본 딜은 불명예를 안게 되었다.

먼저 본 딜의 간단한 티저를 살펴보자.

딜의 개요	KKR이 Camel 담배, OREO 과자로 유명한 담배·식품사인 RJR Nabisco를 주식가치 $27.3 billion, 부채가치를 포함해 총기업가치 $32.5 billion에 적대적으로 인수
딜의 시점	1988년 10월 Announce 후 1989년 4월에 완료
인수 펀드	• KKR 1987 Fund • 1987년도에 $5.6 billion의 규모로 결성된 바이아웃펀드

Target 회사	• R.J. Reynolds는 Camel, Salem 등의 담배 제조로 유명한 미국에서 두 번째로 큰 담배회사 • 1985년 OREO로 유명한 식품회사 Nabisco를 인수한 후 RJR Nabisco 로 사명 변경

알제이알나비스코는 미국 뉴욕 맨해튼의 칼리온Calyon빌딩에 본사를 두고 담배와 식품을 제조, 판매하는 미국의 대기업이었으나 지금은 알제이알RJR과 나비스코Nabisco로 나뉘게 되었다.

1875년 리처드 레이놀드Richard Joshua Reynolds는 미국 노스캐롤라이나의 북부 도시 윈스톤 살렘에 자신의 이름을 딴 알 제이 레이놀드R. J. Reynolds의 이름으로 담배회사를 설립했다. 회사는 꾸준히 성장하여 1985년 우리에게 지금의 오레오 과자로 유명한 식품회사인 나비스코를 5.4조 원$4.9 billion에 인수한 후 1986년 알제이알나비스코로 사명을 변경했다.

알제이알나비스코의 이사회는 기존의 제이 윌슨J. Tylee Wilson 대신 1931년생 토론토 대학교 MBA를 졸업한 캐나다인 존슨F. Ross Johnson을 최고경영자로 임명했다. 존슨은 알제이알나비스코가 세계적인 회사가 되기 위해서 노스캐롤라이나의 전원적 풍경을 가진 윈스톤살렘Winston-Salem에서 벗어나 대도시로 나와야 한다고 생각했다. 존슨은 1987년에 이사회 승인을 얻어 아틀란타 북부의 조지아Georgia로 옮겼다. 본사 이전의 영향력은 매우 컸다. 250명이었던 알제이알나비스코의 직원 수가 매출이 성장함에 따라 14,000명까지 성장하게 되었다.

존슨은 실제로 능력자였으며 자수성가한 밀리네어Millionaire였다. 캐나다의 GE^{General Electric}에서 회계담당자로 시작해 몇 년 후 스탠다드기업^{Standard Brands}의 대표가 됐다. 스탠다드 대표로 있던 1981년, 나비스코와 합병을 시도하려고 나비스코의 최고경영자였던 밥^{Bob}과 많은 협상을 벌였으나 쉽지 않았다. 몇 년 후 밥이 나비스코를 떠나자 존슨이 주도권을 쥐기 시작했다. 그리고 나비스코의 이사진을 모두 스탠다드의 이사로 교체했다. 존슨의 경영하에 나비스코는 지속적으로 성장했으며, 1985년 존슨의 시도로 알제이알이 나비스코를 인수하게 됐던 것이다.

알제이알나비스코의 CEO가 되어 직원이 250명이었던 회사를 14,000명의 대기업으로 만든 존슨은 이제 CEO로 만족할 수 없었다. 회사의 주인^{Owner}이 되고 싶었다. 그의 이 야망은 후에 KKR이 알제이알나비스코를 적대적으로 인수하게 하는 씨앗이 되었다.

1988년 존슨은 경영자인수^{MBO} 방식으로 회사의 지분을 취득하기 위해 KKR의 크래비스를 찾았다. 그러나 얼마 후 존슨은 크래비스를 버리고, 리먼브라더스^{Shearson Lehman Hutton}와 손을 잡고 알제이알나비스코를 인수할 기획을 다시 구성하게 됐다. 이를 알게 된 크래비스는 존슨에 대한 깊은 배신감을 느꼈다. 크래비스는 존슨과 리먼브라더스에 맞서 적개심을 품고 적대적 인수전략을 준비하게 되었다. 이 문제로 크래비스의 사수이자 공동창업자인 콜버그와 마찰이 생기기 시작했다. 그러나 눈이 뒤집혀 오직 복수하기만을 고대하던 크래비스의 마음을 돌이킬 순 없었을 것이다. 결국 콜버그는 KKR을 떠났다.

한편 존슨과 손을 잡은 리먼브라더스는 처음에 주당 75달러에 알제이알나비스코를 인수하겠다고 발표했다. 그러나 이 인수 전에는 곧 모건스탠리, 골드만삭스, 살로몬브라더스, 퍼스트보스턴, 웨서스타인 Wasserstein Perella & Co., 포스트만Forstmann Little, 그리고 메릴린치 등 모든 유명한 사모펀드와 투자은행이 참여하면서 불꽃 튀는 세기의 공방전이 되었다. 다급했던 KKR은 리먼브라더스가 불렀던 금액보다 15달러 높은 주당 90달러에 주식공개매수를 선언하며 적대적 인수전으로 방향을 틀었다. 결론적으로 마지막 공모에서 리먼브라더스는 112달러를 제시했고, KKR은 109달러를 제시했다. 그러나 알제이알나비스코의 이사회는 KKR의 제안을 받아들였다. KKR은 주당 109달러를 보장한 반면, 리먼브라더스는 협상에 의해 112달러보다 최종적으로 더 낮아질 수도 있다는 조건이 있었기 때문이다.

결국, KKR이 승리하여 알제이알나비스코를 인수했지만, 너무 고가에 인수한 나머지 '승자의 저주'가 되었다. 거기까지가 아니었다. KKR이 인수한 후에 존슨이 회사에 심어 놓은 지뢰가 있다는 것이 드러났다. 존슨은 알제이알나비스코에서 골든패러슈트Golden parachute라는, 그때까지는 전례가 없었던 조건을 갖고 있었던 것이다. 골든패러슈트는 다른 기업이 회사를 적대적으로 인수하여 경영진이 자신의 의도와 상관없이 물러나게 될 때 회사가 거액의 퇴직금을 지급하게 함으로써 회사의 가치를 떨어뜨리게 하는 보호장치다. 존슨은 알제이알나비스코로부터 1,100억 원$100 million을 받게 되는 조건을 갖고 있었다. KKR이 이 사실을 사전에 알았는지 아닌지는 모르지만 결론적으로 존슨은 660억 원$60 million 이상의 보수를 받은 후 1989년 회사를 떠났다.

이 탐욕의 스토리는 매우 유명해져 브라이언Bryan Burrough과 존John Helyar에 의해 《바바리안게이트; 알제이알나비스코의 몰락》이라는 책으로 출간됐다. 그리고 곧 글렌^{Glenn Jordan}이라는 감독에 의해 영화로까지 만들어지게 되었다.

1999년 알제이알나비스코는 담배회사 소송과 관련하여 담배사업 분야를 분할하게 되면서 사명을 나비스코홀딩스^{Nabisco Holdings Corp.}로 변경했다. 그리고 현재 나비스코의 주주는 10만 명의 직원을 보유한 식품 대기업, Kraft로 알려져 미국에 기반을 둔 다국적 제과 및 음료회사인 몬델레즈 인터내셔널^{Mondelēz International}로 변경되었다.

KKR의 알제이알나비스코 인수 구조

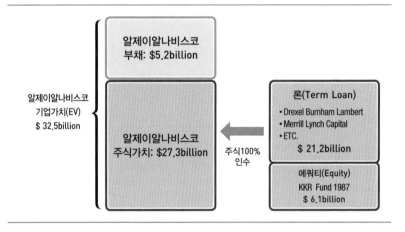

출처: 톰슨로이터, 엄인수

5 / KKR의 성공 요인

전 세계 사모펀드 업계에서 KKR이 선두적 입지를 확보한 것은 당연한 것이지만, 회사가 설립된 지 40년이 지난 현시대에서도 그 입지를 유지

할 수 있는 이유는 분명히 끊임없는 노력 없이는 불가능할 것이다. 다음
은 '과거 5년간 얼마만큼 자금을 모집했는가'를 기준으로 프라이빗에쿼
티인터내셔널Private Equity International이 업체가 순위를 매긴 것이다.

2016년 사모펀드 글로벌 랭킹

THE PEI TOP 10

2016 Rank	2015 Rank	Firm	PEI 300 Five－Year Fundraising Total($m)	Headquarters
1	▲ [4]	The Blackstone Group	$ 59,986.92	New York
2	▲ [3]	Kohlberg Kravis Roberts	$ 35,249.40	New York
3	▲ [9]	Warburg Pincus	$ 28,630.00	New York
4	▲ [8]	Advent International	$ 27,010.37	Boston
5	▼ [1]	The Carlyle Group	$ 25,677.59	Washington, DC
6	▼ [5]	Apollo Global Management	$ 24,131.00	New York
7	▼ [6]	CVC Capital Partners	$ 23,464.04	London
8	▼ [7]	EnCap Investments	$ 21,128.33	Houston
9	▼ [2]	TPG	$ 20,709.00	Fort Worth
10	▲ [12]	Partners Group	$ 18,637.00	Baar-Zug

▲ Higher rank than 2015   ▼ Lower rank than 2015   ◁▷ Same rank as 2015

출처: 프라이빗에쿼티인터내셔널

1위는 블랙스톤그룹으로 과거 5년간 66조 원$60biilion을 조달했다. 2위
는 KKR로 39조 원$35billion을 조달했다. 블랙스톤그룹의 조달금액과 27
조 원$25billion의 차이가 난다. 다음 목차에서 다룰 칼라일그룹은 약 29조
원$26billion을 조달해 5위를 기록했다.

위의 자료가 시사하는 바는 KKR은 여전히 건재한 세계 최고의 사모
펀드 중 하나라는 것이다. 이러한 저력을 갖추게 된 여러 이유가 있겠지

만, 지금까지 살펴본 내용을 토대로 그 성공 요인을 찾아내 보자.

01 / LBO와 사모펀드의 선구자

KKR은 사모펀드 업계에서 여러 가지로 랜드마크를 세웠다.

첫째, KKR의 공동창업자인 콜버그는 베어스턴스에서 근무할 당시였던 1964년에 쥐, 바퀴벌레, 개미 등 사람에게 해로운 곤충과 동물을 박멸하는 방제사업을 영위하는 미국 조지아 주의 오킨컴패니를 대규모 차입금으로 인수해 '최초의 대형 LBO'를 성공시켰다. 그 이후로 그의 사촌 크래비스와 로버츠라는 우군을 얻어 스턴금속, 인컴, 코블러, 톰슨와이어 등 여러 바이아웃 딜을 성공시켰다. 예측하건대 차입 인수의 자본조달 구조 면에서 론을 제공한 금융기관은 대출 조건에 따른 이자와 원금을 상환받았을 것이므로 파이낸싱을 통해 이자수익을 얻었을 것이며, 에쿼티Equity 투자자들은 차입을 통한 기업 인수에서 발생하는 레버리지 효과로 인해 만족할 만한 기대수익률을 얻었을 것이다.

둘째, 1976년 콜버그와 함께 크래비스, 로버츠는 베어스턴스와의 갈등을 겪으며 KKR을 설립하게 되는 계기를 마련했고, KKR은 '최초의 사모펀드운용사'라는 타이틀을 얻게 되었다.

셋째, 1987년 KKR은 알제이알나비스코를 인수함으로 2000년도 초반까지 최대의 바이아웃이라는 기록을 남겼다. 물론 본 딜로 인해 콜버그는 KKR을 떠났고, KKR은 큰 후폭풍을 맞았다. 그럼에도 불구하고 '20세기 최대의 바이아웃 딜'이라는 타이틀을 명목상 얻었으며, KKR은 큰 대형 딜을 수행할 수 있다는 인식을 심게 되었다.

투자업계에서 최초라는 타이틀은 성공 요인에 중요한 역할을 할 것이다. 특히 사모펀드운용업은 투자자 모집이 매우 중요하므로, 투자자들은 이정표적인 딜을 수행한 경험Track Record과 투자자들에게 안겨준 수익률을 보고 KKR과 인연의 끈을 놓지 않았을 것이다. 다만 알제이알 나비스코를 인수한 딜은 KKR이 매우 큰 딜을 수행할 수 있다는 능력을 보여 준 면이 있으나, KKR의 내부 갈등과 결과적으로 투자자들에게 안겨준 수익률로 인해 부정적인 요인이 되었을 가능성이 농후하다. 실제로 1987년에 이 딜을 위해 6조 원$5.6 billion을 조달한 이후로 1996년까지 10년 동안 신규로 조달한 투자금은 통계상 4.4조 원$4 billilon밖에 집계되지 않았다. 그러나 그 시기를 겪은 후 2005년부터 최근까지 꾸준히 대규모의 자금조달에 성공하면서 연속적인 펀드를 만든 것을 볼 때에 사모펀드업계의 개척자로서 그 저력을 충분히 보여 주고 있는 것 같다.

02 / 기업가치 제고

사모펀드운용사는 적극적투자자Active Investor이다. 특히 메자닌투자와 달리 기업의 바이아웃에 초점을 둔 운용사는 더욱 그렇다. 바이아웃 투자자에게 있어 기업에 투자했다는 것은 기업을 인수했다는 의미이다. 기업을 인수하게 되면 인수한 기업의 가치를 제고하기 위해 전사적인 분석과 실행이 수반된다.

KKR은 그 내부에 최초에 기업을 발굴해 투자하는 투자전문가와 함께 기업 인수 시 수반되는 실사 때부터 함께 참여하는 전략컨설팅 담당자들과 산업전문가를 갖추고 있다. 이 팀들은 포트폴리오 기업이 속한 로컬 지역의 사업과 문화를 이해한 후 기업의 매출을 올리고, 원가를 낮춰 수익성을 제고하기 위해 심도 있는 전략을 구성하고, 이사진을 교체하며, 제품의 마케팅과 판매까지 모든 과정에 깊숙이 투입된다.

2002년 KKR은 이 팀들을 KKR 캡스톤이라는 이름으로 설립해 기업의 경영개선을 통해 기업가치를 제고하는 기능을 담당하게 했다. 앞서 언급한바 캡스톤의 목표는 포트폴리오 기업의 가치를 창출한 후 인수한 금액보다 더 높은 가격에 투자자금을 회수하는 데에 있다.

직접적인 인과관계에 대해 밝혀진 것은 없지만, 2002년 캡스톤이 조직된 이후인 2005년부터 KKR의 자금조달 활동은 매우 왕성해졌다. 투자자들에게 자금을 모집할 때에 캡스톤의 역할이 포트폴리오 기업의 가치를 제고함에 신뢰감을 줬을 것이라는 가능성을 결코 배제할 수 없다.

03 / 끊임없는 영역의 확장

KKR의 투자영역은 앞서 살핀 바와 같이 기업의 바이아웃, 부동산 투자, 에너지 분야, 인프라스트럭처, 그리고 헤지펀드 분야이다. 사실 KKR은 후발주자에 비해 다른 영역으로의 확장에 좀 늦은 감이 있다. 부동산팀은 2011년에 45명으로 구성되어 리츠REIT's운용과 함께 쇼핑몰, 오피스, 상업용 거주지 등에 투자하기 시작했다. 헤지펀드 분야도 2012년에 프리즈마 운용사를 인수하면서 롱·숏에쿼티와 글로벌매크로 전략에 투자하기 시작했다. 또한 KKR의 펀드 분석을 통해 살펴본 바와 같이 아직까지는 KKR의 사업 포트폴리오에서 기업 바이아웃 분야가 압도적으로 큰 것으로 판단된다.

그러나 KKR의 최근 펀드결성 추이와 규모를 볼 때, 그리고 2010년도 이후에 새로운 대체투자 영역으로 계속해서 확장하는 것을 볼 때에 KKR의 개척은 지속될 기대감이 든다. 특히 에너지 분야는 주요 정책자 및 정부기관과의 네트워크가 매우 중요한데, 끊임없이 네트워킹을 유지하며 협력을 구축하는 노력은 지속될 것으로 판단된다.

CHAPTER

VI

전략적 사모펀드사 칼라일그룹

THE SUCCESS STORY OF THE GLOBAL FUND

VI

전략적 사모펀드사
칼라일그룹

지금으로부터 과거 10년간 LBO를 통한 기업 바이아웃 분야에서 가장 활발한 행보를 보인 사모펀드회사는 칼라일그룹이다. 칼라일그룹은 펀드의 결성과 운용, 투자 스타일, 포트폴리오 관리 등 여러 면에서 KKR과 매우 다른 행태를 보이고 있다. KKR은 사모펀드의 개척자로서 여러 부분에서 굵직굵직한 랜드마크적인 기록을 남겼다면, 칼라일그룹은 매우 치밀하고, 전략적이며, 포트폴리오운용 측면에서 분산의 중요성을 매우 강조해 온 흔적이 드러난다.

칼라일그룹과 펀드를 분석함으로 그 성공 요인을 살펴보도록 하겠다.

1 / 칼라일그룹의 이해

01 / 칼라일그룹

칼라일그룹Carlyle Group은 1987년 설립된 미국의 글로벌 대체투자 운용사로 세계에서 가장 큰 사모펀드운용사 중 하나이다. 128개의 펀드와 170개의 펀드오브펀드를 통해 190조 원$176billion의 자산을 운용하고 있다. 칼라일그룹은 미국 워싱턴에 본사를 두고, 북미와 남미, 유럽, 중동, 아프리카, 아시아의 22개국에 35개의 오피스를 두고 있으며, 약 1,650명의 임직원이 근무하고 있다.

칼라일그룹의 사무소

출처: 칼라일그룹

칼라일그룹 펀드의 투자자는 개인부터 공공기관에 이르기까지 81개국에 걸쳐 분포하고 있으며, 투자자 수는 약 1,750에 이르고 있다. 개인

자산가부터 가족 부호, 공무원연금과 개인연금 기관, 국부펀드 및 기업 등이 그 투자자들이다.

칼라일그룹의 비즈니스는 크게 기업 바이아웃, 부동산 투자, 글로벌 마켓 전략, 그리고 투자솔루션 부문 등 네 가지로 분류할 수 있다.

① 기업 투자 사모펀드Corporate Private Equity

칼라일은 기업의 경영권을 인수한 후 직접 경영에 참여하는 바이아웃 방식과 향후 매출액이 지속적으로 상승할 것으로 기대되는 성장기업을 위주로 투자한다. 칼라일의 기업 투자 사모펀드는 대륙별로 고루 분포되어 있다. 미국은 물론 유럽, 아시아, 남미, 중동, 아프리카를 아울러 멕시코와 일본에 특화된 바이아웃펀드를 보유하고 있다. 특히 미국에는 중소형 기업을 대상으로 하는 미들마켓Middle Market 바이아웃펀드를 보유하고 있으며, 유럽의 기술 위주 기업에 투자하는 기술펀드, 아시아 성장기업을 중심으로 한 성장주 펀드를 보유하고 있다. 특히 벤처기업에 투자하는 벤처캐피탈 펀드도 많이 보유하고 있어 지역적인 분산뿐 아니라 기업의 성장단계별에 고루 분포되어 있는 치밀함을 보이고 있다.

② 실물자산Real Assets

칼라일은 실물자산 대상은 상당히 광범위하다. 일반적으로 다른 운용사들은 기업 투자 분야 외에 부동산, 인프라스트럭처, 에너지를 각각 구분하지만 칼라일은 신재생 자원을 포함해 이 모든 대상을 실물자산 분야로 아우르고 있다. 그리고 이 실물자산 분야 밑에 지역과 투자 대상 자산이 세분화된 펀드를 보유하고 있다.

부동산은 미국을 중심으로 아시아와 유럽에서 투자하고 있다. 그리고 석유와 가스 부분에서는 남미, 유럽, 아프리카, 그리고 아시아에서 다루고 있다. 전력플랜트 및 관련 분야에 대해서는 주로 북미지역에서 투자하고 있으며, 에너지와 전력과 관련된 기업, 또는 조인트벤처 형태의 프로젝트나 성장 유망한 기업에 대한 펀드를 별도로 보유하고 있다. 인프라스트럭처 부문에서는 주로 미국과 캐나다를 중심으로 사회간접자본SOC과 민간분야와 관련된 프로젝트에 투자하고 있다.

③ 글로벌마켓전략Global Market Strategies

글로벌마켓전략은 기업을 바이아웃하는 일반적인 투자가 아니라 특수한 상황에 놓인 기업이나 구조화된 금융상품, 또는 대출 형태의 파이낸싱 등을 일컫는다. 재무적으로 매우 어려운 상황에 놓인 기업이나 부도 직전까지 몰린 부실기업에 투자하거나, 매출액 성장을 위해 일시적으로 자금이 필요한 기업이 성장하도록 지원하는 메자닌투자, 에너지 부문에서 선순위 대출과 주식 투자 후 부족한 부분을 메워 주는 프로젝트 메자닌투자, 기업의 집단 대출을 담보로 하는 CLOCollateralized Loan Obligation, 특정 자산을 담보로 증권을 발행하는 구조화채권, 그리고 사모사채나 직접 대출까지 매우 다양한 전략을 구사하는 딜에 투자하는 업무를 담당한다.

칼라일그룹에는 45개의 구조화크레딧펀드Structured Credit Fund를 보유하고 있으며, 이 펀드를 통해 구조화자산에 투자하고 있다. 또한, 12개의 파이낸싱펀드Carry and Financing Fund를 보유하고 있어, 중형 기업에 대출을 지원하거나 언급했던 에너지 분야의 메자닌 및 부실채권 투자를 담당하고 있다. 또한, 별도의 헤지펀드를 보유하고 있어 롱숏 크레딧 전략, 원자재 중 메탈 분야에 집중하는 거래, 개발도상국 기업에 투자하는 이머징마켓전략, 그리고 매크로전략을 주로 구사하고 있다.

④ 투자솔루션Investment Solution

투자솔루션 사업은 마치 은행의 PB 역할과 함께 펀드오브펀드와 같은 역할을 담당하고 있다. 대체자산에 대해 잘 알지 못하지만, 대체자산에 투자하고 싶은 투자자들에게 자산관리서비스를 제공한다. 복잡하고 광범위한 대체자산을 투자자의 성향과 수요에 맞는 포트폴리오로 구성해 투자함으로 투자 단위가 매우 커서 일반적으로 접근하기 힘든 사모펀드나 부동산펀드에 투자할 수 있도록 하는 것이다.

투자솔루션 사업은 칼라일그룹이 알프인베스트와 메트로폴리탄을 인수하면서 구성된 사업부이다. 칼라일은 1999년에 설립된 알프인베스트를 2011년에 인수했고, 2013년에 연이어 메트로폴리탄을 인수했다. 칼라일은 이 두 회사를 통해 기업과 부동산에 투자하고 있으며, 투자자산으로는 주로 칼라일그룹에서 직접 운용하거나 계열회사에서 운용하는 상품을 대상으로 하고 있다.

● 사모펀드 솔루션 Private Equity Solution

칼라일은 '알프인베스트'란 별도의 계열사를 통해 투자자들이 투자 단위가 매우 큰 사모펀드에 투자할 수 있도록 해 준다. 알프인베스트는 네덜란드의 암스테르담에 본사를 두고 미국에

는 뉴욕과 인디아나폴리스, 아시아는 홍콩 사무소를 통해 담당하고 있으며, 총 60명의 투자전문가를 포함해 125명의 직원으로 구성되어 있다.

알프인베스트의 운용자산은 50조 원$39 billion에 달한다. 이 운용자산으로 250개에 달하는 사모펀드에 투자하고 있으며, 펀드는 주로 기업의 바이아웃펀드, 벤처캐피탈, 성장주펀드, 에너지 소재나 에너지 관련 상품, 메자닌펀드, 그리고 부실기업 투자펀드로 구성되어 있다.

● 부동산 솔루션 Real Estate Solution

부동산 부문은 '메트로폴리탄'을 통해 자산관리서비스를 영위하고 있다. 메트로폴리탄은 칼라일그룹이 2013년에 인수한 부동산 전문 투자기업으로 85명의 펀드매니저들로 구성되어 있다.

메트로폴리탄의 운용자산은 알프스인베스트에 비해 상대적으로 많이 적은 2조 원$1.8billion 수준에 달하며, 미국을 중심으로 전 세계에 고루 분포된 26개의 부동산 사모펀드에 투자하고 있다. 그리고 이 사모펀드들은 주로 미국, 유럽, 아시아, 남미에 소재한 부동산에 투자하고 있다.

02 / 칼라일그룹의 연혁

① 1987년, 칼라일 설립

칼라일은 1987년 M&A부띠끄 16)로 시작했다. 최초 공동창업자는 MCI

---

16) 중소형 기업의 인수나 합병의 자문을 주요 사업으로 하는 M&A 중개회사

의 CFO인 윌리엄과 매리엇 회사에서 함께 근무했던 스테판과 다니엘, 워싱턴 법무법인에서 변호사 활동을 하던 데이빗, 그리고 금융 분야에서 근무한 그레그, 이렇게 다섯 명이었다. 이들은 다른 회사와 개인 투자자로부터 55억 원$5million의 자금을 끌어모았고, 이것이 칼라일의 자본금이 되었다. 다만 그레그는 칼라일이 만들어진 그해에 바로 칼라일을 떠났고, 스테판은 1995년에 칼라일을 떠났다.

칼라일이란 이름의 근원은 사실 매우 엉뚱한 듯하다. 새로운 비즈니스를 기획하기 위해 데이빗과 스테판이 주로 만나던 장소가 뉴욕에 있던 칼라일 호텔인데, 칼라일은 바로 이 호텔 이름에서 비롯되었다. 지금의 세계 최대의 사모펀드회사 칼라일이란 이름은 투자업계 분야에서 매우 근엄하고 프리미엄이 더해진 느낌인 데 반해, 최초에 창업자들이 모여서 새로운 비즈니스를 얘기하다가 '우리 회사 이름은 이 호텔 이름으로 하는 것이 낫겠군.' 하며 결정한 배경은 매우 흥미로운 소재이다.

② 1990년대 초기, 첫 번째 펀드결성

칼라일은 최초에 LBO 투자를 위해 딜바이딜deal-by-deal 형태로 자금을 조달했다. 개별 투자 건들이 서서히 쌓이고 투자실적이 생기면서, 칼라일이 설립된 지 3년 만에 비로소 투자자들로부터 1,100억 원$100million의 투자 약정을 이끌어 내면서 칼라일의 첫 번째 바이아웃 펀드인 'Carlyle Partners I'을 결성할 수 있었다. 펀드결성과 함께 1991년에는 사우디의 한 로열패밀리의 6,000억 원에 육박하는 투자를 포함해 인수합병 자문까지 계속해서 병행했다.

칼라일이 투자에서 처음 명성을 얻은 분야는 방위산업 분야이다.

1992년 군사 전기 시스템 제조사인 GDE의 전장 부분을 인수한 후 1994년에 트랙터라는 회사에 좋은 가격에 매각했고, 1993년에는 필립스로부터 군사 통신 시스템 부분을 인수한 후 1995년에 다른 회사에 매우 큰 차익을 남기고 매각했다. 칼라일의 가장 큰 투자는 1997년 방산업체인 UDI(United Defense Industries)를 9,400억 원$850 million에 인수한 것이었다. 그리고 2001년 UDI를 미국 증권거래소에 성공적으로 상장시키면서 상당한 투자차익을 남겼다. 방산 분야 투자로 첫 명성을 얻은 칼라일은 2000년대에는 방산 분야 투자에 그리 집중하지 않는 투자 행보를 보이고 있다.

③ 1990년대 후반, 지역별 · 섹터별 본격적인 확장 시작

칼라일의 사업 확장은 매우 조심스러우면서도 전략적이면서 치밀한 전개를 보이고 있다. 미국에서 투자와 펀드결성에 연속적으로 성공하면서, 칼라일이 설립된 지 10년 후부터 본격적으로 투자영역을 넓히기 시작했다.

1997년 미국에서 성공적인 바이아웃투자를 토대로 유럽에서 바이아웃투자를 시작하기 위해 유럽의 가장 요지인 런던과 파리, 뮌헨에 사무소를 설립했다. 그와 동시에 미국에서는 같은 기업 투자이지만 투자 대상의 발굴과 투자 방법이 많이 다른 벤처투자 업무와 부동산 투자 사업을 시작했다.

1998년에는 투자 포트폴리오를 아시아 지역까지 넓히기 위해 홍콩에 사무소를 두고 투자사업을 시작했으며, 벤처투자와 부동산 투자뿐만 아니라 좀 더 리스크가 높은 자산을 포함하기 위해 미국에 하이일드

High Yield팀을 구성했다. 그리고 미국에서 벤처투자를 시작한 지 2년 만에 1999년 유럽에서 벤처투자를 시작했으며, 아시아에서는 2000년부터 벤처기업에 투자하기 시작했다. 또한 미국에서 부동산 투자실적이 쌓이기 시작하면서 2001년 유럽에서, 2002년에는 아시아에서 부동산 투자를 시작했다.

기업 투자와 투자의 접근 방법이 상당히 다르고, 또한 전문적인 지식이 요하는 에너지 부문을 포트폴리오에 포함시키기 위해 칼라일은 리버스톤Riverstone과 조인트벤처를 설립했다. 리버스톤은 뉴욕에 소재하여 에너지와 전력산업에 주로 투자하는 사모펀드 회사로 골드만삭스의 에너지 부문에서 근무했던 피에르와 데이비드가 설립했다.

이와 같이 칼라일그룹이 분야별로, 지역별로 그 투자영역을 넓히는 방법은 매우 치밀하다. 먼저 미국 본토에서 새로운 분야에 투자를 실험적으로 시행한 후 투자실적이 생기면 이것을 지역적으로 넓혀 가는 매우 치밀한 전략을 보이고 있다.

④ 2000년대 채권 투자와 실물자산 영역 확장

지금까지 주식Equity 부문에 투자하는 것에 주력을 두었다면, 2000년도 초 · 중반에는 채권 부문으로 그 영역을 넓혔다. 칼라일은 2003년부터 메자닌투자와 부실기업에 투자하기 시작했고, 2004년에는 유럽지역에 구조화채권 투자를 시작했다. 메자닌투자는 일반적으로 기업의 경영에 관여하기보다 성장단계에 있는 기업에 주로 주식전환권이 부여된 채권 형태로 투자해 이자수익을 받다가, 기업이 크게 성장하면 주식으로 전환하여 시세차익을 얻는 투자방식이다. 또한 부실기업 투자는 주식의 가치가 매우 떨어져 채권단에게 기업 경영의 주도권이 넘어갈 때 채권을 할인된 가격에 인수한 후 기업이 정상적인 궤도에 들어서면 큰 차익을 얻는 투자방법으로, 기업가치 제고에 대한 노하우 없이는 접근하기 힘든 영역이다.

2006에는 인프라스트럭처팀을 구성해 부동산 실물에서 부동산개발 프로젝트 투자로 그 영역을 넓혔으며, 2007년에는 중동과 아프리카 지역까지 포트폴리오 대상에 포함시켰다.

⑤ 2010년대 인수를 통한 사업 확장

지금까지는 전략 수립 후 칼라일 자체적으로 사업을 기획하고 확장했다면, 2010년도 이후에는 다른 운용사들을 본격적으로 인수하기 시작했다.

2012년 두개의 헤지펀드로 약 7.7조 원$7billion을 운용하던 클라렌 자산운용사Claren Road를 인수하면서 롱 · 숏크레딧전략을 구사하기 시작했다. 같은 해에 7개의 헤지펀드를 통해 3.3조 원$3billion을 주로 개발도상국Emerging Market에 투자하던 이머징그룹Emerging Sovereign Group을 인수했다. 또한, 중소형 기업에 주로 대출형태로 투자하는 처칠파이낸셜 Churchill Financial을 인수했다. 특수 분야의 금융기관들을 인수하면서 현재 칼라일의 주요 사업 분야로서 대출형태로 투자하는 글로벌마켓전략 Global Market Strategies 사업이 성장하게 되었다. 또한, 2011년에 네덜란드에 소재한 사모펀드사 알프인베스트와 2013년 부동산 에쿼티 분야에 주로 투자하는 메트로폴리탄을 인수하면서 칼라일의 투자솔루션Investment Solution 부문을 구축하게 되었다.

칼라일그룹은 2012년 5월 약 8,000억 원의 유상증자에 성공하면서 기
호^Ticker 'CG'로 미국 나스닥시장에 상장했고, 현재는 세계 최대의 사모
펀드운용사 중 으뜸으로 견고하게 자리매김을 하고 있다.

03 / 칼라일그룹의 Market Data와 재무 정보

최근 칼라일그룹의 주가는 15.9달러로 총 8,100만 주의 주식을 발행해
약 5.5조 원의 시가총액을 형성하고 있다. 2년 전과 비교하면 주가가 반
토막이 났다.

칼라일그룹의 Market Data

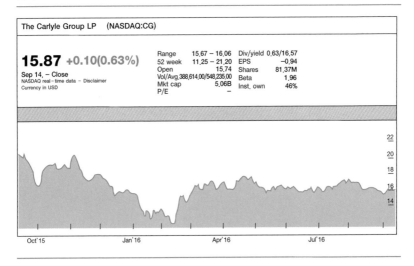

출처: 구글파이낸스

현재 운용자산 규모는 190조 원^$176billion으로 2014년의 운용자산 규모
220조 원^$200billion에 비해 30조 원^$24billion 줄어든 것과, 2015년 영업손실

을 기록한 것, 그리고 최근 1년간 사모펀드운용사의 주가가 전체적으로 하락하게 된 요인이 작용한 것으로 추측된다.

칼라일그룹의 주요 손익지표 추이

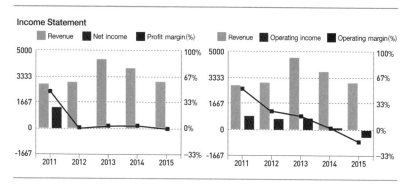

칼라일의 영업수익은 2013년 4.8조 원 $4.4billion을 정점으로 2014년 4.3조 원 $3.9billion, 2015년 3.3조 원 $3.0billion까지 크게 하락했다. 영업수익은 운용하는 펀드 규모와 높은 상관관계를 보이고 있다.

영업손익은 2012년부터 2015년까지 각각 7,500억 원$682million, 8,200억 원$747million, 1,200억 원$105million, 그리고 마이너스 5,000억 원$462million을 기록했다. 2013년에 정점을 찍고 지속적으로 하락하다가 2015년에는 적자를 기록했다. 그러나 영업외이익으로 구분되는 자기자본 운용에서는 큰 이익을 냈다. 본 손익을 포함하면 세후 기준으로 2012년부터 2015년까지 차례대로 2.6조 원$2.4billion, 1.4조 원$1.3billion, 1조 원 $0.9billion, 그리고 4,400억 원$0.4billion을 기록했다.

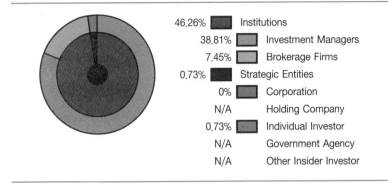

46.26%	Institutions
38.81%	Investment Managers
7.45%	Brokerage Firms
0.73%	Strategic Entities
0%	Corporation
N/A	Holding Company
0.73%	Individual Investor
N/A	Government Agency
N/A	Other Insider Investor

출처: 톰슨로이터

　칼라일그룹의 주요 기관 투자자는 배론캐피탈, 오쿠무스펀드, 모건 스탠리, 골드만삭스, UBS를 포함해 뮤추얼펀드와 증권사 등으로 칼라일그룹 지분의 46%를 넘게 보유하고 있다.

04 / 칼라일그룹 설립자

① 다니엘 다니엘로

다니엘Daniel A. D'Aniello은 칼라일그룹의 공동창업자이자 현재 칼라일그룹의 회장이다. 1946년 미국 펜실베이니아 출신으로 펜실베이니아에 있는 버틀러 고등학교를 졸업한 후 1968년 뉴욕 주에 있는 시라큐스대학을 졸업했다. 특히 다니엘은 대학 재학 시절에 학업성적이 월등한 학생들에게 주어지는, 마치 명예의 전당과도 같은 베타감마시그마Beta Gamma Sigma의 멤버가 되었다. 그리고 1974년에는 하버드 경영대학에서 MBA를 취득했다.

다니엘은 그의 직장 초기에 펩시와 트랜스월드항공사에서 재정 부문을 담당했다. 그 후 지금은 매리엇호텔로 유명한 매리엇 코퍼레이션의 재무기획팀에서 근무했다. 매리엇은 푸드시스템 사업부터 시작해 병원, 레스토랑 체인 사업, 호텔, 테마파크 등 주로 고객들에게 서비스를 제공하는 다방면의 사업을 영위하는 회사였다. 이렇게 여러 사업을 다루고 있는 매리엇의 재무기획팀에서 다니엘이 맡았던 역할은 M&A 가치평가, 회사분할, 회사채 및 주식 발행, 프로젝트 파이낸싱 업무였다. 즉 매리엇의 사업상 다니엘은 여러 분야의 기업을 검토할 수가 있었고, 또한, 호텔, 테마파크 등 부동산과 부동산 프로젝트를 다룰 수가 있었다. 업종상 투자회사에서 근무한 경험은 없지만 직종상 사모펀드에서 필요한 모든 부분을 매리엇에서 이미 수행했던 것이다. 그는 1987년 윌리엄과 데이빗과 함께 칼라일을 설립하면서, 칼라일그룹의 역사를 시작했다.

② 윌리엄 컨웨이

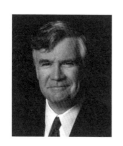

윌리엄William E. Conway, Jr은 칼라일그룹의 공동창업자이다. 현재 데이빗과 함께 칼라일그룹의 공동최고경영자이자 글로벌사모펀드 및 글로벌마켓전략 부문의 투자책임자CIO를 맡고 있다.

1949년 미국 출생인 그는 뉴햄프셔 주에 소재한 아이비리그 중 하나인 다트머스대학교를 졸업한 후 시카고대학 경영대학원Booth School of Business에서 MBA를 취득했다.

1971년, 그의 첫 직장은 1863년에 설립된 시카고은행First Chicago Bank
이었다. 참고로 시카고은행은 18세기 당시에는 미국에서 가장 컸던 디
트로이트은행과 1995년에 합병했고, 1998년에는 뱅크원과 합병했으며,
뱅크원은 2004년 제이피모건에게 인수되었다. 윌리엄은 시카고은행에
서 기업금융, 대출, 워크아웃 등 여러 포지션을 담당하다가 1980년도
에 퇴사했다. 그리고 1981년에 미국 통신회사 중 하나였던 엠씨아이MCI
Communications에서 CFO직을 담당하다가 1987년 퇴사 후 다니엘과 데이
빗과 함께 칼라일그룹의 창업에 나서게 되었다.

③ 데이빗 루벤스타인

데이빗David M. Rubenstein은 다니엘, 윌리엄과 칼라
일을 창업하기 전에 변호사로 활동한 법조인이다.
1949년 미국 발티모어의 유대인 가정에서 태어난
그는 1970년 노스캐롤라이나에 소재한 듀크대학
교를 우등생으로 졸업하고, 1973년 시카고대학교
에서 법학을 전공했다.

1973년 그의 첫 직장은 뉴욕에 소재해 M&A, 사모펀드, 채권, 구조
조정 등 자본시장을 전문으로 담당하는 폴웨이스 법무법인Paul, Weiss,
Rifkind, Wharton & Garrison이었으며, 이곳에서 3년간 변호사로서의 기초실
무를 다질 수 있었다. 그 후 1975년부터 미국 상원 법률위원회의 분과위
원회에서 헌법을 개정하기 위한 법률 고문을 역임했다. 2년 후 1977년
그는 한 단계 더 나아가 미국 대통령 카터의 임기 때에 백악관에서 미국
정책에 대한 법률제정 참모를 역임했다. 아마도 그 시절 미국의 높은 관

료들과 좋은 네트워크 기반을 마련했을 것이라 예측이 되며, 5년간의 공직생활을 마친 후 일반 법무법인에서 변호사로 활동하다가 1987년 칼라일 창업에 함께 나선 것이다.

데이빗의 유년 생활은 유복하지 않았다. 그는 아버지가 우체국에서 열심히 일해 버는 월 60만 원의 소득으로 어머니와 함께 생활했다. 그것이 그의 인생에 아주 좋은 자산이 되었는지 현재 3조 원에 달하는 자산가인 데이빗은 여러 분야에 기부금을 후원하며 자선단체를 돕고 있다.

한편 그에게 가장 후회가 될 만한 일은 페이스북의 창업자 마크주크버그가 하버드 대학을 중퇴하기 전에 만나자는 제안을 받았는데, 그 제안을 거절했던 것이 가장 후회가 된다고 언급했던 적이 있다.

2 / 칼라일그룹의 포트폴리오 분배와 역량

칼라일그룹의 운용자산 규모는 2005년 44조 원$40billion에서 20014년 220조 원$200billion까지 급속도로 증가했다. 10년 동안 500% 성장, 단순 계산으로 매년 50%씩 증가했다.

장기간에 걸쳐 지속적으로 운용자산이 증가했다는 것은 투자자로부터 성공적으로 자금을 유치했다는 것이며, 투자자의 자금을 유치하기 위해서는 과거 투자자의 자금으로 좋은 운용실적을 내어 투자자가 만족할 만한 수익을 채워 줬다는 것이다. 또한, 앞으로도 전략적인 운용을 통해 투자자에게 만족할 만한 수익을 안길 것이라는 신뢰를 형성했기 때문이다. 실제로 칼라일그룹은 다른 사모펀드운용사에 비해 매우 다양한 투자자 고객 기반을 형성하고 있다. 다만 최근 2년간의 운용자산 규모는 감소 추세에 있고, 영업수익과 주가가 그와 높은 상관관계를 보이고 있다.

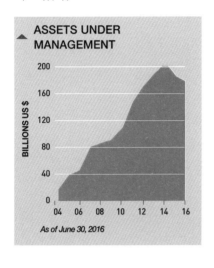

칼라일그룹의 연혁에서 짚어 보았듯이 칼라일그룹은 사업에 있어 매우 치밀하고 전략적으로 확장해 나가고 있으며, 그러한 전략이 포트폴리오의 자산분배에서도 보이고 있다. 칼라일그룹의 사업은 크게 네 가지 부문으로 사모펀드, 실물자산, 글로벌마켓, 투자솔루션으로 형성되어 있다. 칼라일그룹은 2016년 기준 운용자산 193조 원$176billion의 재원을 사모펀드에 64조 원$58billion, 실물자산에 40조 원$37billion, 글로벌마켓에 38조 원$35billion, 투자솔루션에 51조 원$46billion씩 배분했다. 비율로 따지면 순서대로 33%, 21%, 20%, 25%로 구성되었다.

사모펀드운용사의 가장 전형적인 기업 투자에 33%, 기업 투자와 상관관계가 낮아 투자의 분산효과가 드러나는 부동산, 에너지, 인프라스트럭처와 같은 실물자산에 21%, 일반 기업 투자보다 위험도가 좀 더 높은 부실기업과 구조화자산 등의 특정 섹터 분야에 20%, 그리고 펀드오브펀드의 역할과 같은 투자솔루션에 25%를 분배함으로써 그룹의 투자자산을 매우 균형 있게 운용하는 모습을 보이고 있다.

1987년 작은 M&A부띠끄로 시작한 칼라일이 거의 30년이 지나 세계 최고의 사모펀드운용사로 성장하는 데 중요한 네 가지의 핵심 역량은 다음과 같다.

01 / 네트워크^{Reach}

칼라일은 6개의 대륙에 걸쳐 22개국에 35개의 오피스를 보유하고 있으며, 1,700명의 임직원이 근무하는데, 이 중 700명은 투자전문가이다. 그리고 투자전문가들은 경영위원회 산하에 있다. 칼라일의 경영위원회에는 16명이 구성하고 있다. 공동창업자 3명을 포함해 운영책임자와 CFO, 그리고 11명의 경영이사로 있다. 참고로 11명의 경영이사에는 한국인 이규송 이사도 포함되어 있다. 그는 사모펀드 부문의 투자책임자이자 글로벌마켓전략 부문의 총책임자이다. 칼라일 뉴욕지사에 근무하면서 두 사업 부문의 투자활동과 운용을 담당하고 있다.

이렇게 경영위원회는 칼라일그룹의 투자와 관리 부문에 대한 책임과 함께 전략을 수립하여 칼라일그룹을 경영하고 있다. 그리고 700명의 투자전문가는 이 경영위원회의 산하에서 경영위원회가 수립하는 큰 틀의 전략에서 각자 속한 해당 분야에서 투자활동을 한다.

칼라일그룹이 강조하는 것은 하나의 칼라일이다. 700명 각자가 담당하는 지역과 투자 분야가 모두 정해져 있을지라도, 지역과 산업, 그리고 펀드 간에 서로 협조하는 것을 매우 중요하게 생각한다. 이러한 협조는 특히 딜소싱이나 기업가치의 제고에서 매우 중요하다. 요즘 같이 글로벌화되어 가는 국제정세 속에 한 기업은 그 기업이 속한 지역에서만 경영하는 것으로 기업가치를 크게 제고하기는 어렵다. 22개국 35개의 오피스에 두루 포진한 700명의 전문가가 하나의 네트워크를 형성하게 되면 지역 간, 산업 간 딜소싱 범위는 물론 투자한 기업들의 사업 영역을 크게 넓힐 수 있는 기회를 제공하게 된다.

02 / 전문성Expertise

세계적인 사모펀드운용사에서 투자를 담당하는 전문가들의 자격 요건은 상당히 높은 수준에 달한다. 학력뿐만 아니라 해당 분야에 상당한 경험을 갖고 있어 문제해결 능력에 대한 높은 분석력을 요구한다.

칼라일그룹에서 투자를 담당하는 전문가들의 프로필을 보면, 해당 지역에서 최고 수준에 이르는 대학을 졸업한 후 세계적으로 유명한 대학의 MBA를 취득한 전문가들을 많이 볼 수 있다. 뿐만 아니라 칼라일에 입사하기 전에 세계적으로 유명한 투자은행IB이나 사모펀드에서 오랫동안 일을 했거나 관련 직종 또는 프로젝트에서 일했던 경험을 갖고 있다. 투자 업무를 위한 충분한 분석 능력과 기본적인 소양을 다진 후에 실무에서 직접 딜을 경험하고 업계에서 네트워크를 보유한 후에 칼라일그룹에서 일을 할 수 있다. 이러한 경험과 실력으로 자신이 담당하는 분야에서 매우 깊이 있게 기업이나 프로젝트를 검토할 수 있으며, 앞에 놓여진 문제를 해결할 수 있는 능력과 전문성을 보유한 것이다.

아래는 칼라일 뉴욕지사에서 근무하고 있는 투자전문가 중에 무작위로 4명을 선정하여 조사한 프로필(이름, 담당, 학력, 경력)이다.

데이빗 알버트 David W. Albert

- 글로벌마켓전략팀에서 에너지 메자닌투자 담당
- 펜실베이니아 대학교 경제학 학사, 펜실베이니아 경영대학원 와튼스쿨 MBA
- 살로몬브라더스 증권사 M&A 업무
- 모건스탠리에서 12년간 프로젝트 및 구조화금융 총책임

크리스틴 Kristen Ankerbrandt

- 사모펀드 팀, 미국 바이아웃 중 기술 · 통신 · 미디어 담당
- 콜롬비아대학교 경제학사, 하버드대학교 경영대학원 MBA
- 뉴욕 소재 사모펀드 버크먼운용사 Bruckmann, Rosser, Sherrill & Co 애널리스트
- 골드만삭스 애널리스트

제임스 앤더슨 James D. Anderson

- 실물자산팀에서 인프라스트럭처 담당
- 코네티컷 대학교 경제학사, CFA 자격증 보유
- Park Water 지주사인 웨스턴홀딩스 Western Water Holdings 매각 프로젝트

아니타 Anita Balaji

- 사모펀드 팀, 미국 바이아웃 중 소비재 · 유통 담당
- 웰슬리대학교 Wellesley College 수학 전공, 하버드대학교 경영대학원 MBA

- 뉴욕 소재 사모펀드 버만캐피탈^{Behrman Capital} 근무
- 골드만삭스 소비재 · 유통 부문 M&A 담당

03 / 데이터^{Data}

칼라일은 투자한 포트폴리오에 대한 데이터를 정확하게 분석하고 있다. 최근일 기준 275개의 투자기업과 250개의 투자부동산에 대해 실시간으로 실행 가능한 데이터를 유지하고 있다. 사모펀드는 비상장기업, 또는 부동산에 투자하므로 상장주식에 투자하는 뮤추얼펀드처럼 매일매일 종가를 산출하는 것이 어렵다. 특히 부동산의 경우 부동산 가격이 산출되는 시간적 간격이 매우 커, 정확한 가치를 반영하기 위해서는 새로운 조사가 필요하다. 이는 비상장기업도 마찬가지이다.

칼라일그룹은 투자한 포트폴리오의 운영 방안과 매각 시점을 잘 포착하기 위해 포트폴리오의 통계를 매우 잘 유지하고 있다. 이는 칼라일그룹의 포트폴리오 분배비율에서도 잘 드러나는 부분이다. 기업이 어디에 얼마만큼 투자하고 있는지 늘 모니터링하고, 투자위험을 주시하며, 적절한 분산을 유지한다는 것은 리스크 관리에 상당한 노력을 기울이고 있음을 보여 주는 대목이다. 칼라일의 자산분배 비율, 포트폴리오 자산가치의 올바른 측정과 통계유지, 그리고 전략적인 신규 사업 확장의 연혁을 고려해 볼 경우 칼라일그룹은 데이터로 철저하게 경영을 관리하고 있음을 보여 주고 있다.

칼라일그룹은 28명으로 구성된 경영자그룹을 보유하고 있다. 경영자그룹이란 40년 이상 기업의 경영에 관여하여 상당한 경륜을 보유한 컨설턴트 집단을 얘기한다. 이 그룹은 KKR의 캡스톤 조직과 비슷한 역할을 하고 있다. 다른 점이 있다면 캡스톤 조직은 KKR의 정직원으로 이루어진 반면, 칼라일은 본 경영자그룹에 속한 28명의 전문가를 정직원으로 두지 않는다는 것이다. 이들은 대부분 기업에서 오랫동안 경영에 관여한 사람들로 구성되어 있다.

경영자그룹은 딜소싱부터 관여하기 시작해 투자팀이 투자 대상을 실사할 때부터 관여하기 시작해, 기업의 경영 및 투자회수까지 전 과정에 걸쳐 관여하고 있다. 이를 통해 칼라일그룹이 보유한 펀드의 투자수익률을 높이는 데 상당한 기여를 하고 있다.

칼라일그룹의 역량

THE CARLYLE EDGE

REACH
One Carlyle
Global Network

EXPERTISE
Deep Industry
Knowledge

VALUE
CREATION

DATA
Portfolio
Intelligence

IMPACT
Executive
Operations
Group

출처: 칼라일

3 / 칼라일그룹의 펀드 분석

칼라일그룹의 펀드를 분석하기 위해 마찬가지로 톰슨원 정보서비스를 이용했다. KKR과 마찬가지로 칼라일그룹이 실제로 운용한 펀드의 모집단과 편차가 발생할 수 있음을 미리 밝혀 두는 바이다. 그러나 그 추이와 비율을 파악함에는 많은 도움이 될 것이다.

톰슨원에서 추출한 자료에 의하면, 칼라일그룹은 1987년 이후 2016년 상반기까지 총 143개의 펀드가 검색되었다. 누적 펀드결성 규모는 160조 원$144.7billion에 달하며, 통계상 817개의 기업과 프로젝트에 투자한 것으로 집계되었다.

본 자료를 토대로 하면 펀드 한 개당 결성 규모는 정확하게 1.1조 원$1billion이며, 한 개의 펀드에서 평균적으로 5.3개의 프로젝트에 투자했다. 또한, 한 개의 프로젝트 당 투자된 금액은 1,900억 원$177million으로 KKR의 평균투자금액 3,000억 원$281million보다 거의 40% 작다.

KKR의 경우 펀드당 결성 규모가 2조 원$1.8billion이며, 한 프로젝트에 투자한 평균금액이 3,000억 원$281millon임을 감안하면 칼라일그룹은 KKR에 비해 규모가 작은 펀드들을 여러 분야에서 많이 결성했다는 것이며, 더욱 많은 기업에 고루고루 투자함으로 더 큰 분산효과를 가졌다는 뜻이다.

칼라일그룹의 펀드결성 추이

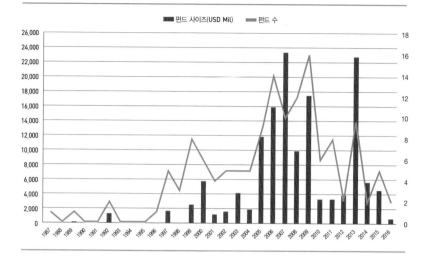

출처: 톰슨원, 엄인수

칼라일의 창업자들은 KKR의 콜버그나 크래비스처럼 과거 LBO에 능숙했던 투자자들이 아니었다. 1987년 M&A부띠끄로 그 업무를 시작한 이후 1996년까지의 펀드결성 성적은 그리 좋지 않았다. 창립 이후 10년간 3개의 바이아웃펀드와 3개의 초기기업펀드로 총 6개의 펀드를 결성했으며, 결성금액은 2.3조 원$^{2.1billion}$이었다. 그러나 1996년부터 최근까지 한 해도 빠지지 않고 매해 펀드를 결성하는 경이로운 기록을 보이고 있다. 특히 1997년에는 펀드당 3,700억 원^{342million}의 규모로 조성하기 시작해 매해 꾸준히 증가하다가 2006년 1.2조 원$^{1.1billion}$, 2007년 2.5조 원$^{2.3billion}$을 기록하면서 펀드결성 성적이 크게 향상되었다.

또한, 1997년부터 서브프라임 모기지사태가 발생했던 2000년대 후반까지 펀드결성 수와 펀드결성 규모가 기하급수적으로 증가했다. 그 후 2010년부터 2012년까지 3년간 잠시 주춤했다가 2013년에는 총 10개의 펀드를 조성해 25조 원$23billion이 넘는 투자를 이끌어 냈다.

칼라일그룹의 산업별 투자 비중

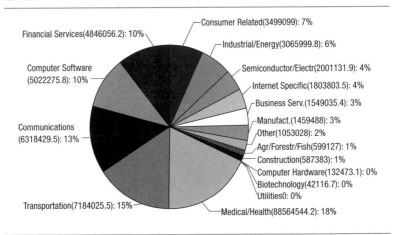

- Consumer Related(3499099): 7%
- Financial Services(4846056.2): 10%
- Industrial/Energy(3065999.8): 6%
- Computer Software (5022275.8): 10%
- Semiconductor/Electr(2001131.9): 4%
- Internet Specific(1803803.5): 4%
- Business Serv.(1549035.4): 3%
- Communications (6318429.5): 13%
- Manufact.(1459488): 3%
- Other(1053028): 2%
- Agr/Forestr/Fish(599127): 1%
- Construction(587383): 1%
- Computer Hardware(132473.1): 0%
- Biotechnology(42116.7): 0%
- Utilities0: 0%
- Transportation(7184025.5): 15%
- Medical/Health(88564544.2): 18%

출처: 톰슨원

포트폴리오 기업의 산업 분야는 상당히 고루고루 분포되어 있다. 헬스케어 및 의약 부문이 18%로 가장 크며, 수송 부문 15%, 통신 부문 13%, 소프트웨어 10%, 금융 부문 10%의 순서로 포트폴리오를 구성하고 있다. 그 외에 소비재, 에너지, 반도체, 인터넷, 제조, 농업, 건설 등 폭넓게 투자하고 있다. 여기서도 칼라일그룹이 특정 산업에 치우치지 않고 전 분야에 걸쳐 전략적으로 포트폴리오 분산을 관리한다는 것을 알 수 있다.

펀드의 유형은 바이아웃투자가 57조 원$52billion으로 전체 펀드의 36%를 차지하고 있다. 참고로 KKR은 바이아웃 분야가 111조 원$93billion으로 전체 펀드의 87%를 차지했다. 바이아웃 다음으로 부동산, 벤처투자,

에너지 분야가 22조 원$20billion, 부실기업 투자가 20조 원$18.5billion으로 각각 13~14%를 차지하고 있으며, 메자닌이 12조 원$11billion으로 8%의 비중을 차지하고 있다.

칼라일의 펀드 유형에서도 바이아웃부터 메자닌까지 상당히 고루고루 분산되어 있는 것을 볼 수 있으며, 이것은 관리에 의해 이루어지고 있음을 알 수 있다. 또한, 펀드오브펀드 부문도 7,700억 원$700million 결성한 것이 확인됐다. 이것은 투자솔루션 부문의 알프인베스트와 메트로폴리탄에 의해 관리되고 있는 자산과 별도로 조성된 펀드이다.

칼라일그룹의 펀드 유형

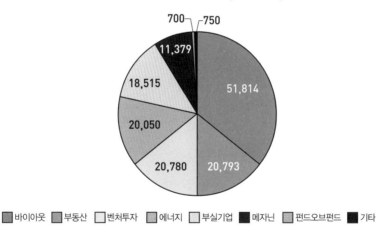

펀드 유형별 모집금액(USD Mil)

출처: 톰슨원, 엄인수

4 / 칼라일그룹의 투자 사례

01 / 던킨 브랜드 인수

2000년대 중반, 프랑스 증권시장^{EPA, Euronext Paris}에 상장되어 있는 페르노리카^{Pernod Ricard}는 던킨 브랜드를 소유하고 있었다. 페르노리카는 프랑스 파리에 소재하여 시바스리갈과 같은 유명한 위스키, 와인 및 음료를 제조·판매하는 다국적 기업으로, 현재 시가총액이 약 30조 원에 이르는 거대한 회사이다. 페르노키아는 2000년대 중반에 회사의 부채를 줄이고, 기존의 주류산업에만 집중하기 위하여 보유하고 있던 던킨 브랜드를 매각하기로 결정했다.

던킨 브랜드는 미국 매사추세츠주에 본사를 두고 있는 식품 프랜차이즈 전문회사로 우리에게 익숙한 던킨도너츠뿐만 아니라 배스킨라빈스와 토코 브랜드를 보유하고 있다. 주로 한 매장에 두세 개의 브랜드를 혼합하여 입주하는 스타일로, 현재 전 세계 60개국에 걸쳐 18,000개의 매장을 보유하고 있다. 던킨도너츠는 1950년에 설립되어 현재 미국에서 가장 유명한 커피·도너츠 브랜드를 보유하고 있고, 매일 270만 잔의 커피가 팔리고 있다. 현재 미국에만 약 8,340개, 미국 외 전 세계에 약 3,320개의 매장이 분포되어 있다. 배스킨라빈스는 약 1,000개 이상의 아이스크림 종류를 보유하고 있는, 전 세계에서 가장 큰 아이스크림 프랜차이즈로 미국에만 약 2,500개, 그 외의 전 세계에 5,100개의 매장이 있다.

칼라일그룹의 던킨 브랜드 인수구조

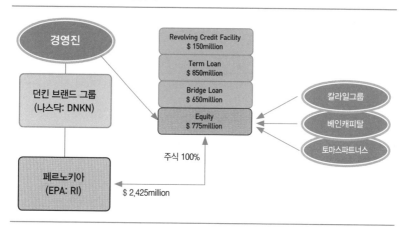

출처: 톰슨로이터, 엄인수

칼라일그룹은 베인캐피탈Bain Capital과 보스턴에 본사를 둔 사모펀드 회사 토마스파트너스Thomas H Lee Partners와 함께 당시의 던킨 브랜드 경영진과 연합하여 2005년 12월에 페르노키아로부터 던킨 브랜드를 인수한다고 발표했다. 이때 본 연합군의 인수자문은 시티그룹, 도이치뱅크, 모건스탠리가 담당했고, 페르노키라의 매각자문은 제이피모건이 맡았다. 4개월 후 2006년 5월 칼라일 군단은 페르노키라에 현금 2.7조 원 $2,425million을 지불하고 던킨 브랜드 주식 100%를 인수했다. 세 연합군이 합하여 8,500억 원$775million의 자본금을 마련했고, 나머지 1.8조 원 $1,650miilion은 차입을 통해 인수 금액을 마련하여 자금조달로는 LBO방식이었으며, 인수형태로는 MBO방식이었다.

칼라일은 자본금 출자를 위해 'Carlyle Partners IV' 펀드를 활용했다. 본 펀드는 2005년에 8.6조 원$7.85billion의 규모로 결성된 펀드로 북미지역에 소재한 기업을 대상으로 LBO투자를 주 목적으로 한 바이아웃 펀드였다. 세 사모펀드회사가 8,500억 원$775million의 자본금 마련을 위해 동일하게 출자했다고 가정한다면 칼라일은 본 펀드를 통해 약 2,800억 원$260million을 투자한 것으로 추측된다. 그리고 칼라일을 비롯한 인수자 측은 시티그룹 등의 인수자문사 측에 100억 원$9.86million의 자문수수료를, 페르노키아는 매각자문사인 제이피모건에 157억 원$14.29million의 자문수수료를 지불했다.

던킨 브랜드의 마켓데이터 (2016년)

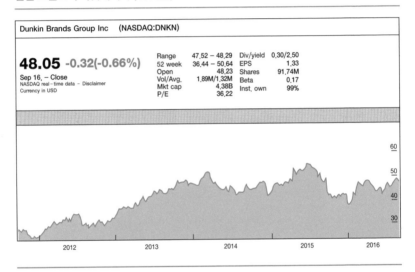

출처: 구글파이낸스

칼라일그룹 연합군단은 던킨 브랜드를 나스닥시장에 상장함으로 투자금을 회수했다. 던킨 브랜드의 현재 시가총액은 현재 5조 원에 달하며, 분기마다 꾸준히 배당금을 지불하고 있고, 그 배당금은 꾸준히 증가해 2012년에는 매 분기 15센트, 2013년 19센트, 2014년 23센트, 2015년 27센트, 2016년에는 30센트를 배당할 만큼 회사의 매출액과 이익은 꽤 양호하게 성장했다. 현재는 피델리티, 뱅가드, 블랙록, 웰링턴, 야뉴스 등의 자산운용사 펀드가 최대 주주이다. 칼라일그룹이 정확하게 얼마를 투자하여 상장 후 얼마에 매각했는지 조사하지는 않았지만, 2006년 1조 원이 안 되는 투자금으로 100% 지분을 인수한 회사가 현재 시가총액이 5조 원인 것을 감안할 때 충분히 성공적인 투자였을 것으로 예측된다.

02 / 하이얼전자 CB 인수

하이얼전자그룹Haier Electronics Group은 홍콩 증권시장에 상장된 홀딩컴퍼니로, 그 자회사는 2000년에 설립되어 세 가지의 사업을 영위하고 있다. 하나는 세탁기 제조 및 판매이고, 또 하나는 온수기를 제조하여 판매하고 있으며, 마지막으로 배송을 담당하는 물류 부문과 판매 후 AS를 담당하는 부문으로 구성되었다. 참고로 한국인에게 많이 알려진 하이얼 TV, 하이얼 백색가전 및 IT제품은 '하이얼전자그룹'이 아닌 '칭다오하이얼'의 제품으로 하이얼전자그룹의 모회사이다.

칭다오하이얼은 우리가 잘 알고 있는 하이얼의 본명으로 원래 냉장고 공장을 재구성하면서 1989년에 설립된 회사이다. 칭다오하이얼은 1993년 중국 상하이거래소에 상장되었으며, 현재는 70조 원의 시가총액을 형성한 중국의 대표적인 전자기업으로, 냉장고, 에어컨, 세탁기, 노트북, 전자레인지, 식기세척기, TV, 청소기, 밥솥 등의 가정용 가전제품을 만들고 있다. 칭다오하이얼의 제품 포트폴리오 중 세탁기, 온수기 및 물류와 AS를 담당하는 계열사가 바로 하이얼전자그룹인 것이다.

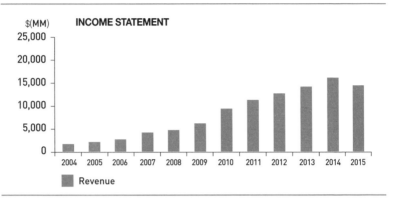

출처: 톰슨로이터

칭다오하이얼은 급성장하는 회사였다. 1996년 3,500억 원의 매출이 10년 후 2006년에는 3조 원을 넘어섰고, 2010년에 10조 원, 2014년도에는 최고 매출인 17조 원을 넘어섰다. 매출이 급성장하다 보니 여러 부문에서 신규투자가 필요했을 것이다. 운전자본 투자, 시설과 공장과 같은 유형자산 투자가 그 대표적일 것이며, 그와 함께 서비스망과 유통망 확충도 필요했다.

칼라일그룹의 하이얼전자 CB 투자구조

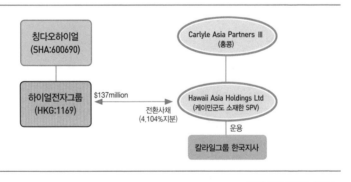

출처: 톰슨로이터, 엄인수

칭다오하이얼은 하이얼전자그룹의 AS와 유통망 부문을 확장하기 위한 자금 확충을 위해 중국계 자문사인 앵글로차이니스Anglo Chinese Corp Finance를 금융자문사로 선정했고, 이를 통해 2011년 8월 칼라일그룹으로부터 1,500억 원$137million의 자금을 유치했다. 성공적인 투자유치로 하이얼은 앵글로차이니스에 약 20억 원의 자문수수료를 지급했다.

칼라일은 홍콩에 소재한 'Carlyle Asia Partners III'를 활용해 하이얼전자그룹의 전환사채에 1,500억 원$137million을 투자했고, 조건은 하이얼전자그룹 주식의 100백만 주, 하이얼전자그룹 총 발행주식에 4.104%에 해당되는 보통주로 전환할 수 있는 옵션이 있었다. 1,500억 원$137million의 투자금으로 하이얼전자그룹의 주식을 4.104% 취득할 수 있다면, 하이얼전자그룹의 총주식가치를 3.3조 원$3.0billion 수준으로 본 것이다.

'Carlyle Asia Partners III' 펀드는 2008년 2.8조 원$2.55billion의 규모로 홍콩에서 결성된 펀드로 아시아 지역에 소재한 기업을 상대로 투자할 수 있는 펀드였다. 그러나 실제로 투자를 집행한 주체는 케이만 군도에 설립된 '하와이 아시아 홀딩스'라는 특수목적회사SPV였으며, 칼라일그룹의 한국지사가 운용팀이었다.

칼라일이 본 전환사채를 아직까지 사채형태로 보유하고 있는지, 원금을 상환받았는지, 아니면 보통주로 전환했는지 확인하진 못했지만 현재 하이얼전자그룹의 시가총액이 5.3조 원임을 감안할 경우 성공적인 투자였을 것으로 예측된다.

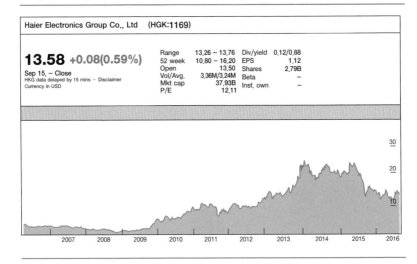

Haier Electronics Group Co., Ltd   (HGK:1169)

13.58 +0.08(0.59%)

Sep 15, – Close
HKG data delayed by 15 mins – Disclaimer
Currency in USD

Range	13,26 – 13,76	Div/yield	0,12/0,88
52 week	10,80 – 16,20	EPS	1,12
Open	13,50	Shares	2,79B
Vol/Avg,	3,36M/3,24M	Beta	–
Mkt cap	37,93B	Inst, own	–
P/E	12,11		

출처: 구글파이낸스

5 / 칼라일그룹의 성공 요인

01 / 전략적 경영

KKR의 창립 멤버는 모두 당시 최고의 투자은행이었던 베어스턴스에서 근무했다. 또한, LBO의 개척자로서 베어스턴스에서 쌓았던 네트워크는 상당했을 것으로 여겨진다. 베어스턴스를 떠나 KKR을 설립했을 때도 그 네트워크는 지속되었을 것으로 여겨진다. KKR의 첫 번째 공식적인 펀드가 'KKR 1976 Fund'임을 감안하면 설립한 지 얼마 되지 않아 펀드를 결성했다.

칼라일그룹은 KKR보다 11년 뒤인 1987년에 설립되었다. 최초 창립 멤버는 5명으로 IB 부띠끄로 시작했다. 5명 모두 훌륭한 경력을 가졌지만, KKR의 창립 멤버와 비교하면 투자 분야에서 오랫동안 근무했던 멤버는 없었다. 그것이 이유가 됐는지는 모르겠지만 칼라일의 첫 번째 펀드인 'Carlyle Partners I'을 결성하는 데에는 3년이 걸렸다.

칼라일의 주요 창업 멤버이자 현 회장인 다니엘이 비금융권 회사인 매리엇에서 M&A와 프로젝트 투자를 담당해서 그런지 칼라일의 사업 전략은 상당히 조심스럽고도 전략적으로 보인다. 특히 연혁과 투자 포트폴리오를 살펴보면 그러한 점이 더욱 드러난다.

칼라일은 1987년에 설립하여 3년 후에 바이아웃펀드를 결성했으며 그로부터 7년 후인 1997년에 유럽으로 바이아웃투자를 확장했다. 미국에서 충분히 성공한 후에 유럽으로 확장한 것이다. 다른 모든 사업 분야는 그러한 행보를 보인다. 1997년 미국에서 먼저 벤처기업과 부동산에 투자를 시작한 후 2년 뒤인 1999년에서야 유럽과 아시아에서 벤처와 부동산 투자를 시작했다. 본 사업들이 정착이 되면서 포트폴리오상 좀 더 리스크가 높은 부실기업 투자 비즈니스를 미국에서 시작했고, 미국에서 정착된 후에 해외로 뻗어 나갔다. 이 모든 것들이 자리를 잡아가자 2007년에는 그들에게 생소하면서도 이머징마켓으로 볼 수 있는 중동과 아프리카로 지역을 확장했다. 미국 본토에서 베타 테스트를 한 후 성공하면 다른 대륙으로 넓혀 가는 것이다. 조심스러워 보이지만 또한 빠르다. 유럽과 아시아에 먼저 진출한 것은 KKR보다 칼라일이 더 앞섰다.

2000년대에 지역적인 확장을 마무리했다면, 2010년에는 다른 회사들을 인수하면서 투자 포트폴리오를 넓혀 갔다. 2010년 여러 헤시펀드를 인수했고, 2013년에는 리츠 사업 확장을 위해 메트로폴리탄을 인수했다. 사업 진출 전략이 시기적으로 명확하게 구분되고 매우 빠르다. 칼라일은 전략적으로 상당히 치밀하고도 성공적인 성과를 보여 주고 있다.

02 / 포트폴리오 분산

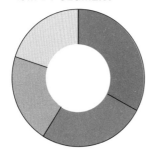

AUM BY SEGMENT

- CORPORATE PRIVATE EQUITY 33%
- INVESTMENT SOLUTIONS 26%
- REAL ASSETS 21%
- GLOBAL MARKET STRATEGIES 20%

as of June 30, 2016

칼라일그룹의 대표적인 투자 성향은 분산이다. 칼라일의 펀드결성 시기, 운용자산의 자산별 배분, 개별 건당 투자 규모 등을 살펴보면 매우 두드러지게 나타난다. 특히 개별투자들을 살펴보면 대규모 투자를 감행하지 않고, 다양한 산업, 다양한 기업에 투자하고 있다. 칼라일은 초대형 바이아웃 딜을 감행하지 않는 것으로 보인다. 기업을 바이아웃할 때에는 에쿼티 투자수익률을 높이기 적절한 레버리지를 사용하며, 단독으로 지분투자를 감행하기보다는 다른 사모펀드사들과 컨소시엄을 구성해 투자함으로써 분산의 균형을 매우 잘 유지하고 있다.

사모펀드운용사를 평가할 때 중요한 평가항목 중 하나가 펀드결성 시기의 분포이다. 펀드를 한 시기에는 집중적으로 결성했으나, 다른 시기에는 결성하지 못했다면 투자한 포트폴리오를 회수하는 시점이 고루 분포되지 않았다는 것이다. 그러한 경우 경제변동 사이클에서 한 특정 시기에만 노출될 가능성이 커 분산효과가 낮아지게 된다.

칼라일은 1996년 이후로 한 해도 빠지지 않고 펀드를 결성했다. 경제 변동 순환에 따라 결성 규모의 차이는 있을지라도 한 번도 빠짐없이 매년 펀드를 결성했다. 심지어 서브프라임 모기지사태 여파가 컸던 시기에도 꾸준히 결성해 1996년 이후 현재까지 평균적으로 매해 6.6개의 펀드를, 규모로는 매해 7.5조 원$6.8billion을 결성했다.

또한, 투자자산별 배분도 고루고루 분포되어 있다. 기업 투자 33%, 펀드오브펀드 26%, 실물자산 21%, 그리고 특수자산에 투자하는 글로벌마켓 20%로 총 운용자산을 잘 분산시켰다.

산업별 투자 비중은 소비재와 유통 부문 16%, 통신 및 미디어 15%, 중장비 부문 16%, 기술 및 서비스 분야 18%, 헬스케어 부문 12%로 기업 투자펀드의 77%를 5개의 주요 부분에 고루고루 투자했다. 나머지 23%는 항공 및 방위산업 분야, 운수송, 금융 및 에너지 등에 투자하고 있다.

칼라일 펀드의 결성연도, 펀드별 결성 규모, 운용자산의 자산별 배분, 산업별 에쿼티 투자, 건당 투자 규모 등 칼라일의 철저한 분산투자는 우연히 이루어진 것이 아니라 매우 치밀한 전략에 의해 이루어져 있으며, 바로 이러한 치밀한 분산전략이 현재 칼라일그룹을 세계 최고의 사모펀드운용사로 만든 요인으로 작용해 오고 있다.

EQUITY INVESTED BY INDUSTRY

- CONSUMER & RETAIL 16%
- TELECOM & MEDIA 15%
- INDUSTRIAL 16%
- TECHNOLOGY & BUSINESS SERVICES 18%
- HEALTHCARE 12%
- AEROSPACE, DEFENSE & GOVERNMENT SERVICES 8%
- TRANSPORTATION 6%
- FINANCIAL SERVICES 7%
- ENERGY 2%
- OTHER 0%

Cumulative equity invested since inception by Corporate Private Equity as of June 30, 2016.

VII

확장의
블랙스톤

프라이빗에쿼티인터내셔널 [17)]이 집계한 통계에 의하면, 블랙스톤이 과거 5년간 펀드를 조성Fundraising한 규모를 기준으로 2016년 1위를 차지했다. 블랙스톤은 과거 5년간 66조 원$60billion을 모아 38조 원$35billion을 조달한 2위의 KKR보다 28조 원$25billion이나 앞섰다.

---

17) 프라이빗에쿼티인터내셔널은 사모펀드와 관련된 정보와 뉴스를 전달하며, 자체 분석을 통해 보고하는 사모펀드 전문 금융매거진으로, 2001년에 설립되어 현재 뉴욕, 런던, 홍콩에 오피스를 두고 있다.

2016 Rank	2015 Rank	Firm	PEI 300 Five-Year Fundraising Total($m)	Headquarters
1	▲ [4]	The Blackstone Group	$ 59,986.92	New York
2	▲ [3]	KKR	$ 35,249.40	New York
3	▲ [9]	Warburg Pincus	$ 28,630.00	New York
4	▲ [8]	Advent International	$ 27,010.37	Boston
5	▼ [1]	The Carlyle Group	$ 25,677.59	Washington, DC
6	▼ [5]	Apollo Global Management	$ 24,131.00	New York
7	▼ [6]	CVC Capital Partners	$ 23,464.04	London
8	▼ [7]	EnCap Investments	$ 21,128.33	Houston
9	▼ [2]	TPG	$ 20,709.00	Fort Worth
10	▲ [18]	EQT Partners	$ 18,523.93	Stockholm

▲ Higher rank than 2015　▼ Lower rank than 2015　◁▷ Same rank as 2015

출처: 프라이빗에쿼티인터내셔널

　블랙스톤은 현존하는 세계 최대의 자산운용사 블랙록이 탄생할 수 있도록 조력한 주인공이다. 블랙록의 창립자 래리 핑크가 퍼스트보스턴에서 나와 자신의 펀드운용 업무를 다시 시작했던 곳이 바로 블랙스톤이었다.

　블랙록이 5,000조 원을 운영하면서 현재 세계 최대의 자산운용사가 되기까지 다른 여러 자산운용사와의 합병을 통해 이뤄진 것은 '블랙스톤에서 배운 것이 아닐까?'라는 추측이 든다. 블랙스톤이 현재 세계 최대의 사모펀드운용사 중 하나가 된 것은 다른 대형 펀드들을 인수하기 위해 적극적이었기 때문이다.

1 / 블랙스톤의 이해

01 / 블랙스톤

블랙스톤은 뉴욕에 본사를 두고 대체자산에 투자하는 세계 최대의 사모펀드운용사다. 리만브라더스에서 함께 일한 피터 피터슨^{Peter G. Peterson}과 스티븐 슈워츠^{Stephen A. Schwarzman}가 1985년 40만 불을 들고, 네 명의 직원을 고용한 후 M&A자문사^{M&A boutique}로 시작한 후 30년이 넘은 지금은 자산운용 규모로는 세계 최대의 사모펀드운용사가 되었다.

블랙스톤의 사무소

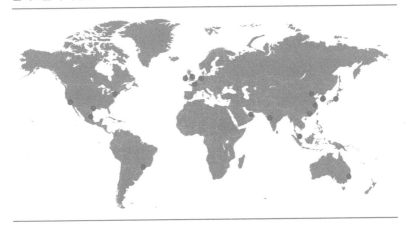

출처: 블랙스톤

2016년 9월 말을 기준으로 블랙스톤이 운용중인 자산은 약 400조 원 $361billion에 달하며, 뉴욕, 런던, 홍콩 등 서울을 포함해 세계의 주요 도시에 20여 개의 사무소를 두고 있으며, 약 2,200여 명의 임직원이 근무하고 있다. 공동 창업자인 피터는 2008년에 은퇴했으며, 현재는 스티븐이 회장 겸 CEO를 맡고 있다.

Blackstone 블랙스톤의 사업 영역은 사모펀드, 부동산 투자, 헤지펀드, 그리고 크레딧펀드로 구성되어 있는데, 특히 부동산 투자 분야에서는 이정표가 될 만한 큰 딜들을 수행했다. 힐튼그룹 인수, 초대형 리츠사인 에쿼티오피스 인수, 멀린그룹Merlin Entertainments Group 등이 대표적이다. 블랙스톤은 2007년 미국 증권거래소에 상장하면서 IPO로 4조 원이 넘는 자금을 유치하면서 사모펀드 역사상 초대형 상장을 기록했다.

02 / 블랙스톤의 Market Data와 재무 정보

블랙스톤 그룹의 주가는 25.5달러로 약 33조 원의 시가총액을 형성하고 있다. KKR의 시가총액이 13조 원, 칼라일그룹이 5.5조 원임을 감안한다면 사모펀드 분야에서는 가장 큰 규모의 주식가치를 보유한 것으로 판단된다.

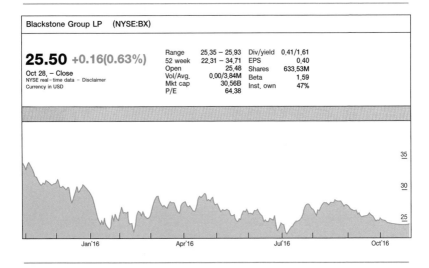

출처: 구글파이낸스

최근 5년 동안 2011년부터 2014년까지 영업수익이 각각 3.3조 원 $3.0billion, 4.4조 원$4.0billion, 7.3조 원$6.6billion, 8.3조 원$7.5billion으로 고속 성장을 하다가 2015년에 5조 원$4.6billion으로 급감했다. 부분적으로 볼 경우 2013년의 부동산 부문에서만 3.5조 원$3.2billion을 기록해 전년도 대 비 100% 성장했고, 해당연도 전 수익의 반을 차지했다. 2014년도에는 사모펀드 부문에서 3조 원$2.7billion의 수익을 올려 같은 부문 전년도 1.5 조 원$1.4billion에서 크게 성장해 2014년도 수익 성장의 견인차 역할을 했 다.

부문별이 아닌 명목별로 분석할 경우 펀드의 규모가 매해 증가하면 서, 관리보수는 점점 증가해 2015년에도 소폭 증가했지만, 실현된 성과 보수에서 마이너스 1.8조 원$1.6billion을 기록하면서 2015년 전체 영업수익을 크게 떨어뜨렸다. 2015년 5월에 블랙스톤의 주가가 43.8달러를 찍으며 최고의 정점을 보이다가 최근 40% 이상 하락하면서 25달러에서 형성되고 있는 것은 본 성과보수의 급감이 큰 역할을 한 것으로 추측된다.

블랙스톤의 순이익은 2007년부터 2011년까지 5년간 지속적인 적자에서 벗어나지 못하다가, 2012년 약 2,400억 원의 흑자로 돌아선 후부터 2014년에 1.7조 원을 넘어서며 경이로운 상승률을 보인 후 2015년에는 영업수익 감소와 함께 순이익도 7,800억 원으로 감소했다.

블랙스톤의 주주로 주요 기관 투자자는 피델리티, 모건스탠리, 야누스캐피탈, 메릴린치 등으로 구성되어 있으며, 상위 10개의 기관 투자자가 전체 주식의 25% 이상을 차지하고 있다.

블랙스톤의 주요 손익지표 추이

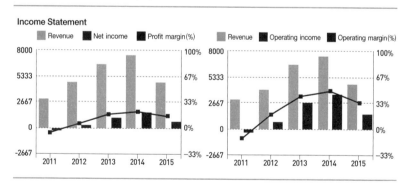

출처: 구글파이낸스

블랙스톤의 부문별 운용자산 규모 추이

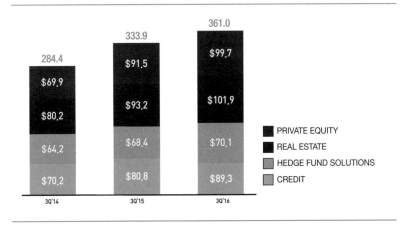

출처: 블랙스톤

　블랙스톤의 사업 부문은 크게 네 가지로, 사모펀드, 부동산 투자, 헤지펀드, 그리고 크레딧 부문으로 나눌 수 있다. 위의 그림은 과거 3년간 3분기를 기준으로 블랙스톤의 운용자산 규모의 추이를 보여 주고 있다. 근소한 차이지만 부동산 부문의 운용자산이 가장 과거 3년간 가장 컸고, 사모펀드 부문이 많이 성장해 최근 기준으로 부동산 부문과 비슷한 규모를 보유하고 있다.

① 사모펀드Private Equity

블랙스톤은 110조 원$100billion 규모의 사모펀드를 운용하고 있다. 블랙스톤의 사모펀드 부문에는 약 250명의 전문가가 일하고 있으며, 사모펀드가 현재 보유하고 있는 투자기업Portfolio Company은 81개에 이른다.

사모펀드 부문에서 블랙스톤은 LBO는 물론, 성장기업 투자, 소수지분 투자, 메자닌투자, 부실기업 투자, 그리고 벤처투자까지 다루고 있다. 투자 대상 기업은 주로 블랙스톤이 잘 알고 있는 분야에서 상향식 Bottoms-up전략으로 발굴하고 있다. 또한, 내부적으로 투자기업을 운영하기 위한 전문경영자 그룹을 보유하고 있어 투자 후 적극적인 사후관리를 통해 회사의 전략과 운영에 변화를 주려고 노력하고 있으며, 회사의 매출 성장에 초점을 맞추고 있다. 최근 기준으로 110조 원의 자금 중 약 50조 원의 재원이 아직 남아 있어 투자 대상을 열심히 찾고 있는 중이다.

② 부동산-Real Estate

블랙스톤은 1992년부터 부동산에 투자하기 시작했다. 다른 사모펀드사들과 달리 블랙스톤은 최근 들어 근소한 차이로 줄어들었지만, 기업 바이아웃보다 부동산 투자 부문에 더욱 특화되어 있어 부동산 부문에서 가장 큰 사모펀드 회사 중 하나가 되었다.

블랙스톤의 랜드마크적인 투자 기록들도 대부분 부동산 부분에서 나왔다. 미국, 유럽, 아시아에 걸쳐 호텔, 오피스, 상가 등을 주로 투자하는데 에쿼티오피스Equity Office, 힐튼그룹Hilton Hotels Corporation, 라킨타La Quinta Inns & Suites, 윈드햄Wyndham Worldwide 등이 대표적인 투자들이다. 부동산 부문에서는 12개의 오피스에서 420명이 넘는 부동산 전문가가 일하고 있다. 최근일 기준으로 투자한 부동산 가치는 220조 원 [18] 이 넘

---

18) 부동산에 투자할 때 블랙스톤이 보유한 펀드와 금융기관으로부터 차입한 론으로 투자하므로 블랙스톤이 보유하고 있는 펀드의 규모보다 크다.

을 것이다.

블랙스톤이 부동산에 투자하는 주요 원칙은 좋은 위치에 있는 유명한 자산을 사는 것이다. 다만 매입비용은 부동산 평가기법 중 하나인 교체비용replacement cost에서 할인된 가격에 매입한다. 그리고 매입한 부동산은 적극적인 자산관리를 통해 부동산의 외형적 부분과 관리적 부분의 가치를 개선한 후 자산이 안정화된 이후 오랜 시간 동안 지켜보다가 투입원가에 개선비용을 더한 것보다 높은 가격에 팔 수 있는 기회를 포착하는 것이다.

③ 헤지펀드 솔루션Hedge Fund Solutions

블랙스톤은 1990년에 블랙스톤 자체의 계정과 내부의 주요 임원들 자산을 관리하기 위해 펀드오브헤지펀드fund of hedge funds 사업 부문을 만들었다. 그러다 수년에 걸쳐오면서 본 부문의 투자 대상이 증가했는데, 헤지펀드뿐 아니라 메자닌펀드, 선순위 채권, 폐쇄형 뮤추얼펀드 등이 포함되면서 사업부의 명칭을 블랙스톤 대체자산운용BAAM: Blackstone Alternative Asset Management 으로 바꾸게 되었다.

BAAM 부문의 주요 투자자는 기관 투자자를 기업, 연금운용사, 국부펀드, 중앙은행 등의 기관 투자자로 구성되어 있으며, 각 투자자들의 수요에 맞게 헤지펀드를 구성해 주는 업무를 담당하고 있다. 헤지펀드를 선정할 때에는 내부의 투자자 선정 기준에 따라 헤지펀드운용사의 투자 전략, 리스크 관리, 재무 부분과 함께 운용사의 정직성까지 심사한다. 엄격한 투자 대상 심사기준으로 고객자산 수익률을 제고한 결과 아래와 같이 BAAM 부문의 운용자산 규모는 매년 꾸준히 증가해 왔다.

BAAM 부문 운용자산 규모의 추이

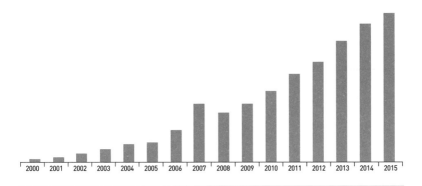

출처: 블랙스톤

④ 크레딧Credit

크레딧 부문의 자산배분

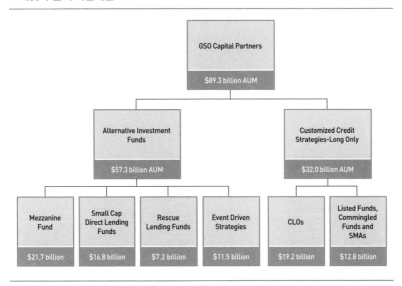

출처: 블랙스톤

크레딧 부문은 주로 투자등급부터 투기등급까지에 해당되는 기업이나 프로젝트에 부채 형태로 파이낸싱을 제공하는 역할을 한다. 차입대출leveraged loans, 고수익채권high yield bonds, 부실채권distressed debt, 메자닌mezzanine lending, 그리고 구조금융rescue financing의 형태로 투자한다.

크레딧 부문에는 뉴욕, 런던, 더블린, 휴스턴의 오피스에 340명의 전문가가 있으며, 운용자금은 100조 원에 달한다. 다운사이드 리스크를 피하기 위해 아래와 같이 메자닌, 중소형 상장사 대출, 구조금융, 이벤트드리븐 전략, CLO 등에 골고루 투자하고 있다.

04 / 블랙스톤의 설립자

블랙스톤은 1985년 리만브라더스에서 함께 근무했던 피터Peter G. Peterson와 스티븐Stephen A. Schwarzman이 자본금 40만 불로 시작했다. 블랙스톤의 이름은 이들의 이름에서 비롯되었다. 'Schwarz'는 'black'의 독일어이며, 'Perter'는 'Stone'의 그리스어이다.

① 피터 G. 피터슨

피터Peter G. Peterson는 1926년 그리스에서 태어나 17살에 부모님과 미국으로 이민을 왔다. 아버지는 미국에서 개명을 한 후 식당을 운영했고, 피터는 MIT에 입학했다가 1947년 노스웨스턴대학Northwestern University에서 졸업했다. 피터슨은 졸업 후 같은 대학 신문방송학과의 학생과 결혼했으나 2년 후 이혼했다. 이즈음 시카고대학교University of Chicago의 부스스쿨Booth School of Business에서 MBA 학위를 취득했다. 피터는 1953년 심리학자 샐리와 결혼해 네 명의 아들을 낳았다. 그러나 1979년 샐리와 이혼을 했으며, 그다음 해에 사업가와 재혼을 했다. 피터는 자서전에 자신이 두 번 이혼한 것을 비난했던 한편, 슬하에 둔 다섯 자녀와 가깝게 지낸 것에 대해서는 자랑스럽게 생각했다.

피터는 1953년 광고회사의 이사로 재직을 했고, 1958년에는 영화촬영장비회사의 임원직으로 입사해 회장까지 맡게 되었다. 그러다 1971년에는 정계에 입문하여 리차드 닉슨Richard Nixon 대통령의 대외경제 보좌관을 맡게 되었고, 1972년에는 국제금융정책 담당인 상무장관으로 임명되었다. 그리고 1973년부터 1984년까지 10년 동안 리만브라더스의 회장 겸 CEO를 지냈다.

피터는 리만브라더스에서 만난 스티븐과 함께 M&A자문사로 블랙스톤을 창립했고, 대형 사모펀드운용사인 블랙스톤그룹으로 성장하기까지 수년 동안 회장직을 맡았다. 또한, 동시에 조지 W. 부시와 빌 클린턴이 대통령이었던 시절에 지속적으로 정치활동을 전개했으며, 2000년부터 2004년까지 뉴욕 연방준비은행의 회장직까지 수행했다. 그리고 2008년에 자신의 이름을 딴 피터재단Peter G. Peterson Foundation을 설립하면서 블랙스톤을 은퇴하게 되었다. 본 재단의 설립 목적은 주로 국가의 부채, 연방의 적자, 사회보장정책, 세금정책에 대한 국민들의 인지도를 높이는 데에 있다. 한편 피터는 2007년 블랙스톤이 상장되면서 조 단위의 부를 축적할 수 있었다.

② 스티븐 A. 슈워츠

스티븐Stephen A. Schwarzman은 현재 블랙스톤그룹의 회장 겸 최고경영자이다. 1947년 미국 펜실베이니아에서 태어났고, 아버지는 유대인으로 펜실베이니아에서 가게를 운영했다. 스티븐은 빙턴고등학교를 졸업한 후 조지 W. 부시 미국 전 대통령과 비슷한 시기에 예일대학교에 입학해 1969년 졸업했다. 그리고 1972년에 하버드 비즈니스 스쿨에서 MBA를 취득했다.

IB 업무를 첫 커리어로 시작한 그는 리만브라더스에서 31살의 나이에 임원이 되면서 뛰어난 업무 능력을 보여 주었고, 얼마 후에 글로벌 M&A팀을 이끌게 되었다. 글로벌 M&A팀을 이끌 당시에 그의 보스가 바로 피터였다.

당시 피터는 리만브라더스의 회장이자 정계 활동을 유지했으므로 금융업에 대한 위상과 함께 상당한 인맥을 보유했을 것이다. 여기에 학생 시절부터 엘리트 코스를 밟고, 미국 최고의 IB은행에서 뛰어난 업무능력을 보여 준 스티븐이 가세하여 1985년 블랙스톤을 창립하게 된 것이다.

자세하게 파헤칠 수는 없었지만, 블랙스톤의 사명에서 '슈워츠'의 뜻인 '블랙black'이 먼저 나온 것을 고려한다면, 스티븐이 블랙스톤 창업을 먼저 제안한 것이 아닐까 하는 생각이 든다. 또한, 피터는 블랙스톤을 창립한 이후에도 지속적인 정계 활동을 유지했으며, 2008년에는 블랙스톤에서 은퇴했고, 현재 스티븐이 블랙스톤의 회장 겸 최고경영자인 것을 보면 더욱 그러하다. 이것이 사실이라면 피터에게 스티븐이 가세

한 것이 아니라, 스티븐이 피터와 함께 블랙스톤을 창업한 배경이 될 것이다.

2 / 블랙스톤의 확장

1985년 피터와 스티븐이 40만 불로 시작한 블랙스톤은 M&A자문으로 비즈니스를 시작했다. 1987년 투자은행 E.F. 허튼^{E. F. Hutton & Co}과 리만브라더스의 합병을 자문하면서 약 40억 원의 자문수수료를 받았고, 1988년에는 CBS의 계열사 매각을 맡아 CBS음반을 소니에게 매각하는 데 성공했다. 이것이 지금의 소니뮤직^{Sony Music Entertainment}이 된 것이다.

M&A자문사로 시작했지만, 피터와 피터슨은 자금을 끌어모아 사모펀드를 운용하길 원했다. 그러나 LBO 딜을 주도하지 못해 쉽지 않았다. 초기 2년 동안 M&A자문을 진행하면서 이들은 단순히 M&A자문만 할 것이 아니라 투자자들의 자금을 관리할 수 있는 투자파트너로서 종합금융사^{merchant banking}모델을 추진하기로 결정했다. 그리고 1987년 푸르덴셜 보험, 일본계 금융사인 닛코증권^{Nikko Securities}, GM연금으로부터 자금을 모아 블랙스톤의 첫 번째 사모펀드인 'Blackstone Capital Partners I'을 결성했다. 펀드의 주요 타깃은 기업 바이아웃이었으며, 결성 규모는 약 9,000억 원^{$810million}에 달했다. 사업이 점차 번창했고, 닛코증권사는 블랙스톤에 약 1,100억 원^{$100million}을 투자하면서 블랙스톤의 20% 지분을 취득했다. 본 투자로 인해 블랙스톤의 투자활동과 사업 확장은 더욱 활

발해질 수 있었다.

블랙스톤의 사업이 점점 성장하면서 1990년에는 신규 사업 분야로 헤지펀드운용을 시작했다. 그리고 영국으로의 사업 확장을 위해 영국의 햄브로J. O. Hambro Magan와, 프랑스의 인도수에즈Indosuez와 전략적 제휴를 맺었고, 1991년 유럽에 블랙스톤의 사업부를 두면서 유럽에서도 본격적인 사업을 확장하기 시작했다.

블랙스톤의 확장은 매우 빨랐다. 1992년 헤지펀드 분야에 이어 새로운 비즈니스로 헨리Henry Silverman의 지휘하에 호텔을 연이어 인수하면서 부동산 투자를 시작했다. 블랙스톤은 헨리와 함께 홀딩컴퍼니를 설립한 후 1,500억 원$140million이 넘는 금액으로 라마다 호워드 존슨 프랜차이즈Ramada and Howard Johnson franchises의 65% 지분을 취득했다. 1993년까지 블랙스톤과 헨리의 부동산 투자 질주는 헨리가 HFS의 CEO가 되기 위해 블랙스톤을 떠나기 전까지 계속되었다. 특히 부동산 투자 중에서 재미있는 거래가 있었는데, 1996년 블랙스톤은 장례서비스 및 묘지사업으로 북미에서 두 번째로 큰 로웬그룹Loewen Group과 손잡고, 3,200억 원$295million이 넘는 자금으로 GTCR로부터 프라임석세션Prime Succession이라는 장례사업 분야를 인수했다.

1993년에 블랙스톤은 1.4조 원에 달하는 두 번째 바이아웃 펀드를 결성했으며, 1997년에는 4조 원이 넘는 세 번째 바이아웃 펀드와 1조 원이 넘는 부동산펀드를 만들면서, 조 단위 펀드결성에 본격적인 가도를 달리기 시작했다. 그 이후로도 블랙스톤은 부동산 투자를 위해 시리즈 펀드를 지속적으로 결성했다. 또한 1999년에는 신규 비즈니스로 메자닌 투자를 시작하기 위해 미국의 노무로홀딩스로부터 5명의 인재를 영입하기도 했다.

2002년 7월에는 여의치 않은 시장여건에도 불구하고 투자자로부터 7조 원이 넘는 자금을 끌어와 블랙스톤의 바이아웃 4호펀드인 'Blackstone Capital Partners IV'을 결성하면서 당시로서 가장 큰 바이아웃 펀드를 만들었다. 그 이후로 단독으로 또는 베인캐피탈이나 토마스파트너스와 같은 다른 유수의 사모펀드사와 함께 지속적인 바이아웃투자를 감행했다. 그러다 금융보장보험사FGIC, PMI그룹, 사이프레스Cypress그룹, CIVC파트너가 발행하는 채권에 투자하기도 했는데, 2008년 금융위기가 터지면서 이 부분에서 큰 손실을 보게 되었다.

한편 블랙스톤은 2005년 자금조달 부문을 강화하기 위해 아틀란틱캐피탈Atlantic-Pacific Capital과 크레딧스위스로부터 전문가를 영입해 'Park Hill Group'을 설립했다. 본 그룹은 기관 투자자로부터 자금을 조달한 후 각 투자자의 니즈에 따라 사모펀드, 메자닌, 부동산, 벤처캐피탈, 헤지펀드 등에 투자해 주는 일종의 펀드오브펀드fund of fund의 역할을 수행한다.

2006년에는 헤지펀드 사업 분야인 켈릭스Kailix자문사를 통해 롱·숏에쿼티 전략을 구사하다가, 2조 원이 넘는 자금을 운용하게 되자 좀 더 전문화시키기 위해 2008년에 켈릭스자문사를 분사시켰다. 한편 블랙스톤은 기업과 부동산 양쪽에 매우 왕성한 투자활동을 전개했다. 특히 부동산 부문에서 매우 두드러졌는데, 2006년에는 미국의 주요 도시에 위치한 유명한 오피스빌딩만 매입하는 에쿼티오피스Equity Office라는 상장된 리츠회사를 40조 원$37.7 billion이 넘는 자금으로 인수하면서 업계에 큰 파장을 일으켰다. 그뿐만 아니라 2007년에 힐튼호텔을 연속적으로 인수하면서 부동산 투자에서 가장 큰 사모펀드사로 자리매김했으며, 최근에는 본 힐튼호텔을 중국계 투자자에게 매각함으로 매우 큰 매각차익을 남기기도 했다.

블랙스톤은 2007년 상장하면서 4.4조 원의 자금을 조달했으며, 3개월 후 미국에서 가장 큰 보험중개사인 얼라이언트Alliant 보험서비스 회사를 인수하기도 했다. 2008년에는 대출형태의 파이낸싱 비즈니스로 더욱 확장하기 위해 GSO캐피탈파트너스를 인수했다. 본 인수는 블랙스톤과 아주 좋은 시너지를 창출하게 되어 당시 약 23조 원$21billion의 운용자산규모를 갖추게 되었다. 또한, 2013년에는 크레딧스위스로부터 세컨더리 펀드오브펀드운용사인 스트래직파트너스Strategic Partners도 인수했다.

한편 블랙스톤의 펀드조성은 매우 왕성했으며, 펀드의 규모 면에서 매우 압도적이었다. 2006년에는 23조 원이 넘는 블랙스톤의 다섯 번째 바이아웃펀드인 'Blackstone Capital Partners V'를 결성했다. 2011년에는 15조 원에 육박하는 부동산펀드 'Blackstone Real Estate Partners VII'를 결성했고, 동시에 18조 원에 달하는 바이아웃 펀드까지 조성하면서 2011년도에만 40조 원이 넘는 펀드를 결성했다. 2015년에도 바이아웃과 부동산에서 각각 'Blackstone Capital Partners VII'과 'Blackstone Real Estate Partners Fund VIII'를 연달아 결성해 37조 원이 넘는 펀드를 조성하면서 블랙스톤은 명실상부 세계 최대의 사모펀드운용사로 자리매김했다.

3 / 블랙스톤의 주요 투자자

블랙스톤은 톰슨원에서 추출한 데이터에서 다른 사모펀드보다 더 많은 투자자들을 보유한 것으로 보인다. 최초의 설립 시점부터 투자자와의 밀접한 관계를 통해 종합금융회사merchant bank의 시스템을 갖추는 것이 중요하다고 판단한 것을 보면 신빙성이 가는 부분이다. 아래 투자자의 순서는 총운용자산 규모 크기대로 나열했다.

① 캘리포니아 공무원연금CalPERS: California Public Employees' Retirement System
캘리포니아 공무원연금은 전 세계적으로 매우 유명한 미국에서 가장 큰 연금기관으로, 캘퍼스로 더 많이 알려졌다. 1932년에 설립된 본 기관은 200만에 가까운 캘리포니아의 공무원과 퇴직자의 연금 및 의료 부문을 관리하고 있으며, 직원은 3,000명에 가깝다. 캘퍼스는 특히 행동주의자로 잘 알려져 주식에 투자하면 의결권을 적극적으로 행사한다. 따라서 캘퍼스가 투자하는 주식은 주목을 많이 받는다. 캘퍼스의 총 운용자산 규모는 330조 원$298billion에 달하며, 그중 대체자산 부문에는 90조 원 정도 투자하고 있다. 비율로 따지면 총운용자산의 27%를 대체자산으로 배분한 것으로 대체투자가 매우 큰 비중을 차지하고 있다.

② 캐나다 연금CPPIB: Canada Pension Plan Investment Board
우리나라의 국민연금과 같이 1,900만 명의 캐나다인의 연금을 관리하고 있다. 역사적인 뿌리는 1966년으로 거슬러 올라가지만 공식적으로는 캐나다의 연금투자위원회법에 의해 1997년에 설립된 젊은 연금기관

이다. 270조 원이 넘는 자금을 운용하고 있으며, 이 중 32%에 해당하는 90조 원가량을 대체자산 투자로 배분했다.

③ 캘리포니아 교직원연금CalSTRS: California State Teachers' Retirement System

캘리포니아에 소재한 900만 개의 유치원부터 공립대학에 이르기까지 캘리포니아의 공공교육기관에 근무하거나 근무했던 교직원들과 퇴직자들의 퇴직연금을 관리하는 기관으로 교직원 연금기관으로는 미국에서 가장 크며, 전 세계적으로도 연기금 중에서 15위 안에 든다. 총 운용자산 규모는 약 210조 원에 달하며, 그중 50조 원을 대체자산 부문에 배분해 대체투자 비중이 총운용자산의 25%를 차지하고 있다.

④ 플로리다 퇴직연금FRS: Florida Retirement System

플로리다 퇴직연금기관은 플로리다의 약 100만 명의 현직 공무원과 퇴직자들의 퇴직연금을 관리하는 연기금으로, 총 운용자산 규모가 200조원에 가깝다. 이 중 30% 정도인 약 60조 원 정도를 대체투자 자산에 분배함으로 대체투자 비중이 꽤 높은 편에 속한다.

⑤ 뉴욕시 기금New York City Comptroller

우리나라에는 찾기 힘든 기관의 형태인지라 해석하기가 모호한데, 기능으로 보면 뉴욕시의 공적기금을 관리하고 집행하는 감독기관이다. 감독원장은 4년 임기제로 선출하며, 회계사, 변호사, 경제학자, IT전문가, 투자전문가 등을 포함해 760명의 임직원이 일하고 있다. 본 기관에서 운용하는 총자산은 약 180조 원$165billion에 달하며, 이 중 2조 원이 채안 되는 자금을 대체자산으로 배분했다. 대체자산 배분비율로 봤을 때 매우 보수적인 포트폴리오를 구축하고 있는 것으로 판단된다.

⑥ 텍사스 교직원연금TRS: Teachers Retirement Systems of Texas

텍사스 교직원연금은 텍사스주에 소재하여 대학교를 포함해 공립학교에 근무하는 교직원들과 퇴직자들의 퇴직연금을 관리하며 약 150만 명에 달한다. 우리나라의 교직원공제회와 비슷한 개념이라고 보면 될 것이다. 1937년도에 설립되었으며, 약 600명의 임직원이 있다. TRS의 총 운용자산 규모는 150조 원에 달하며, 대체투자 부문으로 약 3.5조 원을 배분한 것으로 알려졌다. 대체투자 비중은 약 2.4%에 달한다.

⑦ 뉴욕주 교직원연금NYSTRS: New York State Teachers' Retirement System

뉴욕주에 소재한 교육기관에 재직하는 교직원과 퇴직자의 퇴직연금을 관리하는 기관으로, 120조 원이 넘는 자산을 운용하고 있으며, 이 중 20조 원을 대체투자 부문에 배분했다. 대체투자 비중은 15%가 넘는다.

블랙스톤은 위와 같은 연금기관 외에도 일반 금융기관과 기업의 퇴직금 관리기관으로부터 자금을 유치했다.

- JP모건 파트너스 – 운용자산 규모 $2,577billion
- BOA 캐피탈 – 운용자산 규모 $2,126billion
- 웰스파고 – 운용자산 규모 $1,687billion
- GE캐피탈 – 운용자산 규모 $558billion

- 뉴욕생명New York Life – 운용자산 규모 $139billion
- IBM 퇴직연금 – 운용자산 규모 $118billion

4 / 블랙스톤의 펀드 분석

톰슨원을 통해 블랙스톤의 펀드 데이터를 추출했는데, 회사에서 발표한 공식 운용자산 규모와 차이를 보인다. 아마도 블랙스톤이 자체 결성한 펀드는 집계되었을 확률이 높은데, 에퀴티오피스Equity Office 리츠와 같이 다른 운용사가 결성한 펀드를 중간에 인수한 경우는 집계되지 않을 확률이 높다. 또한, 다른 운용사를 인수하면서 블랙스톤으로 이전하게 되는 펀드는 블랙스톤 자체에서는 집계가 가능하나, 데이터회사의 통계로는 특별히 신고하지 않는 이상 집계되지 않는다. 이와 같이 집계상 누락된 펀드가 있을 것이나, 추이나 비율적 부분에서는 모집단에 가까운 모양이나 수치를 보일 것으로 판단된다.

톰슨원을 통해 블랙스톤이 설립된 1985년에서 2016년 상반기까지 펀드를 검색한 결과, 총 97개의 펀드가 검색되었으며, 누적 펀드사이즈는 230조 원$211 Billion에 달한다.

블랙스톤의 펀드결성 추이

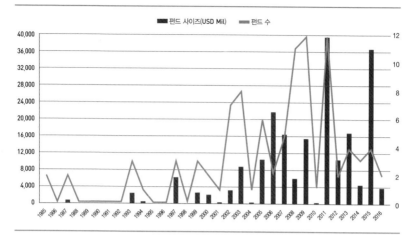

■ 펀드 사이즈(USD Mil)　■ 펀드 수

출처: 톰슨원, 엄인수

위의 그래프를 보면 블랙스톤이 설립되고 2년 후 1987년에 바이아웃 펀드 1호를 결성했다. 보험사를 비롯한 금융기관으로부터 8,900억 원 $810million의 자금을 끌어모았다. 그러나 1호 펀드를 결성하고 5년간의 공백을 갖다가 1993년이 되어서 바이아웃 펀드 2호를 결성했다. 펀드 사이즈가 1.4조 원$1,271million에 달해 규모 면에서 상당히 고무적인 펀드다.

블랙스톤이 설립된 지 10년만인 1994년에는 $485million 규모로 블랙스톤 최초의 부동산펀드를 설립했다. 그리고 1997년에 4조 원이 넘는 대형 바이아웃펀드 3호와 1.5조 원에 달하는 부동산펀드 2호를 동시에 결성한다. 이즈음 되면 블랙스톤의 펀드결성 스타일이 보인다. 실제로 통계상 과거 30년 동안 97개 펀드의 누적 결성금액이 230조 원임을 감안하면 평균적으로 펀드 하나의 규모가 2.3조 원이 넘는 것으로 KKR의 평균 펀드 규모 2조 원보다 약 3,000억 원이 크고, 칼라일의 평균 펀드 규모 1.1조 원$1billion보다 1.3조 원이 크다. 또한 통계상 417개의 회사나 부동산에 투자함으로 건당 평균 투자 규모는 1,100억 원$103million이다.

블랙스톤 펀드 유형별 모집금액

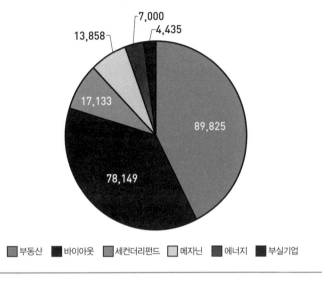

펀드 유형별 모집금액(USD Mil)

7,000
4,435
13,858
17,133
89,825
78,149

■부동산　■바이아웃　■세컨더리펀드　□메자닌　■에너지　■부실기업

출처: 톰슨원, 엄인수

위의 그래프는 블랙스톤의 유형별로 펀드를 결성한 금액을 보여 준다. 이전에 블랙스톤의 비즈니스에서 본 헤지펀드와 크레딧 부문은 기존의 운용사를 인수하면서 블랙스톤으로 이전된 부문으로, 위의 통계에서는 제외된 것으로 본다. 블랙스톤이 신규로 결성한 펀드에서는 부동산 부문이 100조 원에 가까워 바이아웃 부문의 86조 원보다 14조 원 정도 크다. 전체 포트폴리오에서 부동산이 43%, 바이아웃이 37%를 차

지해 이 두 부문이 전체의 80%를 차지하고 있다. 그다음으로 세컨더리 펀드가 약 19조 원으로 8%의 비중을 차지하고 있다. 세컨더리펀드는 신규 딜을 발견해서 투자하는 것이 아니라 기존에 다른 사모펀드운용사가 보유한 딜을 인수하는 펀드이다. 말 그대로 펀드 간의 유통시장을 조성한다는 것이다.

위와 같은 포트폴리오는 다른 사모펀드운용사와 많은 차이점을 보여주고 있다. 부동산과 바이아웃 부문이 전체 80%를 차지하고 있으며, 벤처투자, 턴어라운드 또는 부실기업 투자, 에너지투자 부문은 비중이 매우 적다. 또한, 신규로 결성한 펀드로 다른 펀드를 인수하는 형태나 세컨더리펀드 부문이 다른 운용사에 비해 매우 높은 편이다. 블랙스톤은 포트폴리오의 균형 있는 분산보다 외형 확장에 비중을 두고 있는 것으로 보인다.

블랙스톤의 산업별 투자 비중

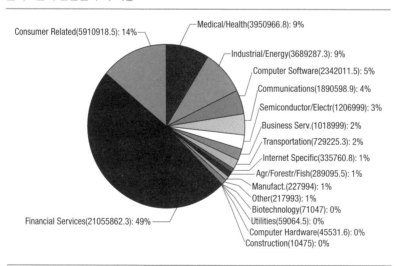

Consumer Related(5910918.5): 14%
Medical/Health(3950966.8): 9%
Industrial/Energy(3689287.3): 9%
Computer Software(2342011.5): 5%
Communications(1890598.9): 4%
Semiconductor/Electr(1206999): 3%
Business Serv.(1018999): 2%
Transportation(729225.3): 2%
Internet Specific(335760.8): 1%
Agr/Forestr/Fish(289095.5): 1%
Manufact.(227994): 1%
Other(217993): 1%
Biotechnology(71047): 0%
Utilities(59064.5): 0%
Computer Hardware(45531.6): 0%
Construction(10475): 0%
Financial Services(21055862.3): 49%

출처: 톰슨원

위의 그래프도 블랙스톤의 투자 성향을 잘 보여 주고 있다. 블랙스톤의 산업별 투자 비중에서 금융서비스Financial Services 부문이 49%로, 전체 포트폴리오의 반을 차지하고 있다. 여기에서 금융서비스는 기존의 펀드나 리츠REITs회사를 의미한다. 다른 운용사나 기관에서 운용하던 펀드를 통째로 매입한 것이다. 그다음으로 소비재Consumer Related, 의료건강, 에너지, 소프트웨어, 통신, 그리고 반도체의 순서로 투자했던 양상을 보여 주고 있다.

5 / 블랙스톤의 투자 사례

01 / 45조 원 빅딜, 초대형 리츠회사 인수

2006년 11월 블랙스톤은 미국에서 상업용부동산에 주로 투자하는 가장 큰 리츠회사 중 하나인 에쿼티오피스Equity Office를 인수하겠다고 공표한 지 4개월 후 2007년 2월에 45조 원의 빅딜을 마무리했다.

에쿼티오피스는 1976년 샘그레이브라는 전회장에 의해 설립되었다. 에쿼티오피스는 보스턴, 맨해튼, 로스엔젤레스, 캘리포니아 등 미국의 주요 도시에 있는 프리미어 클래스에 속하는 주요 오피스빌딩을 350개 정도 보유하고 있다. 350개의 빌딩에는 총 4,800개의 임차임이 입주해 있으며, 건물 면적으로 따지면 약 15만 평이 넘는다.

에쿼티오피스는 와코피아 금융센터, 프로스트뱅크타워(앞 페이지 사진), 그리고 맨해튼의 버틀스만 빌딩(아래 사진)과 같은 미국의 랜드마크적인 빌딩을 보유하고 있다.

에쿼티오피스는 오피스빌딩을 매입한 후 빌딩을 관리할 뿐만 아니라 빌딩의 환경에 부합된 커뮤니티를 새롭게 형성하거나 빌딩의 확장공사, 통합 또는 재배치 등의 리노베이션을 통해 빌딩의 가치를 높이는 데 오랜 역사를 갖고 있다.

에쿼티오피스는 리츠회사로 미국 증권시장에 'EO'라는 티커로 상장되어 있었으며, 블랙스톤그룹이 인수할 시점에 영업수익, 즉 에쿼티오피스가 사들인 오피스 건물로부터 거둬들이는 수익이 연 3.5조 원에 달했으며, EBITDA와 순이익은 각각 1조 원, 100억 원이었다.

당시 에쿼티오피스의 주주들은 투자금액을 회수하고자 메릴린치를 매각자문사로 내세워 100% 지분을 매각하기로 결정했으며, 블랙스톤그룹과 또 다른 팀인 보날도부동산Vornado Realty Trust과 스타우드캐피탈 Starwood Capital Group Global LLC 등의 연합팀이 본 입찰에 뛰어들었다.

블랙스톤은 뱅크오브아메리카와 베어스턴스, 골드만삭스 등과 연합군단을 이루어 최초 입찰가액을 주당 $48.5에 입찰하였다가 경쟁에 의해 결론적으로 주당 $55.5에 낙찰되어 총주식가치를 27조 원$24.7billion에 인수했다. 에쿼티오피스의 부채 15.4조 원$14billion을 포함하면 45조 원 $41billion의 기업가치EV로 에쿼티오피스 리츠회사를 인수한 것이다.

블랙스톤은 2007년도에 12조 원$10.9billion의 규모로 결성된 'Blackstone Real Estate Partners VI'를 중심으로 총 15.4조 원$14billion에 이르는 지분을 출자했고, 뱅크오브아메리카, 베어스턴스, 시티은행, 도이치은행, 골드만삭스, 크레딧스위스, 와코비아은행 등 굴지의 투자은행으로부터 신디케이션론 16.5조 원$15billlion과 12.5조 원$11.4billion의 메자닌론, 총29조원 $26.4billion의 차입금을 활용해 LBO방식으로 에쿼티오피스를 인수하게 되었다.

블랙스톤의 에쿼티오시프 인수 구조

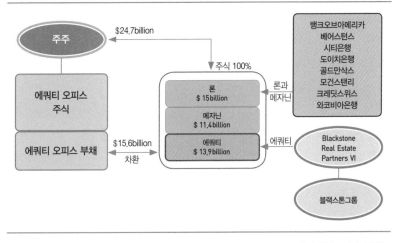

출처: 톰슨로이터, 엄인수

블랙스톤은 에쿼티오피스를 인수한 후 상장폐지를 시켰다. 그리고 현재까지 블랙스톤은 에쿼티오피스 리츠회사를 보유하고 있으며, 인수한 시점이 서브프라임 모기지사태 직전이었음을 감안하면 매우 힘든 시기를 보냈을 것으로 추측된다.

딜을 마무리한 후 에쿼티오피스의 주주들은 메릴린치에 330억 원 $30million의 매각자문수수료를 지불했으며, 블랙스톤그룹은 440억 원 $40million의 매수자문수수료를 지급한 것으로 기록되었다.

02 / 힐튼호텔 인수

 힐튼Hilton Worldwide Holdings Inc은 호텔 · 리조트 프랜차이즈 사업으로 매우 유명한 회사다. 6개 대륙의 100개국에 걸쳐 4,600개가 넘는 호텔과 리조트를 운영하고 있다. 보다 정확하게 말하면, 150개의 호텔은 힐튼이 실제로 보유하고 있어 직영체제로 관리하고 있으며, 4,400개는 제3자가 보유한 호텔과 리조트로서 힐튼의 이름으로 관리되고 운영되고 있다.

힐튼이 보유한 포트폴리오 브랜드는 아주 많다. 힐튼을 비롯해 월도프 아스토리아Waldorf Astoria, 콘라드Conrad, 힐튼 그랜드 베케이션Hilton Grand Vacations, 엠베시 수트Embassy Suites, 더블트리DoubleTree, 햄턴Hampton Inn, 홈우드Homewood Suites 등 여러 브랜드가 있다.

힐튼의 역사는 1919년 콘라드 힐튼Conrad Hilton이 첫 번째 호텔을 구입하면서 시작했다. 그 이후로 호텔을 활용한 여러 상품과 함께 편의시설 및 서비스에 대한 노하우를 축적하면서 1929년 와코힐튼이란 이름으로 첫 번째 호텔을 준공했다. 그 이후로 최초로 객실에 텔레비전 설치, 다

중 예약시스템 도입, 공항 옆 호텔 준공 등 여러 부문에서 호텔 및 리조트 산업에서 개척자로서의 역할을 수행했다.

힐튼의 주가 정보

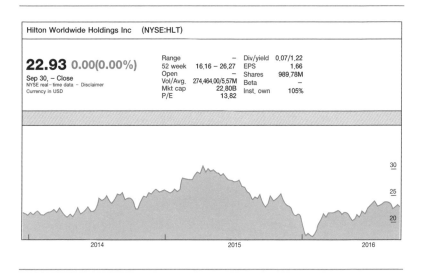

Hilton Worldwide Holdings Inc   (NYSE:HLT)

22.93 0.00(0.00%)
Sep 30, – Close
NYSE real – time data – Disclaimer
Currency in USD

Range	–	Div/yield 0.07/1.22
52 week	16.16 – 26.27	EPS 1.66
Open	–	Shares 989.78M
Vol/Avg.	274,464.00/5.57M	Beta –
Mkt cap	22.80B	Inst. own 105%
P/E	13.82	

2014   2015   2016

출처: 구글파이낸스

힐튼은 미국 증권거래소에 'HLT'라는 이름Ticker으로 상장되어 약 24조 원의 시가총액을 이루고 있다. 매출은 과거 4년간 꾸준히 성장해 약 12조 원까지 이르렀으며, 순이익은 1.5조 원이 넘는다.

한편 블랙스톤은 부동산 비즈니스를 통해 미국과 유럽에서 라퀸타La Quinta와 같은 중저가 숙박시설부터 LXR과 같은 프리미엄급 호텔과 리조트에 투자하고 있었다. 부동산 투자 부문에서 포트폴리오를 넓혀 가고자 한 블랙스톤에게 힐튼은 세계적인 호텔·리조트 브랜드를 포트폴리오에 포함시킬 수 있는 최적의 대상이었다.

블랙스톤은 힐튼의 주주에게 주당 $47.5의 매수를 제시했고, 힐튼의 주주는 그 제안을 받아들였다. 2007년 7월 블랙스톤은 힐튼호텔을 인수한다고 공지했다.

힐튼호텔은 UBS를 매각자문사로 선정했으며, 블랙스톤은 리만브라더스와 메릴린치를 매수자문사로 선정했다. 또한, 본 딜을 성사시키기 위한 파이낸싱을 위해 뱅크오브아메리카와 베어스턴스, 도이치은행, 골드만삭스 등을 주선은행으로 세웠고, 본 주선은행들은 자신들을 포함해 총 26개의 은행들과 헤지펀드를 끌어들였다.

블랙스톤의 힐튼 인수 구조

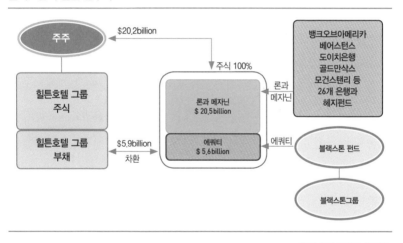

출처: 톰슨로이터, 엄인수

이렇게 해서 블랙스톤은 보유한 펀드와 다른 투자자들을 동원해 6.2조 원$5.6billion의 에쿼티 투자를 동원했고, 은행과 헤지펀드로부터 22.6조 원$20.5billion을 차입하여 2007년 10월 LBO방식으로 힐튼그룹의 인수를 성공적으로 마쳤다.

정확히 9년이 지난 2016년 10월에 중국 하이난항공그룹이 블랙스톤
으로부터 힐튼의 지분 25%를 7조 원이 조금 넘는 금액으로 인수한다고
발표했다. 중국인 여행객이 많이 증가하면서 기존의 항공 사업에 호텔
사업을 더해 시너지 효과를 노린다는 것이다. 이 딜이 성사될 경우 하
이난그룹이 1대 주주가 되고 블랙스톤의 지분율은 21%로 2대 주주가
된다.

6 / 블랙스톤의 성공 요인

블랙스톤은 최근 몇 년간 모집한 자금의 규모와 현재 운용하고 있는 펀
드 규모 면에서 세계 최대의 사모펀드이다. 사실 블랙스톤의 창립 멤버
는 환상적인 조합이었던 것 같다. 물론 지금까지 살펴본 KKR과 칼라일
그룹도 마찬가지다. 하지만 블랙스톤의 경우 대통령 보좌관 수행과 리
만브라더스의 회장을 역임하므로 정계와 금융계에서 상당한 영향력과
인맥을 소유한 피터, 그리고 예일대학교를 거쳐 하버드 비즈니스스쿨
을 졸업한 후 리만브라더스에서 31살에 임원이 되는 엘리트 중의 엘리
트다운 면모를 갖추고 글로벌 M&A팀을 이끌며 최강의 실무능력을 보
여 준 스티븐은 환상적인 조합을 보여 준다.

가령 이런 시나리오를 예상해 볼 수 있다. 피터의 인맥으로 M&A 딜
을 소싱sourcing하면 스티븐은 적합한 솔루션을 제공해 딜을 성공적으로
마무리한다. 또한 투자자의 입장에서 투자를 하기 위해 운용사를 심사

할 경우 피터의 정계 및 금융계의 화려한 네트워크와 금융기관 수장 역임에 대한 경력에 높은 점수를 주고, 스티븐의 엘리트 코스와 빼어난 실무능력에 가산점을 주어 자금을 위임할 수 있다.

지금부터는 블랙스토리의 연혁과 펀드결성 기록을 통해 객관적으로 보편화시킬 수 있는 성공 요인을 살펴보도록 하겠다.

01 / 발 빠른 사업 진출

앞서도 언급한바, 현시대 세계 최대의 자산운용사는 블랙록은 인수합병을 통해 현재의 시장지배력를 얻게 되었다. 그리고 블랙록은 블랙스톤그룹의 산하에서 엄브렐러 펀드Umbrella fund 형태로 시작했다. 제시할 증거는 없지만, 블랙'록'의 발 빠른 사업 진출과 인수합병을 통한 외형 확장은 블랙'스톤'의 DNA로부터 전이된 것이 아닌가 하는 생각이 든다.

1985년에 M&A자문사로 시작해 1987년에 첫 번째 바이아웃 펀드를 결성한 블랙스톤은 사업이 성장하면서 1990년도에 헤지펀드 부문을 신규 사업으로 바로 도입했다. 또한, 성공적 도입을 위해 본 사업 분야에서 전문가인 영국과 프랑스의 유수한 회사와 전략적 제휴를 맺음으로써 사업의 성공적인 안착을 도모했다.

헤지펀드 사업에 이어 2년 만에 호텔 투자를 필두로 부동산 투자에 입문했다. 1992년 부동산 투자 전문가 헨리를 앞세워 홀딩회사이 블랙스톤 부동산 그룹Blackstone's Real Estate group을 설립해 부동산 투자와 리츠운용을 확장했다. 라마다 계열 프랜차이즈를 인수했으며, 투자의 식견을 넓혀 장례사업 부문에도 투자했고, 오피스를 전문적으로 투자하는 리츠회사까지 통째로 인수하는 진보적이고 공격적인 투자 성향을 보였다.

1999년에는 노무라홀딩스의 메자닌 전문가 5명을 영입하면서 투자 범위를 메자닌 영역으로 넓혔다. 2005년에는 'Park Hill Group'을 설립했다. 목적은 다양한 기관 투자자의 자금을 모아 투자 포트폴리오를 형성해 주는 펀드오브펀드의 역할을 수행하는 것이었다. 2008년에는 현재 GSO 사업 부문의 모체가 된 GSO캐피탈파트너스를 인수하여 대출형태의 파이낸싱 비즈니스를 추가했으며, 2013년에는 크레딧스위스로부터 세컨더리펀드 사업 부문을 인수했다.

블랙스톤은 신규 사업 진출을 위해 다른 금융기관으로부터 인재를 영입했고, 다른 운용사를 인수했으며, 신규회사를 설립하기도 했다. 신규 사업 진출을 여러 가지 전략을 구사하며, 빠른 행보를 보인 것은 블랙스톤이 세계 최대 사모펀드운용사로 탄생하는 데 중요한 디딤돌 역할을 했다.

02 / 펀드 인수를 통한 외형 확장

블랙스톤은 운용자산 규모 확대와 포트폴리오 다변화를 위해 신규펀드를 조성할 뿐만 아니라 이미 형성하여 투자 포트폴리오를 구축한 기존의 펀드 자체를 인수하는 방법도 병행했다.

앞서 소개한 에쿼티오피스는 미국의 주요 도시에 소재한 유명 오피스빌딩만 매입하는 리츠REITs로 부동산 뮤추얼펀드였으며, 블랙스톤이 2007년 본 리츠를 인수했다. 또한 2007년에 설립되어 아시아 지역의 부동산에 주로 투자하는 메릴린치의 아시아 부동산펀드를 데이터상에서 블랙스톤이 운용하고 있는 것으로 나온다. 이렇게 기존의 다른 운용사가 운용하던 부동산펀드를 인수하면서 부동산 부문에서만 블랙스톤의 운용자산 규모가 약 70조 원$63Billion 증가하는 것으로 나타났다.

데이터를 통해 블랙스톤이 현재 운용하고 있는 펀드를 추출한 결과, 부동산 부문뿐만 아니라 세컨더리펀드와 메자닌펀드 부문에서도 기존에 다른 운용사가 운용하던 펀드를 인수한 것으로 나타났다. 특히 가장 많은 비중을 차지하는 기존의 운용사는 크레딧스위스Credit Suisse였다. 펀드 개수로는 세컨더리펀드가 21개, 메자닌펀드가 5개, 에너지펀드가 1개였다.

이렇게 다른 운용사의 운용인력과 함께 운용펀드를 함께 인수하는 것은 운용사의 입장에서 운용자산 규모의 외형 확장뿐만 아니라 새로운 분야로의 투자 진출이라는 측면에서 매우 유용한 방법이라는 것을 블랙스톤이 직접 증명했다.

03 ／ 폭넓은 투자자

블랙스톤이 사업 방향을 매우 잘 잡은 것 중 하나는 블랙스톤이 초기에 M&A자문을 진행하면서 M&A자문만 할 것이 아니라 투자자로부터 자금을 모아 그들의 자금을 운용하는 종합금융사merchant banking모델을 지향하자는 결정이었다.

사업 방향의 설정과 그 방향대로 가기 위한 노력은 결국 블랙스톤이 설립한 지 2년만인 1987년에 푸르덴셜 보험과 닛코증권Nikko Securities,

그리고 제네럴모터스^{GM}의 연금으로부터 성공적으로 자금을 유치해 블랙스톤의 첫 번째 사모펀드를 만들게 되었다.

블랙스톤은 운용사로서 투자자들^{LPs}과의 관계가 얼마나 중요한지 알고 있었다. 투자자와의 유대관계를 위한 구체적인 방법론을 알기는 어렵지만 투자자의 입장에서 투자를 하기 위해 가장 중요한 기본적인 요소에 충실했을 것이라는 판단이 든다.

즉 운용사의 투자실적$^{track\ record}$, 투자수익률, 그리고 운용전략과 운용인력 등이다. 그중 투자실적 향상을 위해 일환으로 기존에 있던 다른 펀드나 운용사를 인수했을 것이다.

특히 데이터상에서 블랙스톤은 다른 사모펀드운용사에서 볼 수 없었던 투자자들을 보유한 것으로 나타났다. 그 대표적인 예가 '뉴욕시기금 New York City Comptroller'이다. 뉴욕시기금은 뉴욕시의 공적기금을 관리하는 기관으로 운용자산이 180조 원에 이르는데, 그중 사모펀드를 포함한 대체투자 영역에는 2조 원만 할당했다. 대체투자 배분비율상 매우 보수적인 기금운용 형태를 가졌을 것이며, 블랙스톤의 입장에서도 비중 면에서 큰 투자자는 아니었을 것이다.

그러나 이런 보수성향의 투자자로부터 자금을 유치했다는 것은 블랙스톤이 투자자와의 관계 형성과 투자자 관리에 얼마나 집중하고 있는 것인가를 보여 주는 실증이다.

블랙스톤은 또한 은행계열사 투자자들과 돈독한 관계를 형성했다. BOA캐피탈, JP모건 파트너스, GE캐피탈, 웰스파고 등은 데이터상 다른 대형 사모펀드운용사에서 찾을 수 없는 투자자들이다. 또한, 뉴욕생명, IBM퇴직연금들도 다른 블랙스톤에게서만 보여진 투자자들이다.

폭넓은 투자자군을 보유하고, 그들과의 관계형성에 끊임없이 노력하는 것은 펀드를 운용하는 운용사로서 가장 중요한 요소이다. 그리고 이 요소는 400조 원의 자금을 운용하며 현재 세계 최대의 사모펀드운용사로 자리매김한 것은 블랙스톤의 성공 요인 중 하나가 된 것이다.

IB 최강자
골드만삭스의
사모펀드

THE SUCCESS STORY OF THE GLOBAL FUND

VIII

IB 최강자 골드만삭스의
사모펀드

골드만삭스 그룹에서 사모펀드의 역할을 담당하는 것은 골드만삭스캐피탈Goldman Sachs Capital Partners이다. 골드만삭스캐피탈은 다른 사모펀드의 탄생 배경과 매우 다르다. 지금까지 본 사모펀드는 투자은행 또는 일반 기업에서 M&A 업무를 전문적으로 다뤘던 개인들이 기존의 회사에서 나와 새로운 회사를 설립하고 처음부터 시작한 반면, 골드만삭스캐피탈은 IB 부문에서 전 세계 최강자인 골드만삭스의 후광을 입고 1986년부터 출발한 사모펀드운용사이다. 따라서 골드만삭스캐피탈을 이해하기 위해서는 골드만삭스에 대한 전반적인 이해가 필요하다.

1 / 골드만삭스

01 / 골드만삭스의 개요

골드만삭스는 기업, 금융기관, 정부, 그리고 개인에게 자산운용, M&A 자문, 프라임 브로커리지prime brokerage, 증권 중개 및 인수underwriting 등의 서비스를 제공하는 세계 최고의 글로벌 투자은행이다. 1869년 뉴욕에서 마르쿠스 골드만Marcus Goldman에 의해 설립된 후, 1882년 그의 사위인 사무엘 삭스Samuel Sachs가 합류하면서 1885년 골드만삭스Goldman Sachs & Co가 되었다.

  골드만삭스는 기업어음의 개척자로서 당시의 주요 업무가 회사가 단기자금을 융통할 수 있도록 기업어음CP을 발행하는 것이었다. 그리고 1896년 뉴욕증권거래소에 상장했다. 1906년부터 IPO 업무를 시작해 몇 개의 회사를 상장시켰고, 1956년에는 자동차회사 포드까지 상장시켰다. 그리고 이즈음부터 본격적으로 투자은행과 증권거래 업무가 시작되었다.

골드만삭스 사무소

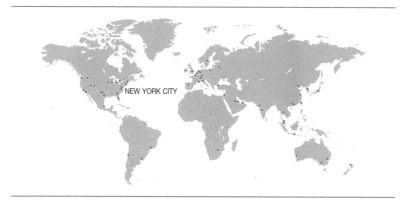

출처: 골드만삭스

2016년을 기준으로 골드만삭스의 직원 수는 약 34,800명에 이르며, 전 세계의 주요 도시에 사무소를 개소하여 글로벌한 영업을 전개하고 있다. 현재 CEO는 로이드 블랭크페인Lloyd Blankfein인데, 과거 골드만삭스의 주요 임원들은 미국 정계로 진출했다. 로버트 루빈Robert Rubin과 헨리 폴슨Henry Paulson은 미국 재무부장관을 역임했고, 마리오 드라기Mario Draghi는 유럽 중앙은행 총재로 지냈다. 그리고 마크커니Mark Carney는 전 캐나다은행 행장을 거쳐 현재 잉글랜드은행의 행장으로 지내고 있으며, 말콤 턴불Malcolm Turnbull은 현재 호주의 총리이다.

정계로 뻗은 막강한 전임자들의 영향력 때문인지는 모르겠지만, 2008년 서브프라임 모기지사태가 일어났을 때 많은 투자은행이 합병되거나 문을 닫았지만 골드만삭스는 미국 정부의 대규모 구제금융bailout 지원을 받아 현재는 다시 건재한 투자은행으로 회복했다.

02 / 골드만삭스의 사업 부문

골드만삭스의 사업 부문은 크게 네 부문으로 나뉜다.

① 투자은행Investment Banking

골드만삭스의 투자은행 부문에서 전통적인 강자이다. 본 부문은 다시 M&A자문과 자금조달로 나뉜다. M&A자문은 기업, 금융기관, 펀드 및 정부기관에 매각 · 매수의 자문, 기업의 분할, 적대적 인수에 대한 기업방어, 구조조정, 기업분할Spin-offs, 리스크관리 자문서비스를 제공한다. 그리고 자금조달 부문에서는 공모와 사모방식으로 자금을 주선하며, 기업의 주식과 채권을 인수Underwriting하며, 본 거래와 관련된 파생상품

거래까지 동반한다.

2015년 기준, 투자은행 부문에서 대략 8조 원에 가까운 수익을 올렸으며, 골드만삭스 전체 수익의 20% 정도를 차지한다.

② 기관 투자자 서비스Brokerage, Institutional Client Services

증권사의 가장 고유한 업무로 고객으로 하여금 주식거래를 가능하게 만들어 주는 업무에 해당한다. 투자자들이 거래소에서 또는 장외에서 채권, 주식, 통화, 원자재, 그리고 파생상품을 거래할 수 있도록 중개brokerage와 청산 업무까지 제공한다.

본 업무는 크게 네 부문으로 구분할 수 있다.

첫째, 고객이 증권을 거래할 수 있는 플랫폼을 제공한다. 본 플랫폼에서 투자자는 리서치정보에 접근할 수도 있고, 매매전략을 짤 수도 있다.

두 번째는 프라임브로커리지pime bokerage서비스이다. 헤지펀드운용사가 펀드를 운용할 수 있는 기반을 마련해 주며, 리스크 관리, 주식중개서비스, 주식대여와 같은 업무를 제공한다.

셋째는 투자자가 거래소에서 거래를 한 후 증권매매에 대한 정산을 돕는 청산 업무이다. 골드만삭스는 이 부문에서 전 세계 주식 및 파생상품 거래소의 97%를 커버하고 있다.

마지막으로 상품개발 업무로서 전통적인 주식과 채권뿐만 아니라 지수상품, ETF 등의 다양한 금융상품을 만들어 투자자들이 거래할 수 있도록 하는 업무이다. 특히 원자재 지수 중 골드만삭스의 'S&P GSCI Commodity Index'는 매우 유명하며, 본 지수를 벤치마크하는 파생상품도 매우 다양하다.

본 부문에서 골드만삭스 전체 수익의 45%를 차지하는 가장 중요한 부문 중 하나로 2015년 기준 약 17조 원의 수익을 거두었다.

③ 자기자본투자Investing & Lending

우리가 다루고자 하는 골드만삭스의 사모펀드가 바로 이 자기자본투자 부문에 해당한다. 골드만삭스는 자기자본으로 장기적인 관점을 갖고 투자하거나 대출을 일으키는데, 자기자본을 기초로 펀드를 형성해 투자하거나 파이낸싱을 제공하며, 자기자본을 분야별로 나눠 기업, 부동산, 인프라스트럭처, 에너지 등 여러 사업 분야에 골고루 투자하거나 파이낸싱을 제공한다.

자기자본투자 부문은 크게 다섯 가지로 나뉜다. 일반 은행 업무와 비슷한 뱅킹banking, 지역사회 형성을 위한 커뮤니티투자impact investing, 중소기업에 대출을 제공하거나 직접 투자하는 미들마켓middle market financing and investing, 높은 기술력으로 빠르게 성장하는 기업만 투자하는 전략투자principal strategic investments, 그리고 장기적으로 자기자본을 투자하는 직접투자direct private investing 부문이 있다. 이 마지막 직접투자 부문을 종합금융부서MBD, Merchant Banking Division라고 하며 골드만삭스의 사모펀드가 바로 이 MBD를 말한다.

MBD, 즉 골드만삭스캐피탈은 1986년에 형성되어 30년 동안 약 170조 원$155 billion의 자금을 투자했다. 7개국에 있는 9개의 오피스를 통해 주식이나 론의 형태로 기업, 부동산, 인프라스트럭처 분야에 집중적으로 투자했다. MBD의 투자전략은 크게 두 가지로 에쿼티equity와 크레딧

Credit, 즉 대출이다. 에퀴티로는 사모펀드를 형성해 비상장기업, 성장주식, 그리고 부동산과 인프라스트럭처에 약 110조 원을 투자했고, 크레딧 부문으로는 선순위대출, 메자닌 파이낸싱, 부실채권, 그리고 부동산대출의 형태로 약 60조 원을 투자했다. MBD 부문에서는 2015년 기준 약 6조 원의 수익을 거두었다.

④ 투자운용Investment Management

투자운용 부문은 기관 투자자와 개인 투자자의 자금으로 주식과 채권은 물론 대체자산까지 포함해 포트폴리오를 구성해 주는 자산관리 업무를 담당한다. 투자운용은 두 부문으로 나뉘는데, 하나는 골드만삭스 자산운용사GSAM, Goldman Sachs Asset Management를 통해 개인과 기관의 자금을 운용해 주는 자산운용 부문이며, 다른 하나는 개인 부호high-net-worth individuals나 가족, 또는 재단과 기금의 자산을 관리Wealth Management하는 업무를 제공한다. 투자운용 부문을 통해 2015년 기준으로 약 6.6조 원의 수익을 거두었다.

03 / 골드만삭스의 Market Data와 재무 정보

골드만삭스는 최근일 기준으로 주당 $180 정도에 머무르고 있어 약 80조 원의 시가총액을 이루고 했다. 현 주가는 2008년 서브프라임 모기지 사태 이후로 상당히 많이 회복한 가격이다. 골드만삭스의 주가가 가장 높았던 시기는 2007년으로 주당 $230까지 갔다. 그러다 2008년 미국에서 발생한 모기지사태 이후로 주가가 $53까지 곤두박질쳤다. 그러나 미국 정부의 구제금융을 통해 매우 빠르게 회복했으며, 최근의 주가는 전성기를 향해 상승하는 듯한 모습을 보이고 있다.

골드만삭스의 주가 정보

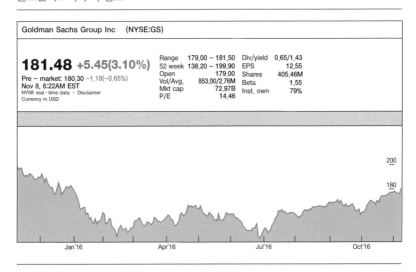

Goldman Sachs Group Inc   (NYSE:GS)

181.48 +5.45(3.10%)

Pre – market: 180.30 −1.18(−0.65%)
Nov 8, 6:22AM EST
NYSE real – time data – Disclaimer
Currency in USD

Range	179.00 – 181.50	Div/yield	0.65/1.43
52 week	138.20 – 199.90	EPS	12.55
Open	179.00	Shares	405.46M
Vol/Avg.	853.00/2.76M	Beta	1.55
Mkt cap	72.97B	Inst. own	79%
P/E	14.46		

출처: 구글파이낸스

최근 주가가 상승 국면에 있는 것은 2015년 대비 2016년 이익률이 향상되고 있기 때문인 것으로 보인다. 골드만삭스의 전체 매출은 2012년부터 2015년까지 약 45조 원 수준으로, 매년 미미한 수준의 차이를 보이고 있다. 그러나 이익 부문에서 2014년 대비 2015년에 하락하면서 영업이익률은 22.3%, 순이익률은 15.4%를 보였다. 그러나 최근 2016년 3분기 기준으로 영업이익률이 28.8%, 순이익률이 21.1%로 크게 향상했다.

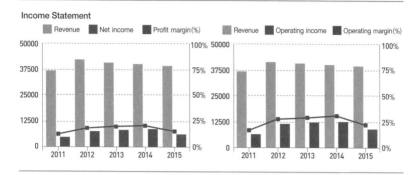

출처: 구글파이낸스

2015년 기준으로 골드만삭스의 총자산은 약 950조 원$861billion에 달하며, 자기자본은 95조 원$86.7으로 총자산의 10% 수준이다.

골드만삭스의 주식을 보유한 주요 기관 투자자로는 뱅가드, 스테이트 스트리트, 블랙록, 버크셔해서웨이, 피델리티 등이 있으며, 상위 10개의 투자자가 골드만삭스 총 주식의 36%를 보유하고 있다.

04 / 골드만삭스의 주요 경영진

① 로이드 블랭크페인

로이드 블랭크페인Lloyd C. Blankfein은 2006년부터 헨리 폴슨에 이어 골드만삭스의 회장 겸 최고경영자CEO역할을 수행했다. 1954년 미국 뉴욕의 브롱크스의 유대인 가정에서 태어났다. 아버지는 맨해튼에 소재한 우체국 직원이었고, 어머니는 리셉셔니스트receptionist였다. 뉴욕의 한 공립 초 · 중등학교에 다니다가 1971년 토머스제퍼슨 고등학교를 졸업한 후 하버드대학교에 입학했다. 그리고 1978년 같은 대학교에서 법학박사JD, Juris Doctor를 취득했다.

로이드는 하버드 법학대학원을 졸업한 후에 4년간 뉴욕에 소재한 로 펌에서 일을 했고, 1982년에 현재 골드만삭스 원자재 거래의 전신인 런 던의 J아론J. Aron & Co.으로 옮겨 영업을 시작했다. 1994년부터 약 4년간 외환과 원자재 부서를 이끌었으며, 1997년부터 2004년까지는 파생운용 FICC팀을 이끌었다. 그리고 2004년에 임원이 되어 사장 겸 최고운영자 COO가 되었으며, 2006년 골드만삭스의 회장이었던 헨리 폴슨이 미국 재 무부장관으로 임명되면서 로이드가 골드만삭스의 회장직을 물려받게 되었다.

② 게리 콘

게리 콘Gary D. Cohn은 2006년 로이드의 자리를 물려받아 현재까지 골드만삭스의 사장이자 IB와 주식 부문의 최고운영자로 재직 중이다. 1960년 미국 펜실베이니아에서 출생한 그는 오하이오 주 에서 고등학교를 졸업한 후 워싱턴에 소재한 아메 리칸대학교American University에서 경영학을 전공했다.

대학을 졸업 후 오하이오 주에 있는 US스틸U.S. Steel에서 잠시 근무하 다가 뉴욕거래소로 옮겨 옵션딜러로서 트레이딩을 시작했다. 그리고 1990년에 골드만삭스로 옮겨 파생운용FICC팀에 속한 원자재부서 com- modities department를 이끌게 되었다. 게리는 골드만삭스의 경력을 대부분

파생운용팀에서 보내다 2003년에 글로벌 증권부서로 옮겨 부문장을 역임했고, 2006년에 로이드의 자리를 물려받았다.

2 / 골드만삭스캐피탈의 이해

01 / 골드만삭스캐피탈

골드만삭스는 사모펀드 영역으로 사업 확장을 위해 1986년 골드만삭스캐피탈을 설립했다. 그러나 캐피탈이 설립되기 오래전부터 골드만삭스는 자기자본으로 투자은행 고객과 함께 여러 분야에 투자를 진행했었다. 다만 LBO투자나 정크본드에 전문적으로 투자하는 사모펀드 형태의 투자활동은 지양하면서 전통적으로 강했던 M&A자문 사업에 더욱 비중을 뒀다.

캐피탈이 아직 설립되기 전, 1980년대 초반에 골드만삭스는 투자은행 부문에서 고객들과 함께 비상장기업에 장기적으로 투자하면서 서서히 사모펀드 형태의 투자를 진행하기 시작했다. 1984년 'GS Partners 1985'의 이름으로 바이아웃 형태의 펀드를 조성해 4개의 기업에 투자한 것과 1985년 'Broad Street Investment Fund I'의 이름으로 펀드를 조성해 부동산 부문에 투자한 것이 그 대표적이라 할 수 있겠다.

그러다 주위의 다른 투자은행들이 서서히 사모펀드 분야로 진출하는 것을 보게 되었다. 리만브라더스의 종합금융Merchant Banking 부문이 설립되고, 모건스탠리에서는 별도의 파트너스Morgan Stanley Capital Partners

를 설립했으며, DLJ도 종합금융 부문을 설립해 모두 사모펀드 분야로 진출했다. 이에 따라 골드만삭스도 1986년 골드만삭스캐피탈파트너스 Goldman Sachs Capital Partners를 설립하면서 사모펀드 거래를 시작했다.

하지만 별도의 캐피탈을 설립하고도 펀드를 결성해 적극적으로 활동하지 않았다. 1986년 캐피탈을 설립한 이후 상당한 기간 동안 기존 고객과 자기자본principal investment만으로 투자를 진행했다. 사실상 골드만삭스는 별도로 자금을 모집할 필요는 없었다. 이미 골드만삭스 자체의 고객기반이 있었기 때문에 자금은 충분히 마련할 수 있었다. 이러한 부분이 바로 다른 사모펀드운용사와 구별되는 점이며 골드만삭스만이 갖고 있는 장점이다. 그동안 골드만삭스의 투자은행 업무를 통해 쌓인 M&A 자문 업력으로 딜을 소싱하고 솔루션을 제공하는 데 큰 문제가 없었다. 또한 이미 구축된 고객 기반으로 다른 사모펀드처럼 자금을 모집하기 위해 열심히 제안서를 만들어 돌아다닐 필요가 없었다.

그러다 1992년에 처음으로 자기고객이 아닌 제3자, 즉 연기금, 보험사, 재단, 펀드오브펀드FOF, 국부펀드 등으로부터 자금을 조달해 전문적인 사모펀드를 조성하기 시작했다. 본격적으로 사모펀드를 조성하자마자 골드만삭스캐피탈은 KKR, 블랙스톤, 칼라일그룹, 그리고 TPG캐피탈과 함께 세계 최대의 사모펀드운용사 중 하나가 되었다. 다음은 골드만삭스캐피탈의 대표적인 바이아웃 펀드이다.

- □ GS Capital Partners   1992 $1,104 m.
- □ GS Capital Partners Asia   1994 $300 m.
- □ GS Capital Partners II   1995 $1,750 m.

▢ GS Capital Partners III	1998	$2,780 m.
▢ GS Capital Partners 2000	2000	$5,250 m.
▢ GS Capital Partners V	2005	$8,500 m.
▢ GS Capital Partners VI	2007	$20,300 m.

골드만삭스캐피탈은 7개 국가에 걸친 9개의 오피스에서 약 140명의 임직원들로 운영하고 있다. 투자 대상으로는 최소 500억 원 규모에서 1조 원 정도를 타깃으로 했다. 유명한 바이아웃투자로는 2002년 버거킹 인수부터 시작해서 2005년 썬가드 인수, 2007년 알텔Alltel, 바이오멧Biomet 등이 있다. 이렇게 연속적으로 여러 바이아웃 딜을 성공했지만 크게 실패한 투자도 있었다. KKR과 함께 인수했던 오디오 장비회사인 하만Harman은 주가가 크게 떨어졌는가 하면, 에너지퓨처홀딩스Energy Future Holdings Corporation는 2014년에 파산보호를 신청하기도 했다.

02 / 골드만삭스캐피탈의 사업

골드만삭스의 장기 자기자본투자를 담당하는 부서는 종합금융부서MBD, Merchant Banking Division로 골드만삭스캐피탈이 바로 이 사업본부에 해당된다. 1986년에 설립된 이후 30년간 170조 원$155 billion의 자금을 투자했다.

MBD는 투자 형태에 따라 크게 두 부문, 에쿼티Equity와 크레딧Credit으로 나뉜다. 에쿼티 부문에서 투자 대상은 크게 네 가지로 지금까지 110조 원을 투자했다.

첫째는 기업 바이아웃투자이다. 미국과 유럽 아시아에 소재한 기업을 대상으로 하며 적정 투자 규모는 500억 원에서 1조 원이다. 투자 형태는 LBO, 자본재구성recapitalizations, 성장주식, 부실기업 투자 등으로 일반 사모펀드가 구사할 수 있는 방법들을 동원하고 있다.

둘째는 인프라스트럭처 투자이다. 2006년부터 투자하기 시작해 11조 원 넘게 투자했다. 투자 대상으로는 OECD에 속한 국가의 공항, 항만, 도로, 철도, 전기, 가스, 에너지 파이프라인 등이며, 적절 투자 규모로는 1,000억 원에서 5,000억 원 정도이다.

셋째는 부동산이다. 1991년부터 부동산 부문에 약 38조 원$35 billion을 투자했다. 투자 대상으로는 주로 미국과 유럽에 소재한 호텔, 상가, 오피스빌딩, 골프장이며 투자 형태는 부동산을 직접 매수하거나, 부동산 회사, 부동산 프로젝트, 부채의 자본재구성 형태로 투자했다.

마지막으로 벤처투자이다. 1994년부터 4조 원이 넘는 금액을 기술력이 좋고 성장가도에 있는 기업에 투자해 왔다. 골드만삭스의 벤처투자는 꽤 좋은 실적을 남겼다. 말이 벤처투자이지, 빼어난 기술을 가진 성장성이 유망한 기업의 가치를 높이 평가해 회사 당 300억 원 이상 투자했으며, 투자한 후 골드만삭스의 네트워킹을 활용해 대상회사의 고객 기반을 넓히는 데 주력했다. 이러한 투자방식으로 이 벤처투자 부문에서는 연평균 20%가 넘는 수익률을 보여 왔다.

MBD의 크레딧 부문은 다시 세 부문으로 나뉘며, 지금까지 60조 원을 투자했다.

첫 번째 부문은 메자닌투자로 골드만삭스캐피탈이 선호하는 투자 부문이면서 꽤 큰 부문이다. 1996년 이후로 30조 원 넘게 투자했으며, 집계되는 데이터만으로 17개의 메자닌펀드를 조성했다. 투자 대상은 주로 미국과 유럽의 기업을 대상으로 1,000억 원에서 5,000억 원 규모로 투자했다. 투자 형태로는 기업의 브릿지론, MBO형태의 바이아웃 메자닌, 인수금융 지원 등의 방식으로 주로 투자했다.

두 번째는 선순위 형태의 대출이다. 메자닌투자보다 안전한 형태의 파이낸싱으로 2008년 이후 20조 원이 조금 못 미치는 금액으로 파이낸싱을 제공했다.

마지막으로 부동산 대출이다. 2008년 이후 6조 원 정도를 미국과 유럽에 소재한 부동산에 메자닌이나 선순위 형태로 파이낸싱을 제공했다.

3 / 골드만삭스캐피탈의 펀드 분석

톰슨원을 통해 골드만삭스캐피탈이 운용한 펀드를 집계한 결과, 실제 골드만삭스가 발표한 운용자산 규모와 비슷한 규모를 보였다. 골드만삭스캐피탈이 설립되기 전의 펀드까지 합해 총 118개의 펀드가 추출되었고, 누적 펀드사이즈는 170조 원으로 골드만삭스가 공식적으로 발표한 금액과 거의 비슷하다.

골드만삭스캐피탈의 펀드결성 추이

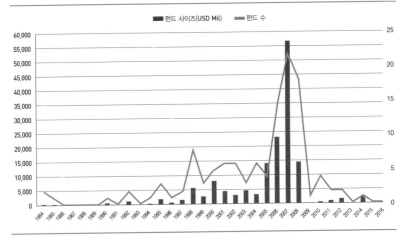

출처: 톰슨원, 엄인수

골드만삭스캐피탈이 1986년 설립되기 전에 이미 3개의 펀드가 있었고, 1990년에 'Water Street Corporate Recovery Fund'라는 이름으로 9천억 원 조금 못 미치는 턴어라운드펀드가 있었으나 이름에서 알 수 있듯이 캐피탈이 정식으로 출범한 펀드로 보이지는 않는다.

제3의 투자자로부터 펀딩을 통해 조성한 첫 번째 사모펀드는 골드만삭스캐피탈이 설립된 지 6년 후 선보인 1992년 'GS Capital Partners'라는 바이아웃펀드로 규모는 1.1조 원$1,035million 수준에 이른다. 그리고 3년 후 1995년 'GS Capital Partners II'의 이름으로 2조 원$1,750million에 조금 못 미치는 제2호 바이아웃 펀드를 조성했다. 그 이후로 10년간 꾸준히 펀드를 결성하다가 2005년부터 2008년까지 4년간 단위가 다른 대규모 펀드를 조성했다. 이 4년 동안 만든 조성한 펀드 규모만 120조 원에 달한다. 특히 2007년에만 22개의 펀드를 결성해 70조 원 이상을 모집했다.

이 중에는 22조 원 규모의 바이아웃펀드 5호인 'GS Capital Partners VI'이 포함되어 있다.

서브프라임 모기지사태가 발생한 2008년 이후로 펀드를 조성하기 위한 노력이 보이지 않는 것 같다. 이런 그래프의 모습, 즉 굳이 펀드를 만들려고 애쓰지 않는 듯한 모습은 다른 사모펀드운용사와 다른 성향을 보이고 있다. 현재는 2007년에 조성한 바이아웃펀드가 여전히 활성화된 것으로 알려졌다.

또한 그래프에서 펀드 수를 보면 알 수 있듯이 정식으로 출범하는 바이아웃펀드 외에도 간헐적으로 테마가 있는 펀드들을 자주 결성했다. 'GS Capital Partners ASIA'와 같은 지역적 특성이 있는 펀드, 'GS Mezzanine Partners'와 같은 특정한 투자 형태를 보유한 펀드가 그러한 사례이다. 특히 바이아웃펀드 외에 메자닌펀드는 지속적으로 조성했으며, 전체 펀드에서 큰 비중을 차지한다.

골드만삭스캐피탈의 펀드 유형별 모집금액

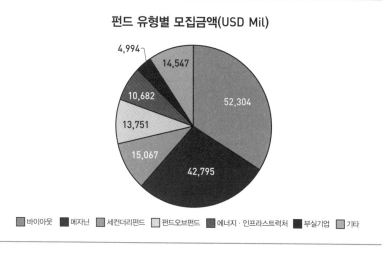

출처: 톰슨원, 엄인수

골드만삭스캐피탈이 지금까지 결성한 바이아웃펀드의 규모는 58조 원$52billion으로 전체 펀드의 34%의 비중을 차지하며, 메자닌펀드가 46조 원$42billion로 28%를 차지한다. 그다음으로 세컨더리펀드가 17조 원$15billion, 펀드오브펀드가 15조 원$13.7billion로 각각 10%, 9%의 비중을 차지한다.

골드만삭스캐피탈이 조성한 펀드당 규모는 1.5조 원에 이른다. 톰슨원 정보서비스를 통해 골드만삭스캐피탈이 투자한 건수는 총 508건으로 실제 투자 건수와 상당히 다를 수 있다. 정보서비스가 제공한 숫자로 계산할 경우에 한 개의 펀드에서 평균 4.3건에 투자했으며, 건당 투자 규모는 약 3,700억 원$334million정도에 이른다.

골드만삭스캐피탈의 산업별 투자 비중

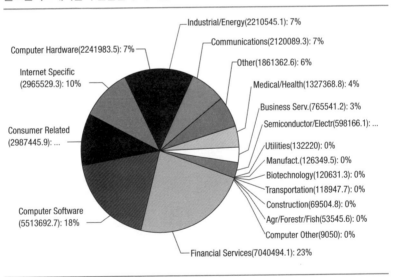

출처: 톰슨원

주로 투자한 분야는 금융 분야로 23%에 해당하는데, 이것은 리츠회사가 담고 있는 부동산이나 펀드가 보유한 기업을 통째로 인수했을 가능성이 크다. 그다음으로 소프트웨어 분야가 18%이며, 인터넷과 하드웨어 부문도 투자 비중이 각각 10%, 7%이다. 소비재나 헬스케어, 에너지에 주로 투자하는 사모펀드와는 크게 다른 투자 성향을 보이고 있다.

4 / 골드만삭스캐피탈의 투자 사례

01 / 버거킹 인수

버거킹의 전신은 인스타버거킹으로, 1953년 미국 프로리다에 소재한 레스토랑 체인점으로 출발했다. 창업자인 케이스 부부는 켈리포니아에 소재한 맥도날드를 방문한 후 '인스타'란 두 개의 설비를 매입하면서 시작하게 되었다. 그러나 회사가 어려워지게 되면서 1959년 케이스 부부는 인스타버거킹을 기업가인 데이비드와 제임스에게 회사를 매각하게 되었다. 둘은 회사를 인수한 후에 브랜드를 버거킹Burger King으로 바꾸고 이듬해 버거킹 햄버거의 대명사가 된 '와퍼 버거'를 출시했다. 그들은 회사를 꽤 잘 일구어 미국에서 250개의 체인점을 만든 후에 1967년 미국의 식품회사인 필스베리에 매각했고, 필스베리는 맥도날드의 임원진을 영입하여 버거킹을 경영하며 심혈을 기울였다. 그러나 1989년 필스베리는 영국의 거대한 호텔 기업인 그랜드 메트로폴리탄이란 회사에 의해 합병되면서 버거킹은 영국계 회사가 되었다.

그랜드 메트로는 베리 기브스라는 사람을 CEO로 임명하면서 버거킹을 최우선 사업 중 하나로 선별했다. 그러나 2년 동안 수많은 시행착오를 겪으면서 수익이 발생하지 않자, 월트디즈니와 제휴를 통해 브랜드 이미지 쇄신을 위해 심혈을 기울였으나 높은 마케팅 비용 지출로 손실만 나게 되면서 결국 회사 자산을 매각하는 고육지책을 감행했다. 이로 인해 많은 직원들이 떠나게 되었고, 결국 CEO 베리 기브스도 사임하게 되었다. 그 이후로 수많은 CEO를 번갈아 고용하면서 버거킹을 살리려고 노력했으나 도무지 버거킹 브랜드를 제고하는 데 성공하지 못했다. 그러다가 그랜드 메트로폴리탄은 1997년 '기네스 맥주'로 유명한 기네스 회사와 합병하면서 지금의 거대한 주류회사인 디아지오Diageo 지주사로 탄생하게 되었다.

디아지오의 주가

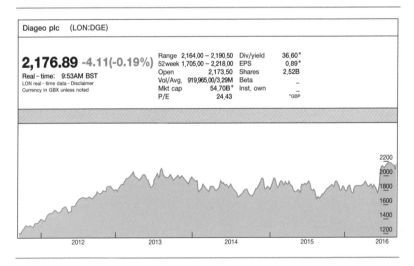

출처: 구글파이낸스

디아지오는 런던증권거래소에 상장되어 현재 시가총액 80조 원이 넘고 매출은 20조 원이 넘는 세계 최대의 주류회사 중 하나이다. 주류사업으로 큰 이익을 남기던 디아지오에게 버거킹은 이익만 까먹는 미운 오리 새끼처럼 여겨졌고 결국 버거킹 사업부를 매각하기로 결정했다.

2002년 4월 디아지오는 버거킹을 매각하겠다고 발표했고, 본 인수 공모전에 블랙스톤 그룹, 클레이톤 사모펀드Clayton Dubilier & Rice, 토머스 파트너스, 그리고 한국인에게도 익숙한 또 다른 햄버거 프랜차이즈사인 웬디스가 참여했다. 골드만삭스캐피탈은 TPG와 베인 캐피탈과 컨소시움을 이루어 입찰에 참여했고, 가장 높은 가격을 써낸 골드만삭스캐피탈 컨소시움이 최종적으로 낙찰되어 이 딜을 거머쥐게 됐다.

골드만삭스캐피탈의 버거킹 인수구조

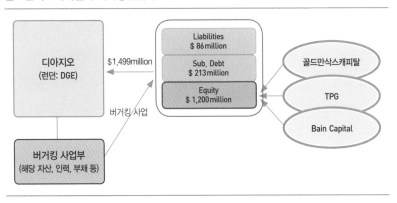

출처: 톰슨로이터, 엄인수

디아지오는 UBS와 그린힐, 메릴린치를 매각자문사로 선정했으며, 골드만삭스캐피탈은 골드만삭스 증권과 제이피모건, 그리고 살로몬스미스바니Salomon Smith Barney를 매수자문사로 선정했다. 디아지오가 처

음 희망했던 매각금액은 현금으로 2.5조 원$^{$2.26billion}$이었지만, 협상과
실사 끝에 최종적으로 1.7조 원$^{$1.5billion}$을 지불했다.

골드만삭스는 2000년에 5.8조 원$^{$5.25billion}$의 규모로 결성된 바이아웃
펀드인 'Goldman Sachs Capital Partners 2000 Fund IV'를 통해 TPG, 베인캐
피탈과 1.3조 원$^{$1.2billion}$의 자본금을 마련했고, 950억 원$^{$86million}$의 론과
2,200억 원$^{$213millon}$의 후순위채권을 발행해 1.7조 원$^{$1.5billion}$의 자금을
마련해 2002년 12월에 딜을 종료했다.

02 / 썬가드 인수

썬가드는 금융기관, 교육기관, 그리고 공공기관에서 사용하는 소프트
웨어를 개발하는 정보서비스회사이다. 은행, 증권거래소, 보험사, 자산
운용사와 같은 금융기관이 주식 및 원자재와 같은 자산을 거래하게 하
고 관리하며, 정산하게 하는 등의 플랫폼을 구축한다. 금융기관에 적합
한 솔루션을 제공하기 위해서는 여러 금융상품에 대해 깊이 있는 이해
와 동시에 각 금융기관의 해당 사업을 철저하게 분석하여 적합한 솔루
션을 제공해야 하기 때문에 기술과 오랜 경험을 요구한다. 학교, 정부,
비영리기관과 같은 공공 · 교육 분야에서는 인적관리, 재무관리, 토지
관리, 그리고 학적관리와 같은 소프트웨어를 개발해 해당업체에 납품
한다.

2005년에 이를 즈음에 기존 상장사였던 썬가드데이터시스템의 주주
들은 차익실현을 위해 회사를 매각하기를 희망했다. 주식을 매각하기
위해 주주들은 CSFB$^{Credit Suisse First Boston}$와 라자드를 매각자문사로 선

정했다.

골드만삭스캐피탈의 썬가드 인수 구조

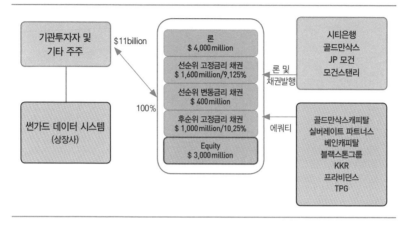

출처: 톰슨로이터, 엄인수

골드만삭스캐피탈은 썬가드를 인수하기 위해 6개의 대형 사모펀드운
용사와 연합했다. KKR, 블랙스톤, TPG, 실버레이크, 베인캐피탈, 프라
비던스와 함께 컨소시엄을 구성한 후 LBO방식으로 인수하기 위해 시티
은행, 골드만삭스, JP모건과 모건스탠리를 자문 및 주선사로 선정했다.
그리고 매각주간사에 주당 36달러로 입찰을 보냈고, 썬가드의 주주가
이를 받아들여 총주식가치 12조 원$11billion에 낙찰됐다.

7개사의 사모펀드연합군은 운용사당 평균 4,700억 원씩 납입해 3.3조
원의 자기자본을 형성했다. 그리고 나머지는 4개의 주선사를 통해 선순
위론과 채권 6.6조 원, 후순위채권 1.1조 원, 그리고 추가적으로 마이너
스론 1.1조 원을 끌어들여 LBO방식으로 총 12조 원을 구성한 후 현금으
로 지급하고 딜을 마무리했다. 참고로 썬가드의 주주는 매각주간사인

CSFB에 380억 원, 라자드에는 35억 원 수준의 자문수수료를 지급했으며, 사모펀드 연합군은 자문 및 주선수수료로 270억 원을 지불했다.

썬가드를 인수할 시점에 썬가드의 EBITDA[19]는 1.1조 원이었으므로 EBITDA대비 10배의 가격을 지불했다. 인수시점의 썬가드 매출, 영업이익, 순이익은 각각 3.9조 원$3,555million, 7,800억 원$710million, 500억 원$454million이었다. 그리고 인수한 후에 몇 년이 지난 썬가드의 주요 이익지표는 다음과 같다.

썬가드의 이익지표 (단위: million $)

	2014	2013	2012	2011	2010	2009	2008
Revenue	2,809.0	2,761.0	2,808.0	4,381.0	4,437.0	4,806.0	5,401.0
Operating Income	25.0	398.0	266.0	338.0	146.0	(686.0)	632.0
Net Income Before Taxes	(265.0)	71.0	(92.0)	(182.0)	(483.0)	(1,301.0)	(41.0)

출처: 톰슨로이터

인수한 후 2008년의 매출이 6조 원$5.4billion까지 상승했지만 영업이익과 순이익은 도리어 인수 전보다 더 떨어졌다. 급기야 2008년도를 정점으로 매출액은 지속적으로 감소했고, 순이익은 적자의 지속이었다. 결론적으로 이익지표로 봤을 때 성공적인 인수는 아닌 듯하다. 썬가드는 2015년에 피델리티 국가정보시스템Fidelity National Information Systems에 10조 원$9.1 billion에 매각됐다.

---

19) EBITDA는 순이익에 이자비용, 법인세, 감가상각비용을 더한 금액을 뜻한다.

5 / 골드만삭스캐피탈의 성공 요인

골드만삭스캐피탈이 세계 최고의 사모펀드운용사 중에서 하나가 된 요인은 다른 운용사가 가질 수 없는 배경이 있다. 이미 구축되어 있는 인력과 재원, 그리고 네트워크가 있었다는 것이다. 골드만삭스는 시작만 하면 되는 것이었다.

01 / 세계 최강 IB 골드만삭스

연혁에서 알 수 있듯이 KKR이 사모펀드 분야를 개척하면서 1976년 이후로 사모펀드 시대가 열리기 시작했다. 그러나 골드만삭스가 본격적으로 사모펀드 업계에 진출한 것은 1986년 골드만삭스캐피탈파트너스를 설립하면서부터다.

골드만삭스 홈페이지 화면

Worldwide Announced M&A League Table 01/01/2015 to 12/31/2015					
Rank by Value	YoY Δ	Advisor	386Rank Value per Advisor(US$ m)	Market Share [%]	# of Deals
1	=	Goldman Sachs & Co	1,467,662	33.5	418
2	+1	Morgan Stanley	1,227,893	28.0	399
3	+1	JP Morgan	1,065,275	24.3	339
4	-2	Bank of America Merrill Lynch	929,974	21.2	252
5	=	Citi	752,987	17.2	284
6	+1	Lazard	721,875	16.5	280
7	+2	Credit Suisse	656,149	15.0	232
8	-2	Barclays	602,718	13.7	198
9	-1	Deutsche Bank	588,121	13.4	237
10	+5	Centerview Partners LLC	473,444	10.8	48
11	-1	UBS	420,612	9.6	184
12	+5	Evercore Partners	335,740	7.7	154
13	-2	Rothschild & Co	330,904	7.5	373
14	-2	BNP Paribas SA	202,484	4.6	149
15	+5	HSBC Holdings PLC	196,015	4.5	86
16	+32	Robey Warshaw LLP	191,938	4.4	3
17	+28	Guggenheim Securities LLC	176,365	4.0	31
18	-2	RBC Capital Markets	175,806	4.0	127
19		LionTree Advisors LLC	172,500	3.9	12
20	+12	Industrial & Comm Bank China	168,612	3.8	127
21	+13	Moelis & Co	148,456	3.4	115
22	+28	Allen & Co Inc	144,246	3.3	13
23	+6	Greenhill & Co, LLC	100,289	2.3	55
24	+4	China International Capital Co	93,291	2.1	57
25	-12	Jefferies LLC	93,012	2.1	155
Subtotal with Financial Advisor			3,624,038	82.6	11,654
Subtotal without Financial Advisor			762,870	17.4	34,008
Industry Total			**4,386,908**	**100.0**	**45,662**

출처: 톰슨로이터

그럼에도 불구하고 바이아웃, 부동산, 인프라스트럭처 부문에서 170
조 원을 결성할 수 있었던 이유는 골드만삭스는 이미 투자은행으로 세
계 최고의 자리를 매김한 인프라가 구축되어 있었다. 2015년 기준으로
전 세계적으로 발표한 M&A딜은 공식적으로 4,800조 원이었다. 이 중
에 33%인 1,600조 원의 거래를 골드만삭스가 자문했다. 전 세계 M&A
딜의 세 개 중 하나는 골드만삭스가 자문을 한다는 것이다. 실로 경이로

운 기록이다. 이러한 기록을 세우기 위해서는 먼저 자문을 맡기 위한 영업력과 네트워크가 구축되어야 한다는 것인데, 골드만삭스는 이미 브랜드만으로도 갖추고 있다. 또한, 자문을 맡은 대상기업에 대한 거래를 완료하기 위해서는 적절한 솔루션을 제공할 수 있어야 하며 솔루션에 부합된 거래 상대방을 찾을 수 있어야 하는데, 이 또한 골드만삭스는 오랜 경험으로 축적되어 있었다.

2016년 1~10월 M&A자문 리그테이블

Worldwide Announced M&A League Table					
					01/01/2016 to 10/31/2016
Rank by Value	YoY △	Advisor	386Rank Value per Advisor(US$ m)	Market Share (%)	# of Deals
1	=	Goldman Sachs & Co	827,428	28.0	277
2	=	Morgan Stanley	703,951	23.8	256
3	=	JP Morgan	628,957	21.3	266
4	=	Bank of America Merrill Lynch	560,835	19.0	172
5	=	Citi	439,742	14.9	177
6	=	Credit Suisse	435,786	14.7	188
7	+2	Barclays	339,820	11.5	159
8	+3	UBS	317,736	10.7	150
9	-2	Lazard	309,201	10.5	211
10	-2	Deutsche Bank	242,125	8.2	120
	Industry Total		2,957,331	100.0	36,735

출처: 톰슨로이터

M&A자문을 통해 골드만삭스에 축적된 노하우는 사모펀드운용사로서 활동하기에 충분한 요인이 되었다. 골드만삭스는 다른 기업 또는 사모펀드의 '매수'자문을 담당하면서 LBO거래를 위한 자금주선을 오랫동안 해 왔다. 따라서 사모펀드의 LBO기법에는 이미 능통해 있었다. 반대로 기업의 '매각'자문을 영위하면서 어떻게, 누구에게 매각을 해야 하는

지, 최적의 솔루션은 무엇인지 오랜 경험으로 축적되어 있었다. 이것은 사모펀드로 대상기업을 투자한 후 때가 되면 어떻게 자금을 회수exit를 해야 하는지 잘 안다는 것이다. 사모펀드를 통해 투자하는 기법과 회수하는 기법에는 이미 능통해 있었다.

뿐만 아니라 기존의 투자은행 영업을 통해 구축된 고객을 통해 사모펀드의 투자 대상을 찾는 것deal sourcing도 용이했을 것이다. 또한, 다른 사모펀드와 같이 미국에서 먼저 성공한 후 유럽으로의 영업을 구축하기 위해 새로운 문을 두드릴 필요가 없었다. 이미 전 세계 주요 국가의 주요 도시에 소재한 사무소를 통해 글로벌 네트워킹은 구축되어 있었다.

02 / 확보된 투자자

사모펀드를 운용하기 위해서 가장 중요한 것을 꼽으라면 자금조달, 딜 소싱, 그리고 투자 능력이라고 할 수 있겠다. 지금까지 골드만삭스가 딜을 소싱하고 적절한 가치평가를 통해 투자한 후 자금을 회수하는 데에는 이미 노련하다는 것을 얘기했다. 그렇다면 사모펀드운용에 있어서 가장 어려울 수 있는 자금조달은 골드만삭스에 어땠을까? 이 또한 골드만삭스에게는 이미 갖춰져 있었다.

골드만삭스는 다른 사모펀드와 달리 데이터상에서 보이는 기관 투자자LPs의 폭이 그렇게 넓어 보이지는 않는다. 그럼에도 불구하고 쉽게 자금을 모을 수 있었던 이유는 골드만삭스의 각 사업 부문을 통해 이미 투자자들과 네트워크가 갖춰져 있었기 때문이다. 골드만삭스의 자산운용asset management 부문, 자산관리wealth management 부문, 그리고 재무솔루션 부문으로부터 서비스를 제공받던 투자자들은 쉽게 사모펀드로 연결될 수 있었을 것이다. 골드만삭스의 기존고객이 아니더라도 제3의 연기금, 국부펀드, 재단 등의 투자자로부터 자금을 모집하는 것도 그렇게 어려웠을 것 같지는 않았을 것이라는 판단이 든다. 골드만삭스에게는 이미 세계 최강의 투자은행이라는 브랜드 파워가 있었기 때문이다.

PART

3

성공적인 운용을 위한 요건

CHAPTER

IX

그들에게서
배워야할 것들

THE SUCCESS STORY OF THE GLOBAL FUND

IX

그들에게서
배워야 할 것들

1 / 운용사 간 비교

01 / 자산운용사 편

우측 페이지 그래프는 2011년부터 2016년 5월까지 우리가 읽은 네 개 자산운용사의 전체수익률 추이를 보여 주고 있다.

2011년 유로존 금융위기가 발생했을 당시 대부분의 자산운용사의 수익률이 평균보다 좋지 않았다. 그러나 미묘한 차이는 있다. 블랙록과 피델리티는 마이너스 수익률을 기록한 반면, 인덱스펀드의 비중이 높은 뱅가드는 0.18%의 수익률로 전체적으로 봤을 때 원금손실은 없었다. 그런데 이 와중에도 채권을 주요 포트폴리오로 하는 핌코는 3.54%의 수익률을 기록했다.

2012년에는 네 개의 자산운용사가 약속이라도 한 듯이 거의 한 점에

모였다. 피델리티가 10.77%로 가장 낮고, 핌코가 11.57%로 가장 높다.

과거 5년간 네 개 자산운용사별 전체수익률 추이

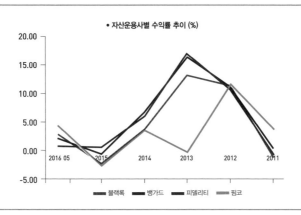

출처: Lipper, 엄인수

2012년까지 빌 그로스의 핌코가 선전하고 있다. 그러나 빌과 핌코의 대주주 알리안츠와의 갈등이 표면적으로 드러나는 2013년에는 얘기가 달라진다. 피델리티가 17.11%, 뱅가드가 16.60%, 블랙록이 13.21%의 수익률을 내고 있는 동안 핌코는 −0.47%로 유일하게 마이너스 수익률을 기록했다.

중국 중시가 폭락하기 시작한 2014년에는 뱅가드가 6.57%로 가장 높았고, 뱅가드가 3.50%로 가장 낮았다. 그리고 중국발 시장위험이 본격적으로 휘몰아친 2015년에는 세 개의 자산운용사가 모두 마이너스 수익률을 기록한 반면, 피델리티만 0.52%의 수익률을 기록했다.

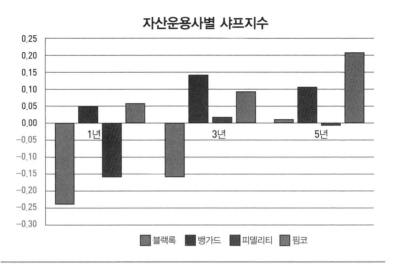

출처: Lipper, 엄인수

변동성, 즉 위험을 고려한 수익률로 봤을 때 과거 1년간 핌코가 좋은 실적을 보였다. 블랙록은 과거 1년간, 3년간 각각 −0.24, −0.16를 기록하며 가장 낮은 위험조정수익률을 보였다. 과거 3년간 기준으로 뱅가드가 0.14를 기록해 가장 높은 샤프지수를 보였고, 과거 5년을 기준으로 했을 경우 핌코가 0.21로 가장 높았다.

02 / 사모펀드운용사 편

설립연도 기준으로 봤을 때 사모펀드운용사는 KKR이 1976년에 설립되면서 사모펀드 시장을 개척했다. 그 후로 거의 10년 후인 1985년에 피터와 스티븐이 블랙스톤을 설립했으며, 골드만삭스는 이미 자기자본으로 투자 업무를 진행했으나, 시장의 분위기를 따라 1986년 골드만삭스캐피탈을 설립해 사모펀드운용 업무를 시작했다. 그리고 1987년 다니엘을 중심으로 칼라일그룹이 설립되었다.

설립일을 별도로 각 회사마다 첫 번째 사모펀드를 결성한 시기는 모두 다르다. KKR은 1976년도에 설립하자마자 1977년에 1호 펀드를 출범했다. 그러나 블랙스톤과 칼라일은 M&A부띠끄로 시작해 M&A자문을 본 업무로 하다가 3년 후에 첫 번째 펀드를 결성하게 되었다. 그러나 골드만삭스캐피탈은 1986년도에 설립되었음에도 불구하고, 모회사인 골드만삭스에서 이미 자금이 조성되어 투자 업무를 진행했었다.

네 개 사모펀드운용사별 펀드결성금액 추이

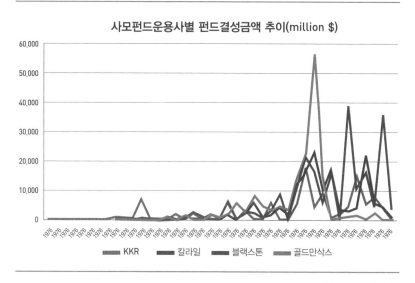

출처: Lipper, 엄인수

위의 차트는 책에서 다른 네 개 사모펀드운용사의 연도별 사모펀드

결성금액의 추이를 나타낸다. 시작일로는 KKR이 가장 빠르며, 최근 가장 활발하고 두드러지게 펀드를 결성한 운용사는 블랙스톤이다. 블랙스톤은 2016년도를 기준으로 과거 5년 동안 66조 원을 조달해 결성금액으로도 가장 높고, 총운용자산 규모로도 가장 큰 사모펀드운용사가 되었다.

단일년도에 가장 큰 금액을 조성한 회사는 골드만삭스캐피탈이다. 2007년도에만 62조 원$56.7billion을 조달했다. 다른 운용사들의 최고의 전성년도로는 블랙스톤이 2011년 44조 원$39.6billion, 칼라일이 2007년 26조 원$23.5billion, 그리고 KKR이 2006년 20조 원$18billion 순서를 기록했다. 한편 골드만삭스캐피탈은 2007년도 대규모 자금을 조달한 이후 최근 과거 몇 년간은 의도적으로 펀드결성에 나서지 않는 것으로 보인다.

서브프라임 모기지사태가 발생했던 2008년은 전반적으로 펀드결성 업무가 저조한 것 같지만 바로 그 후에 칼라일과 블랙스톤은 펀드를 결성했다. 칼라일은 그 이후에도 지속적으로 펀드를 결성하면서 경기변동에 따른 규모의 차이는 있으나, 한 해도 거르지 않고 펀드를 조성함으로 'Vintage Year'의 분포가 가장 고르게 나타났다. 이것은 펀드결성에 있어서 가장 모범적인 형태를 보여 주는 것이다. 다만 최근 들어 자금조달에서 조금 주춤한 면을 보이는 것 같다.

2 / 그들에게서 배워야 할 성공적 요소

이 책에서 다룬 자산운용사와 사모펀드운용사의 성공 요인을 아래와 같이 정리했다.

자산운용사의 성공 요인

블랙록	뱅가드	피델리티	핌코
• 래리의 전 직장에서 운용손실에 따른 새로운 기회 마련 • 운용자산 리스크 관리 • M&A를 통한 '규모의 경제'와 사업 확장	• 존의 전 직장에서 잘못된 합병 결정에 따라 뱅가드의 탄생 • 존 보글의 투자 철학 • 인덱스펀드를 통한 '규모의 경제'	• 금융과 IT접목을 통한 발 빠른 혁신 • 스타 펀드매니저 피터 린치의 '마젤란 펀드'	• 스타펀드매니저 채권왕 빌 그로스 • 경제와 이자율 예측을 위한 시스템

사모펀드운용사의 성공 요인

KKR	칼라일그룹	블랙스톤그룹	골드만삭스캐피탈
• LBO와 사모펀드의 선구적 역할 • 기업가치 제고를 위한 조직 신설 • 딜의 대형화와 영역의 확장	• 인큐베이팅Incubating 식의 점진적 확장 • 전략적인 자산 배분과 포트폴리오 분산	• 발 빠른 사업 진출 • 펀드 인수를 통해 '규모의 경제' 형성	• 골드만삭스의 기반을 통한 사업 구축

　여덟 개의 운용사가 각각 설립되고 현시대에 기라성과 같은 금융회사가 되기까지 그 이면에 숨겨진 성공 요인을 제한된 시간과 자료로 모두 분석하기에는 사실상 어려울 것이다. 그러나 객관적인 데이터와 연혁, 자산운용 스타일 등을 보면 보편적인 부분을 추론할 수 있는 것 같다.

　한편 위의 성공 요인을 벤치마킹하자면 각자가 처한 상황에 따라 적용할 수 있는 요인과 적용하기 힘든 요인이 있을 것이다. 가령 세계적으로 가장 존경받는 투자의 거장 4인 중 두 명인 존 보글과 피터 린치와 같은 투자에 관한 깊은 통찰력과 천부적인 소질은 벤치마킹하기가 사실상 어려울 수도 있다. 또한, 골드만삭스와 같이 세계적인 투자은행의 기존 시스템을 활용한 사업 진출도 마찬가지다. 그러나 어떤 성공 요인들은 우리가 배울 수 있고, 적용할 수 있는 것들이다.

01 / 위기의 관리

위기危機에서 위危는 위험의 위를 뜻하지만 기機는 기회를 뜻한다. 위기를 굳이 한문으로 쓴 이유는 위기가 곧 위험risk이 될 수도 있지만 우리가 어떻게 대처하고, 다루느냐에 따라 새로운 기회opportunity를 만들 수도 있다는 것을 표현하고 싶기 때문이다. 우리가 읽은 여덟 개의 운용사 중 세 개의 운용사가 탄생한 배경은 각각의 창업자들이 위기나 갈등을 맞닥뜨리면서 궁극적으로 설립하게 되었다.

래리가 블랙록을 설립하고, 블랙록을 세계 최대의 운용사로 만든 과정 중에는 퍼스트보스턴에서 한 부문의 책임자로 근무할 당시에 이자율을 잘못 예측함으로 구조화채권MBS에서 1,000억 원이 넘는 손실을 안겨 그 부담감을 이기지 못해 회사를 떠나게 된 사유가 있다. 비록 퍼스트보스턴에 입사한 후 10년 동안 회사에 1조 원이 넘는 수익을 안겨 줬을지라도 자신의 실수로 한순간에 1,000억 원의 손실을 남긴 사실은 상당한 압박감으로 작용했을 것이다.

래리가 퍼스트보스턴을 떠날 때 이미 모든 것이 준비된 상태가 아니었다. 그가 비록 미국 MBS시장 개척에 상당한 영향력을 끼쳤고, 출중한 운용력을 보였을지라도 퍼스트보스턴을 떠나는 시점에서 새로운 발판을 준비해야 하는 두려움이 있었을 것이다. 회사에 1,000억 원의 손실을 안겨 떠나게 되는 그 소식은 업계에 소문이 났을 것이고, 그 상태에서 독립적으로 새로운 회사를 설립해 운용자금을 조달하기에는 분명히 어려웠을 것이다. 그에게는 그를 받아 주고 그가 다시 일어설 수 있도록 새로운 둥지를 제공해 줄 수 있는 조력자가 필요했다. 그 조력자를 찾기 위해 새로운 사업계획서를 작성하고, 여러 금융회사의 책임자급을 만나기 위해 노력했을 것이며, 열심히 프레젠테이션했을 것이다. 그리고 마침내 블랙스톤의 피터와 스티븐을 만나게 된 것이다. 한순간에 이뤄진 것이 아니라 어려웠던 오랜 시간동안 인내가 분명히 필요했다.

존 보글도 예외가 아니다. 존은 그의 첫 직장인 웰링턴운용사에서 입사한 이후로 그의 통찰력과 운용실력으로 얼마 되지 않아 회장으로 역임했다. 그러나 웰링턴이 상장사가 되다 보니 주주의 이익을 극대화하기 위해 자산운용뿐 아니라 회사의 운영에도 신경을 써야 했고, 주주 이익의 극대화를 위해 그가 내린 결정은 그의 인덱스펀드 철학과 상반되는 성장주 위주로 액티브active 전략을 구사하는 보스턴의 고고펀드운용을 인수한 것이었다. 그 결정이 당분간은 좋은 전략으로 여겨졌으나 존은 결과적으로 자충수를 둔 것이었다. 1970년대에 공격적이었던 성장주식들이 무너졌고, 고고펀드의 포트폴리오도 폭락하면서 웰링턴의 주가도 곤두박질치기 시작했다. 결국 웰링턴의 이사진들은 존을 해임시켰고, 기존 웰링턴의 펀드를 관리할 수 있도록 뱅가드를 설립하게 했다. 뱅가드의 시작은 결코 화려한 출범이 아니었다. 너무 과장되고 심한 표현일 수도 있지만, 상장사 웰링턴에서 뱅가드로의 발걸음은 마치 유배지를 가는 것과 같을 수도 있었을 것이다.

그러나 존은 이 계기를 통해 상장사 주가를 위해 자신의 투자 철학에서 벗어나 잠시 동안 액티브 전략을 고려했던 자신을 재검토할 수 있는 장고의 시간을 갖게 됐다. 그리고 그가 대학 시절부터 연구했고, 그에 대한 신념을 갖고 있었던 인덱스전략으로 돌아갈 수 있었다. 뱅가드는 존의 신념을 관철시킬 수 있는 장이 되었고, 인고의 시간을 거쳐 마침내 그 빛을 발하게 된 것이다.

KKR의 탄생도 블랙록과 비슷한 경우다. 콜버그, 크래비스, 로버츠 트리오는 베어스턴스에서 꽤 훌륭하게 일을 진행하고 있었다. 그러나 1971년에 그들이 300억 원으로 인수했던 코블러라는 회사가 부도가 나면서 트리오는 베어스턴스와 갈등을 얻게 되었다. 이 갈등은 결국 베어스턴스를 떠나는 계기가 되었고, KKR을 설립하게 된 동기가 되었다.

만약 이들에게 이러한 위기와 갈등이 없었다면 래리는 퍼스트보스턴에서 떠날 이유가 없었을 것이며, 존 보글은 웰링턴운용사의 회장직을 계속 유지했을 것이다. 그리고 콜버그를 비롯한 트리오도 베어스턴스를 떠나지 않았을 것이다. 이들에게 위기는 시련이 되었고, 그 시련은 인내하게 할 수밖에 없게 만들었으며, 그 인내를 견딘 끝에 지금의 블랙록BlackRock, 뱅가드Vanguard, KKR이 존재하게 된 것이다.

02 / 일관된 투자 철학

각각의 운용사는 그 운용사를 상징하는 투자색깔이나 랜드마크적인 요소를 갖고 있다. 뱅가드의 패시브^{passive}전략 인덱스펀드, 피델리티의 마젤란펀드, 블랙스톤의 '규모의 경제'가 그러한 것이다.

존 보글의 투자 철학은 뱅가드에 고스란히 전해졌다. 오랜 연구와 관찰 끝에 내린 결론 '패시브^{passive} 운용전략이 액티브^{active} 운용전략을 이긴다.'는 그의 투자 철학은 뱅가드의 경영과 운용전략에 그대로 투영되었다. 처음에는 많은 사람이 그의 관점에 대해 비판적인 시각을 가졌다. 초과수익률을 얻기 위해서는 주식분석을 통한 합리적인 선택^{selection}을 통해 적극적으로 운용해야 한다고 믿었기 때문이다. 그러나 주식시장이 요동칠 때 많은 성장주와 관련 포트폴리오가 무너질 때 그의 전략이 빛을 바라게 됐다. 존은 자신의 분석 끝에 얻은 신념에 대한 신뢰를 갖고 있었고, 그 신념대로 행동한 결과, 결국 많은 시장참여자가 그의 신념이 맞았다는 것을 알게 된 것이다.

피터 린치는 존과 전혀 다른 투자 관점을 갖고 있었다. 피터는 기업의 내재가치를 올바르게 분석하고, 주식을 선택해야 하는 액티브^{active} 전략을 추구했다. 시장에서 발견되지 않은 저평가된 기업이 여전히 많다고 여겼고, 그러한 틈새주식을 찾기 위해 리서치는 반드시 수행돼야 하며, 리서치 없는 투자는 투기라고 강조했다. '아는 것을 투자하라^{Buy What You Know}'는 투자 철학을 고수함으로 1977년부터 1990년까지 마젤란펀드를 운용하면서 13년간 연평균수익률은 29%를 기록했고, 마젤란펀드를 세계에서 가장 우수하고 큰 펀드로 만들었다.

블랙스톤은 사모펀드운용사로서 다른 차원의 투자 관점을 보여 줬다. '규모의 경제'를 통한 외형 확장이 그것이다. 신규로 펀드를 조성해 운용할 뿐 아니라 이미 조성되어 투자 포트폴리오를 구축한 기존의 펀드 자체를 인수함으로 레버리지를 극대화하는 전략을 구사했다. 미국의 주요 도시에 소재한 유명 오피스빌딩만 매입하는 부동산 뮤추얼펀드인 에쿼티오피스를 인수한 것이 그 대표적인 예다. 다른 운용사가 운용하던 펀드를 인수하는 방법으로 약 70조 원$63 Billion의 운용자산 규모를 늘렸다. 그리고 현재는 400조 원을 운용하는 세계 최대의 사모펀드운용사로 자리매김을 했다.

그 방법만이 절대적으로 옳은 투자 철학은 없을 것이다. 지속적인 연구와 조사를 통해 자신에게 맞고 옳다고 판단한 투자의 관점을 신뢰하고, 때때로 유연한 수정은 필요하되 포기하지 말고 일관되고 지속적으로 추구할 때, 비로소 빛을 발하게 되는 순간이 올 것으로 판단된다.

03 / 발 빠른 혁신과 기회의 포착

급변하는 금융환경에서 빠른 변화는 필수적이다. 피델리티는 1965년에 피델리티의 첫 번째 컴퓨터를 구매한 이후 IT기술에 금융서비스를 접목시키기 시작했다. 시간이 흘러 1984년에 온라인에서 주식매매를 가능하게 했고, 1995년에 인터넷을 통해 뮤추얼펀드서비스를 제공하는 첫 번째 회사가 되었다. 그뿐만이 아니었다. 1974년에 미국에서 퇴직금 보장법안이 발의되자 정책에 따라 개인퇴직금계좌서비스를 바로 준비해 퇴직자들이 피델리티의 퇴직금계좌에 돈을 맡기게 했다. 새로운 정책에 빠르게 준비해 지금은 세계 최고의 퇴직연금운용사가 됐다. 피델리티는 혁신을 시도했을 뿐만 아니라 기회를 빠르게 포착해 선두자리를 선점하고, 사업 영역을 확장했던 대표적인 아이콘이다.

M&A를 통해 성장한 블랙록도 빼놓을 수 없다. 스테이트스트리트를 인수해 운용자산 규모를 500조 원으로 늘리기 시작하면서 메릴린치자산운용, 바클레이스자산운용 등을 지속적으로 인수하면서 수천조 원대의 자산운용사로 거듭났다. M&A를 통해 사업 확장의 기회를 빠르게 포착한 것이다.

블랙스톤은 외형 확장뿐만 아니라 신규 사업 영역도 발 빠르게 진출했다. 1990년 헤지펀드 부문을 신규 사업으로 도입했고, 2년 후에 호텔에 투자하면서 부동산 투자 시대를 열어 갔다. 1999년에 노무라홀딩스의 메자닌 전문가 5명을 영입해 메자닌으로 투자 범위를 넓혔고, 2005년에는 'Park Hill Group'을 설립해 기관 투자자의 자금을 모아 펀드오브펀드fund of fund 업무를 다루기 시작했다. 블랙스톤은 신규 사업 진출을 위해 그 분야의 전문가를 영입했고, 다른 운용사를 인수하기도 하며, 때로는 신규회사를 설립하는 다양한 방법을 전개했다.

칼라일은 매우 모범적인 사업 확장을 보여 주는 좋은 사례다. 칼라일의 본고장인 미국을 인큐베이터로 삼고, 인큐베이터에서 새로운 사업들을 실험했다. 그리고 그 사업이 성공하면 해외로 확장시키는 치밀하면서도 안전한 전략으로 사업을 넓혀 갔다. 미국에서 바이아웃펀드로 성공하기 시작하면서 1997년에 유럽에 진출했고, 미국에서 벤처기업과 부동산에 투자를 도입해 정착한 후 1999년에 유럽과 아시아에서도 본 사업을 시작했다.

현재는 과거보다 더욱 빠른 변화를 요구하는 듯 보인다. 금융의 방법이 바뀌고, 시스템과 패러다임이 바뀌며, 그에 따른 소비자의 금융활동과 패턴도 변하고 있다. 국내자산만 투자하던 투자자들은 나라 간 벽이 허물어지고 시스템이 개선되면서 해외자산에도 쉽게 투자할 수 있으며, 전통적 투자자산인 주식과 채권에서 대체투자로의 자금 이동도 매우 활발하다. 급변하는 금융환경 속에서 시대가 요구하는 혁신과 변화는 우리에게 꼭 필요한 것이다.

정보서비스

톰슨로이터 아이콘Eikon
톰슨로이터 리퍼Lipper
톰슨로이터 톰슨원ThomsonOne

인터넷사이트

블랙록: http://www.blackrock.com/
뱅가드: https://about.vanguard.com/
피델리티: https://www.fidelity.com/
핌코: https://global.pimco.com/
KKR: http://www.kkr.com
칼라일그룹: https://www.carlyle.com/
블랙스톤: https://www.carlyle.com/
골드만삭스: https://www.goldmansachs.com
위키피디아: https://en.wikipedia.org/
인베스토피아: http://www.investopedia.com/
구글파이낸스: https://www.google.com/finance
포춘: http://fortune.com/
UCLS앤더슨 스쿨: http://www.anderson.ucla.edu/centers/fink
About: http://www.about.com/
Quora: https://www.quora.com/
뉴욕타임스: http://www.nytimes.com
블룸버그: http://www.bloomberg.com/
프라이빗에쿼티인터내셔널 PEI: http://www.privateequityinternational.com/
에쿼티오피스: https://www.equityoffice.com/
힐튼: https://www.hilton.com/
썬가드: https://www.sungard.com/
버거킹: https://www.bk.com/
포브스: http://www.forbes.com/

참조 Source

스탁브로커닷컴: http://www.stockbrokers.com/
블룸버그: http://www.bloomberg.com/
머니: http://time.com/money/
모닝스타: http://www.morningstar.com/
로이터: http://www.reuters.com/